Frank Decker

# Parteiendemokratie im Wandel

## Beiträge zur Theorie und Empirie

Nomos

ZpB Zentralen für politische Bildung

Sonderausgabe für die Zentralen für politische Bildung

**Die Deutsche Nationalbibliothek** verzeichnet diese Publikation in der Deutschen Nationalbibliografie; detaillierte bibliografische Daten sind im Internet über http://dnb.d-nb.de abrufbar.

ISBN 978-3-8487-2500-7

1. Auflage 2016

# Inhaltsverzeichnis

# Vorwort

Das vorliegende Buch stellt eine Ergänzung meines 2011 im Stuttgarter Kohlhammer-Verlag erschienenen Bändchens über „Parteien und Parteiensysteme in Deutschland" dar. Die dort vermittelten Grundlagen der Parteien- und Parteiensystemanalyse werden hier einerseits in theoretischer Hinsicht vertieft, andererseits um ausführlichere empirische Analysen der bundesdeutschen Parteiendemokratie erweitert. Drei Kapitel wurden als Aufsätze schon vorab publiziert, zwei weitere sind als Auftragsarbeit für die Bundeszentrale für politische Bildung in den Band übernommen worden.

Dass das Buch so zeitig fertiggestellt werden konnte, ist auch der Hilfe anderer zuzuschreiben. Danken möchte ich: meinen Mitarbeitern Volker Best und Anne Küppers, die die Kapitel zur „FDP und/oder AfD?" und den „Reformen der Mitgliederpartei" mitverfasst haben, Martin Hetterich und Sinah Grotefels von der Bundeszentrale sowie den Kollegen Eckhard Jesse, Christian Krell, Lothar Probst und Jürgen Rüttgers für die Kommentierung der Parteienporträts, den studentischen Mitarbeitern Ana Belle Becké, Julian Brummer, Kristian Burghartz sowie Frau Gabriele von Hagen für die Recherche-, Korrektur- und Schreibarbeiten und last but not least Herrn Dr. Martin Reichinger vom Nomos-Verlag dafür, dass er ohne Zögern bereit war, das Buch herauszubringen.

Die bei Abschluss des Manuskripts im Oktober 2015 vom Verfasser geäußerte Sorge, dass manche seiner „fundierten" Prognosen durch die bevorstehenden Ereignisse Makulatur werden könnten, hat sich mit der Flüchtlingskrise rascher bewahrheitet als angenommen. Ich bin deshalb dem Verlag und Herrn Prof. Dr. Andreas Kost von der Landeszentrale für politische Bildung NRW dankbar, dass sie mir die Möglichkeit gegeben haben, schon jetzt eine aktualisierte Fassung des Textes vorzulegen, die die neu eingetretenen Entwicklungen im 6. und 7. Kapitel berücksichtigt.

Bonn, im April 2016 *Frank Decker*

# Theorien

# Politische Parteien: Begriff und Typologien

## 1. Begriff der Partei

In der Politikwissenschaft gibt es keine allseits geteilte Definition der politischen Partei. Das Problem beginnt bereits bei der Frage, ob auch Einheits- oder Staatsparteien in nicht-demokratischen Systemen unter den Begriff fallen. Maurice Duverger (1959: 266 ff.), der in den fünfziger Jahren das erste Grundlagenwerk der Parteienforschung vorlegte, schloss die Einheitspartei in seine Darstellung mit ein. Maßgeblich waren für ihn dabei die Übereinstimmungen mit den demokratischen Parteien in struktureller Hinsicht. Giovanni Sartori (1976: 39 ff.) subsumiert dagegen allein Parteien in demokratischen Systemen unter den Begriff. Deshalb könne es zwar einen „Einparteienstaat“, aber kein „Einparteiensystem“ geben. Maßgebliches Merkmal der Partei ist laut Sartori die Teilnahme an freien oder zumindest halbfreien Wahlen. „Eine Partei ist jede politische Gruppe, die die Möglichkeit hat und nutzt, in Wahlen Kandidaten für öffentliche Ämter zu präsentieren” (ebd.: 76).

Sartoris Definition ist eine Minimaldefinition, die nur solche Merkmale einschließt, die zur Begriffsbestimmung unbedingt notwendig sind. Damit unterscheidet sie sich von den meisten anderen in der Literatur angebotenen Definitionen, die in der Regel drei Elemente oder Wesensmerkmale der Partei benennen (z.B. Decker 2011: 10):

- Es handelt sich um einen mehr oder weniger festgefügten (= organisierten) Personenverband;
- diese Personen vertreten gemeinsame politische Ansichten und Interessen;
- ihr Ziel ist die Beteiligung an der staatlichen Herrschaft (= Erringung von Regierungsmacht).

Befürworter einer Minimaldefinition halten diese Begriffsbestimmung für überfrachtet, da sich für alle Merkmale Gegenbeispiele finden ließen – Parteien, die gänzlich unorganisiert seien, Parteien, die außer einem gemeinsamen Label inhaltlich oder in den Zielvorstellungen nichts verbinde und Parteien mit ausschließlich intrinsischen Motiven, denen es gar nicht um Machterwerb oder politische Einflussnahme gehe. Dabei handelt es sich freilich um Abweichungen, die äußerst selten auftreten und zumeist nur unbedeutende Parteien am Rande des politischen Geschehens betreffen. Solche Abweichungen ändern nichts an der grundsätzlichen Geltung der Kriterien. Selbst gegen das vermeintlich ausschlaggebende Merkmal der Wahlteilnahme könnte man einwenden, dass es nicht zwingend in jeder Situation auf jede Partei zutrifft. Lässt man dieses Merkmal – wie in der oben vorgeschlagenen Begriffsbestimmung – außen vor und ersetzt es durch das Ziel des Machterwerbs oder der Machtausübung, hätte das zugleich den Vorteil, dass die Einheitspartei in der Definition mitenthalten ist.

## 2. Typologische Merkmale

Der Allgemeinbegriff lässt bewusst offen, wie die Organisation einer Partei konkret beschaffen ist, welche Ansichten und Interessen sie vertritt und welcher Art ihre Beziehungen zum Volk und zum Staat sind. Damit bietet sie eine Grundlage für weitergehende typologische Differenzierungen (Jun 2013). Durch die Bildung von Typen versucht man in den Sozialwissenschaften, verschiedene Merkmale eines Objekts in einem Begriff zusammenzufassen. Typen und Typologien bilden so die Basis für den Vergleich. Welche Merkmale eines Objekts wesentlich sind und für die Typenbildung herangezogen werden müssen, ist unter den Wissenschaftlern häufig umstritten. Auch in der Parteienforschung gibt es keine einheitliche Typologie der Parteien, die von allen geteilt wird. Stellt man die verschiedenen Vorschläge in der Literatur gegenüber, schält sich aber dennoch ein breiter Konsens heraus, welche Merkmale als die wichtigsten zu gelten haben (Lucardie 2013). Parteien sollten und können danach unter folgenden fünf Gesichtspunkten unterschieden werden:

- Ideologisch-politische Zugehörigkeit und Programmatik
- Historischer Ursprung und Entstehung
- Organisationsstruktur
- Struktur der Anhängerschaft
- Zielorientierung und Funktionen im politischen System

Die fünf Merkmale sind nicht unabhängig voneinander zu betrachten, sondern beeinflussen sich wechselseitig und weisen vielfältige Überschneidungen auf. Dabei gibt es ebenfalls „typische", also häufiger vorkommende, aber auch ungewöhnliche, mithin „untypische" Kombinationen. Zudem unterliegen die Merkmale einem Wandel im Zeitverlauf, der sich zugleich in der Entwicklung der Parteiensysteme widerspiegelt.

a) Ideologisch-politische Zugehörigkeit und Programmatik

Dieses Merkmal liegt in den meisten Fällen der Selbstbezeichnung und Namensgebung der Parteien zugrunde; insofern geht es den anderen voraus. Die Zugehörigkeit der Parteien wird dabei entweder an inhaltlich-beschreibenden (konservativ, sozialdemokratisch, grün etc.) oder Richtungsbegriffen (rechts, links) festgemacht.

(1) Aus den großen weltanschaulichen Strömungen des 19. Jahrhunderts hervorgegangen, sind *liberale*, *christdemokratische/konservative* und *sozialistische/sozialdemokratische* Parteien in allen europäischen Ländern bis heute mehr oder weniger prominent vertreten. Häufig werden diese Großfamilien innerhalb eines Landes nicht nur von einer, sondern von mehreren Parteien repräsentiert, was zu unterschiedlichen Fragmentierungsgraden der Parteiensysteme führt. Darüber hinaus konnten sich seit den siebziger beziehungsweise achtziger Jahren zwei neu entstandene Strömungen – die *ökologischen/grünen* Parteien und die *Rechtspopulisten* – in vielen Ländern dauerhaft etablieren.

(2) Das Links-Rechts-Schema geht historisch auf die Französische Revolution zurück. Mit seiner Hilfe lassen sich die Positionen der Parteien zu den relevanten politischen Streitfragen räumlich abbilden. In der heutigen Politikwissenschaft werden diese Streitfragen in der Regel zu zwei gesellschaftlichen Grundkonflikten zusammengefasst: dem *sozioökonomischen Verteilungs-* und dem *soziokulturellen Wertekonflikt*. Im ersten Falle stehen sich die Grundpositionen der Marktfreiheit und sozialen Gerechtigkeit als rechte und linke Pole gegenüber, im zweiten Falle konservativ-autoritäre und libertäre Werthaltungen.

(3) Die ideologischen Positionen der Parteien können auf beiden Seiten des politischen Spektrums mehr oder weniger weit auseinanderliegen. Neben das Richtungsmerkmal muss deshalb als weiteres Unterscheidungsmerkmal die Intensität oder Radikalität der ideologischen Ausrichtung treten (*gemäßigte, radikale* oder *extreme/extremistische Parteien*). Das Spektrum ideologischer Positionen reicht damit von den extrem rechten (= *faschistischen* oder *nationalistischen*) bis hin zu den extrem linken (= *kommunistischen*) Vertretern. Weil die extremistischen Parteien generell systemfeindlich sind, indem sie zentrale Prinzipien der Demokratie und Verfassungsstaatlichkeit negieren, bestehen zwischen ihnen und den gemäßigten Vertretern innerhalb einer Richtung (also z.B. zwischen konservativen und faschistischen Parteien) größere Unterschiede als zwischen den gemäßigten Vertretern verschiedener Richtungen (also z.B. zwischen Christ- und Sozialdemokraten). Eine Mittelstellung zwischen den gemäßigten und extremen Vertretern nehmen die radikalen (*linkssozialistischen* oder *rechtspopulistischen*) Parteien ein, die als systemkritisch, aber nicht unbedingt systemfeindlich einzustufen sind.

(4) Während die nach ideologischen Merkmalen unterschiedenen Parteien in der Regel über ein Vollprogramm verfügen, das alle wichtigen politischen Fragen adressiert, setzen andere Parteien von vornherein nur auf einzelne Themen, die die Werte und Interessen relativ kleiner Bevölkerungsgruppen betreffen. Diese Vertreter werden als *Einpunkt-* oder *Nischenparteien* bezeichnet. In der Bundesrepublik gehören dazu z.B. die Tierschutzpartei oder die

Partei Bibeltreuer Christen. Auch die Grünen waren in ihrer Entstehungsphase noch stark monothematisch ausgerichtet, wuchsen dann aber schnell in den Status einer Vollpartei hinein. Die Piraten haben das mit ihrem zentralen Thema Netzpolitik bisher nicht geschafft, worin neben den organisatorischen Defiziten der Partei der Hauptgrund für das Ende ihres kurzen Höhenfluges liegen dürfte.

b) Historischer Ursprung und Entstehung

Parteien können entweder in den Parlamenten oder in der Gesellschaft entstehen. Beginnend in Großbritannien, gehen die *Fraktionsparteien* den *außerparlamentarischen Parteien* historisch voraus. Heute entstehen fast alle neuen Parteien außerhalb der Parlamente. Relativ selten kommt es vor, dass Abgeordnete, die aus einer Fraktion austreten bzw. aus ihr ausgeschlossen werden, aus dem Parlament heraus die Gründung einer neuen Partei betreiben.

(1) Drei Entstehungsformen neuer Parteien lassen sich grundsätzlich unterscheiden (Lucardie 2013: 68 f.): die *Abspaltung*, die Entstehung aus einer *gesellschaftlichen Bewegung* heraus und der *Zusammenschluss.* Abspaltungen nehmen ihren Ausgang in der Regel an der gesellschaftlichen Basis der Partei – ein Beispiel dafür ist die Wahlalternative Arbeit & soziale Gerechtigkeit, die von Gewerkschafts- und früheren SPD-Mitgliedern 2005 aus Protest gegen die Sozial- und Arbeitsmarktreformen der SPD-geführten Bundesregierung aus der Taufe gehoben wurde. Die Grünen waren demgegenüber ein Produkt verschiedener sozialer Bewegungen mit keinen oder nur geringen Bezügen zur etablierten Politik. Der prominenteste Fall einer Parteienfusion in der Bundesrepublik stellt der 2007 erfolgte Zusammenschluss der besagten WASG mit der SED-Nachfolgepartei PDS zur gesamtdeutschen Partei Die Linke dar.

(2) Eine weitere Form der Parteienentstehung bilden *Reorganisationen oder Neugründungen aufgelöster bzw. untergegangener Parteien*, die häufig in Zeiten des Regimewechsels stattfinden. In diese Kategorie fallen z.B. die Unionsparteien und die FDP, die an ihre konservativen, katholischen und liberalen Vorläufer im Kai-

serreich und der Weimarer Republik anknüpfen konnten. Einen Grenzfall stellen Parteien dar, deren ideologisch-programmatische Ausrichtung, Organisation, Personal und Wählerstruktur sich innerhalb kurzer Zeit so stark verändern, dass sie de facto einer Neugründung gleichkommen.

c) Organisationsstruktur

Parteien nehmen eine Mittlerposition zwischen Staat und Gesellschaft ein. Auf der einen Seite artikulieren, formen und kanalisieren sie die Meinungen und Interessen der Bürger, indem sie bei den Wahlen konkurrierende personelle und Programmangebote unterbreiten. Auf der anderen Seite setzen sie den so gebildeten politischen Willen in Entscheidungen um. Um beiden Aufgaben gerecht zu werden, müssen die Parteien organisatorische Beziehungen sowohl zum Volk als auch zum Staat aufbauen und diese verstetigen.

(1) Die Organisationen der Parteien lassen sich in drei Bereiche unterteilen, die ihre verschiedenen „Gesichter" bilden (Wiesendahl 2006: 10 ff.): die von Mitgliedern und Vorfeldorganisationen repräsentierte Basis (*party on the ground*), die aus Führungsgremien und hauptamtlichem Parteiapparat bestehende zentrale Organisation (*party central office*) und der öffentliche Arm der Partei, der sich in Parlamentsfraktionen und Regierungsämtern konzentriert (*party in public office*). Quer zu dieser Aufteilung liegt die Unterscheidung zwischen territorialer und funktionaler Organisation: Die drei Bereiche reproduzieren sich auf den verschiedenen Ebenen des politischen Systems. Gleichzeitig sind sie nach unterschiedlichen Aufgaben- oder Politikfeldern gegliedert, die wiederum sowohl untereinander als auch zwischen den Bereichen vielfältige Überschneidungen aufweisen.

(2) Bei der Unterscheidung der Organisationstypen lässt sich ebenfalls eine Dreiteilung vornehmen, die zugleich eine historische Abfolge der Parteienentwicklung darstellt. Den ältesten Typus bilden die *Honoratioren-* oder *Kaderparteien* des 19. Jahrhunderts, die sich vorwiegend als Parlamentsparteien verstehen und

ihre Parteiaktivitäten auf die Funktion eines Wahlvereins beschränken. Neben sie treten als Organisationsform der im Parlament nicht repräsentierten sozialistischen „Außenseiter“ ausgangs des 19. Jahrhunderts die *Massenparteien*. Diese zeichnen sich einerseits durch eine breite Mitgliederschaft, andererseits durch eine straffe und bürokratisierte Führungsstruktur aus, die wiederum von der Basis demokratisch kontrolliert wird. Die Wahlerfolge der linken Parteien und ihre wachsende Teilhabe an der staatlichen Macht zwingen die Honoratiorenparteien des bürgerlichen Lagers, Elemente dieses Modells zu übernehmen. Mit der sich abschwächenden gesellschaftlichen Verwurzelung der Parteien setzt in den sechziger Jahren dessen allmählicher Niedergang ein. Die Parteien räumen von nun an der zentralen Organisation und ihrem öffentlichen Arm stärker Vorrang ein und schneiden sie ganz auf die Bedürfnisse der Wähleransprache zu. Angelo Panebianco (1988: 264 f.) bezeichnet den heute dominierenden Organisationstypus entsprechend als *professionelle Wählerpartei*, andere Autoren sprechen von der „modernen Kaderpartei“ (Koole 1996), der „Partei der Berufspolitiker“ (Beyme 2001) oder der „Medienkommunikationspartei“ (Jun 2013: 137 f.). Die drei zuletzt genannten, mehr oder weniger synonym verwendbaren Begriffe haben sich in der Forschung aber ebenso wenig durchgesetzt wie das von Richard Katz und Peter Mair (1995) eingeführte Konzept der „Kartellpartei“, das vor allem auf die Abhängigkeit der Parteiorganisationen von staatlichen Ressourcen abstellt.

(3) Während die professionelle Wählerpartei die Organisationsform der aus den Massenparteien hervorgegangenen Vertreter des politischen Mainstreams darstellt, müssen unterhalb und jenseits davon mindestens drei weitere Typen unterschieden werden, die vor allem die Neuankömmlinge im Parteiensystem charakterisieren. Den ersten Typus könnte man im Anschluss an Panebianco (1988: 143 ff.) als *charismatische Partei* bezeichnen. Unter ihn fällt das Gros der heutigen rechts- und linkspopulistischen Parteien. Solche Parteien gruppieren sich um eine einzelne Person, die als Anführer meistens auch die Urheber der Partei sind. Institutionalisierte Strukturen und demokratische Verfahren treten in der Or-

ganisation hinter der Autorität des Anführers zurück; es gilt das Prinzip der loyalen Gefolgschaft. Beim zweiten Typus, exemplarisch von Silvio Berlusconis Forza Italia verkörpert, wird die Organisation von einer einzelnen Unternehmerpersönlichkeit begründet, maßgeblich aus deren eigenen Mitteln finanziert und nach den Prinzipien eines Wirtschaftsunternehmens geführt. Dieser Typus der *Unternehmerpartei* ist weniger ideologisch geprägt als der populistische Typus, dem er ansonsten ähnelt; er stellt eine spezifische Form der Wählerpartei dar. Den dritten Typus bildet die *Bewegungs-* oder *Rahmenpartei*. Deren Organisation besteht aus einem locker verbundenen Netzwerk von Aktivisten, die aus der Gesellschaft hervortreten. Beispiele sind die Piraten, die deutschen Grünen in ihrer Entstehungsphase oder die Fünf-Sterne-Bewegung von Beppe Grillo in Italien, die zugleich Überschneidungen mit dem charismatischen Typus aufweist.

d) Struktur der Anhängerschaft

Blendet man von der Angebotsseite der Partei selbst zur Nachfrageseite des Wählers über, lassen sich die Parteien nach den Bevölkerungsgruppen unterscheiden, die sie in der Auseinandersetzung mit ihren Wettbewerbern bevorzugt erreichen wollen. Auch hier dominieren in den verschiedenen Zeitepochen jeweils spezifische Muster, die die ideologisch-programmatische Entwicklung der Parteien und den Wandel ihrer Organisationsstrukturen reflektieren.

(1) Die Honoratioren- und Massenparteien des 19. und beginnenden 20. Jahrhunderts verstanden sich als Repräsentanten bestimmter Status- oder Berufsgruppen, die in der Gesellschaft weitgehend voneinander abgeschlossen waren (*ständische* oder *Klassenparteien*). Auch die *agrarischen* und *konfessionellen Parteien* können unter diesen Typ subsumiert werden. In den heutigen Gesellschaften, die durch ein hohes Maß an sozialstruktureller Pluralität gekennzeichnet sind, gelingt es in der Regel nur noch kleineren Parteien, die Interessen homogener Bevölkerungsgruppen anzusprechen; diese werden dann häufig als *Klientelparteien* apostrophiert.

(2) Die abnehmende Bedeutung der Standes- und Klassenschranken in den Wohlstandsgesellschaften der Nachkriegszeit begründet den Siegeszug eines neuen Parteientyps, der von nun an die ganze Bevölkerung als potenzielle Wählerzielgruppe betrachtet. In Deutschland wird dieser Typus als *Volkspartei* bezeichnet, während sich in der angelsächsischen Forschung der von Otto Kirchheimer (1965) geprägte Begriff der *catch-all party* (Allerweltspartei) durchgesetzt hat. Da Kirchheimer die catch-all party gerade an ihrem entideologisierten Charakter festmachte, könnte man diese auch in die Unterscheidung nach programmatisch-ideologischen Merkmalen einreihen.

(3) Alter, Geschlecht und ethnische Zugehörigkeit lassen sich offensichtlich nur schwer politisieren (Lucardie 2013: 73). So sind sämtliche *Jugend-, Senioren-, Frauen-* und *Migrantenparteien* in der Bundesrepublik bislang über den Status von Klein- oder Kleinstparteien nicht hinausgekommen (Decker / Neu 2013). Ganz anders verhält es sich bei territorial konzentrierten Bevölkerungsminderheiten oder -teilen, die als kulturell abgrenzbare Gemeinschaften nationenartige Züge aufweisen. Diese werden von *Regionalparteien* in vielen europäischen Ländern heute zum Teil so erfolgreich repräsentiert, dass man von einer eigenständigen politischen Konfliktlinie sprechen kann. Die Ziele reichen dabei von der Forderung nach mehr Autonomie bis hin zu Separationsbestrebungen. Beispiele sind die italienische Lega Nord, die Scottish National Party oder – in der Bundesrepublik – der Südschleswigsche Wählerverband, der im Unterschied zu den beiden erstgenannten allerdings nur eine zahlenmäßig sehr kleine Bevölkerungsminderheit repräsentiert.

### e) Zielorientierung und Funktionen im politischen System

Als allgemeines Ziel von Parteien wurde in der Begriffsdefinition die Beteiligung an der staatlichen Herrschaft genannt. In diesem Sinne unterscheiden sich Parteien von anderen organisierten Gruppen wie Vereinen oder Verbänden vor allem durch ihre Teilnahme an Wahlen. Wie die Beteiligung an der Herrschaft aussehen soll und auf welchem Wege man sie erreichen möchte, lässt die Definition jedoch offen. Das Merkmal bedarf deshalb der weiteren Aufschlüsselung

(1) Kaare Strøm (1990) hat eine solche Aufschlüsselung vorgeschlagen und drei Hauptziele der Parteien benannt: das *Werben um Stimmen* (vote-seeking), das *Streben nach Regierungsämtern* (office-seeking) und die *politische Gestaltung* (policy-seeking). Es liegt auf der Hand, dass die meisten Parteien alle drei Ziele gleichzeitig verfolgen. Einerseits sind diese eng aufeinander bezogen: So wie der Wahlerfolg Voraussetzung ist, um Regierungsmacht zu erlangen, so gibt einem erst die Regierungsmacht die Möglichkeit, die eigenen politikinhaltlichen Ziele durchzusetzen. Andererseits stehen sie in einem Spannungsverhältnis zueinander, das je nach Partei oder Zeitpunkt unterschiedliche Prioritäten bedingt. So können z.B. Parteien von einer Regierungsbeteiligung Abstand nehmen, wenn sie glauben, dass sie ihnen bei nachfolgenden Wahlen schadet.

(2) Eine ähnlich gehaltene Unterscheidung nimmt Paul Lucardie (2013: 65 f.) vor, der bezogen auf die dominanten Ziele drei Typen von Parteien identifiziert. Auf der einen Seite stehen die *Propheten*, denen die Reinheit der eigenen Ideologie und das Festhalten an den Idealen im Zweifel wichtiger ist als die Erlangung politischer Macht. Sie vertreten in der Regel eine geschlossene Weltanschauung mit extremistischen oder fundamentalistischen Zügen. Den Gegenpol zu den Propheten bilden die *Pragmatiker*, denen es vor allem auf die „Sache“ ankommt. Die Vertreter dieser Gruppe passen ihre Positionen rasch an wechselnde Umstände und Machtgelegenheiten an, was einen konsequenten Verzicht auf jeglichen ideologischen Überbau voraussetzt. In den Mittelpunkt ihrer Politik rücken stets die Interessen der von ihnen bevorzugt vertretenen Wähler. Eine mittlere Linie verfolgen demgegenüber die sogenannten *Ideologiehüter*. Diese verschreiben sich zwar bestimmten ideologischen Zielen und Wertvorstellungen, die sie aber über die Zeit weiterentwickeln und in der Praxis flexibel handhaben. Der Wille zur Macht und die Fähigkeit zum Kompromiss bilden bei ihnen Seiten derselben Medaille.

## *Literatur*


Beyme, Klaus von (2001), Funktionenwandel der Parteien in der Entwicklung von der Massenmitgliederpartei zur Partei der Berufspolitiker, in: Oscar W. Gabriel / Oskar Niedermayer / Richard Stöss (Hg.), Parteiendemokratie in Deutschland, Bonn, S. 315-339.

Decker, Frank (2011), Parteien und Parteiensysteme in Deutschland, Stuttgart.

Decker, Frank / Viola Neu, Hg. (2013), Handbuch der deutschen Parteien, 2. Aufl., Bonn.

Duverger, Maurice (1959), Die politischen Parteien, Tübingen.

Jun, Uwe (2013), Typen und Funktionen von Parteien, in: Oskar Niedermayer (Hg.), Handbuch Parteienforschung, Wiesbaden, S. 119-144.

Katz, Richard S. / Peter Mair (1995), Changing Models of Party Organization and Party Democracy. The Emergence of the Cartel Party, in: Party Politics 1 (1), S. 5-28.

Kirchheimer, Otto (1965), Der Wandel des westeuropäischen Parteiensystems, in: Politische Vierteljahresschrift 6 (1), S. 20-41.

Koole, Ruud (1996), Cadre, Catch-All or Cartel? A Comment on the Notion of Cartel Party, in: Party Politics 2 (4), S. 507-523.

Lucardie, Paul (2013), Zur Typologie der politischen Parteien, in: Frank Decker / Viola Neu (Hg.), Handbuch der politischen Parteien, 2. Aufl., Bonn, S. 61-76.

Panebianco, Angelo (1988), Political Parties. Organization and Power, Cambridge.

Sartori, Giovanni (1976), Parties and Party Systems. A Framework for Analysis, Cambridge.

Strøm, Kaare (1990), A Behavioral Theory of Competitive Political Parties, in: American Journal of Political Science 34 (2), S. 535-598.

Wiesendahl, Elmar (2006), Parteien, Frankfurt a.M.

# Das demokratische System als Parteiensystem

Alle modernen, großflächigen Demokratien sind in der Praxis Parteiendemokratien. Ob eine Demokratie ohne politische Parteien überhaupt vorstellbar ist und funktionieren könnte, bleibt der theoretischen Spekulation überlassen, denn empirisch gibt es dafür kein Beispiel. Wenn wir die Demokratie als eine Staats- oder Herrschaftsform betrachten, in der das Volk Regierungsmacht in periodisch stattfindenden, freien Wahlen zuweist, dann sind die maßgeblichen Träger und Adressaten dieser Zuweisung die Parteien und ihre Repräsentanten. Ihre Funktionen als Vermittlungsinstanzen zwischen Gesellschaft und Staat üben die Parteien in unterschiedlicher Form und Intensität aus, wie ein Vergleich zwischen den Vereinigten Staaten und Europa zeigt. In den USA bleibt ihr Einfluss, sowohl was die Durchdringung der gesellschaftlichen Funktionsbereiche als auch die Formulierung der Regierungspolitik angeht, bis heute eher gering. In einigen europäischen Ländern reicht er dagegen so weit, dass das politische System zur allumfassenden Parteienherrschaft mutiert – Kritiker würden sagen: degeneriert – und die Begriffe „Parteiendemokratie", „Parteienregierung" (*party government*) und „Parteienstaat" als Synonyme verwendet werden können (Decker 2013).

Die überragende Bedeutung der Parteien in der demokratischen Praxis hat in der Demokratietheorie erstaunlich wenig Widerhall gefunden. Auch im Rahmen des sogenannten realistischen Ansatzes bleiben die Parteien anderen Konzepten nachgeordnet (Elitenherrschaft, Konkurrenz, Pluralismus). Eine eigenständige oder gar geschlossene Theorie der Parteiendemokratie existiert nicht. Symptomatisch für das Nebeneinanderherlaufen von Demokratie- und Parteienforschung sind die Arbeiten Giovanni Sartoris, die in beiden Bereichen Pionierstatus erreicht haben.

Kann das 1976 erschienene Standardwerk über Parteien und Parteiensysteme (*Parties and Party Systems*) immerhin noch mit einer Reihe von demokratietheoretischen Bezügen aufwarten, so

Giovanni Sartori, 1924 in Florenz geboren, ist einer der international einflussreichsten und am meisten rezipierten Politik- und Sozialwissenschaftler (Pasquino 2005). Nach dem Studium in seiner Heimatstadt bereits mit 22 Jahren promoviert, habilitiert er sich 1954 und 1955 in den Fächern Moderne Philosophie und Staatswissenschaften. Sartori lehrt an der Universität Florenz ab 1950 zunächst Philosophie und von 1956 bis 1963 Politikwissenschaft. 1963 wird er auf eine Professur für Soziologie berufen, 1966 übernimmt er einen Lehrstuhl für Politikwissenschaft. 1976 geht Sartori in die USA, wo er zuerst drei Jahre in Stanford und dann – von 1979 bis 1994 – als Albert Schweitzer Professor in the Humanities an der New Yorker Columbia University tätig ist. 1992 auf seinen alten Lehrstuhl an die Universität Florenz zurückgekehrt, wird er 1994 emeritiert.
Sartoris Themen kreisen im Wesentlichen um fünf Bereiche (Nohlen 2004): 1. *Demokratietheorie.* 1987 legt Sartori eine überarbeitete und erweiterte Fassung seiner 1962 veröffentlichen Schrift *Democratic Theory* vor, die bereits fünf Jahre zuvor auf Italienisch erschienen ist. Er bekennt sich darin als überzeugter Anhänger des repräsentativen Demokratiemodells, der die Notwendigkeit politischer Führung betont, für eine Ausbalancierung von Mehrheitsprinzip und Minderheitenrechten eintritt und Formen der direkten Demokratie eine Absage erteilt. 2. *Parteien und Parteiensysteme.* Das 1976 veröffentlichte Buch *Parties and Party Systems* ist ursprünglich als zweibändiges Werk geplant. Der zweite Band erscheint allerdings nie, während der verbliebene Band seine Bedeutung fast ausschließlich dem Teil über die Parteiensysteme verdankt. 3. *Verfassungs- und Institutionenpolitik.* Nachdem Sartori in Zusammenhang seiner Beschäftigung mit Parteien und Parteiensystemen bereits ein reges Interesse an Wahlrechtsfragen entwickelt hat, nimmt er in der vielbeachteten Schrift *Comparative Constitutional Engineering* 1994 auch andere Aspekte der Regierungssystemgestaltung wie das Verhältnis von Exekutive und Legislative oder den Bikameralismus in den Blick. 4. *Medientheorie und -kritik.* Seinen größten Verkaufserfolg erzielt Sartori mit der 1997 erscheinenden populärwissenschaftlichen Streitschrift *Homo videns.* In ihr geißelt er den schädlichen Einfluss des Fernsehens auf Gesellschaft und Politik. 5. *Methodologie.* Nachhaltige Rezeption erfahren Sartoris methodologische Schriften, die sich mit der Logik sozialwissenschaftlicher Forschung auseinandersetzen. Seine begrifflich-klassifikatorischen „Handreichungen" der Komparatistik, die die Methodenstrenge des eigenen Werkes widerspiegelt, haben in der Disziplin Maßstäbe gesetzt (Collier / Gerring 2009).

spielen die Parteien in der 1987 neu vorgelegten Demokratietheorie (*The Theory of Democracy Revisited*) praktisch keine Rolle. Versuche einer stärkeren theoretischen Verklammerung, wie sie in der Bundesrepublik z.B. von Elmar Wiesendahl (1980) unternommen wurden, sind die Ausnahme geblieben. Auch in der Parteienforschung selbst hat man über das Theoriedefizit beredt Klage geführt. Klaus von Beymes (1983: 251) bereits vor dreißig Jahren geäußerte Feststellung, wonach eine allgemeine Parteientheorie zwar wünschenswert, wegen der disparaten Natur ihres Gegenstandes aber schwer zu erreichen sei, ist auch danach nicht widerlegt worden.

## 1. Theoriegeschichte

Konstitutiv für die politikwissenschaftliche Parteienforschung ist die Unterscheidung zwischen „Parteien" und „Parteiensystemen" als Analyseebenen. Beide werden in der arbeitsteiligen Organisation des Faches normalerweise getrennt behandelt, obwohl sie schon vom Begriff her notwendig aufeinander bezogen sind.

Sartori (1976: 44) definiert das Parteiensystem als „*System der Interaktionen*, das aus dem Wettbewerb zwischen den Parteien resultiert. Das heißt, dass das System auf den wechselseitigen Beziehungen der Parteien basiert, darauf, welche Funktion (im mathematischen Sinne) eine Partei im Verhältnis zu den anderen Parteien darstellt und wie sie auf diese reagiert – konfrontativ[1] oder in anderer Weise" (Hervorhebung im Original).[2] Die Unterscheidung zwischen Parteien und Parteiensystemen reflektiert die noch grundlegendere Unterscheidung zwischen der gesellschaftlichen und staatlichen Sphäre der Parteien als Bezugsfelder der Forschung. Die Parteien, die im Rahmen des Parteiensystems interagieren, sind in beiden Sphären verankert und verklammern diese gleichzeitig. „Sie verkörpern sowohl Gesellschaftlichkeit als auch

1 Im englischen Original heißt es *competitively*, was man auch neutraler mit „als Wettbewerber" übersetzen könnte. Auf die Vielschichtigkeit des Wettbewerbsbegriffs und -konzepts wird weiter unten eingegangen.

2 Die Zitate wurden vom Verfasser ins Deutsche übersetzt.

Staatlichkeit, nur in jeweils unterschiedlichen organisatorischen Aggregatzuständen. Einerseits verfügen sie über einen gesellschaftlichen Wurzelgrund, andererseits stellen sie mit ihren öffentlichen Vertretern das Personal, das die parlamentarisch-gouvernementalen Willensbildungs- und Entscheidungsgremien besetzt und das den Prozess der Politikformulierung und politischen Entscheidungsfindung maßgeblich beeinflusst" (Wiesendahl 2013: 14).

Wiesendahl (2013: 14 ff.) schlägt auf dieser Grundlage eine analytische Dreiteilung vor, um die Gegenstände der Parteienforschung zu strukturieren. Auf der Mikroebene stehen die Individuen als Basiseinheiten der Parteien in Gestalt von Wählern, Anhängern und Mitgliedern im Mittelpunkt, auf der Mesoebene die Beschaffenheit der Organisation und das Innenleben der Parteien und auf der Makroebene das Verhältnis der Parteien zu ihrer Außenwelt. Diese Ebene wird nochmals unterteilt in die gesellschaftliche Umwelt, die Wählerumwelt, die Organisations- und die Parteienumwelt sowie die politische Umwelt. Die Parteiensystemanalyse setzt auf der Makroebene an und nimmt vor allem die Parteienumwelt in den Blick. Diese wird ihrerseits maßgeblich von den anderen Umwelten geprägt, die als Bestimmungsfaktoren der Parteiensysteme entsprechend separiert werden können. Stehen in der gesellschaftlichen Umwelt die sozialstrukturellen Merkmale der verschiedenen Bevölkerungsgruppen im Vordergrund, die als kulturell und politisch aufgeladene Konflikte (*cleavages*) parteienbildend wirken, müssen im Rahmen der Wählerumwelt auch kurzfristig wirksame politische Faktoren des Stimmenwettbewerbs wie Kandidaten oder Themen einbezogen werden. Im Rahmen der Organisationsumwelt geht es um die institutionellen Regeln, denen der Parteienwettbewerb unterliegt, wobei dem Wahlrecht traditionsgemäß das Hauptinteresse gebührt. Zur politischen Umwelt gehören wiederum einerseits die politische Kultur eines Landes, andererseits internationale Faktoren wie die Globalisierung, die den Handlungsspielraum der nationalstaatlichen Politik begrenzen.

In ihren Anfängen hat sich die Parteienforschung fast ausschließlich auf die Mesoebene konzentriert. So befasste sich Moisej Ostrogorski in der ersten systematischen Analyse der aufkommenden Parteiendemokratie 1902 eingehend mit der Entwicklung des englischen und amerikanischen Parteiwesens. Ostrogorski zeigte, dass Massenparteien unter den Bedingungen des allgemeinen Wahlrechts eine bürokratische Form annehmen, die zwangsläufig zur Oligarchisierung innerhalb der Organisation und zur Manipulation der Wählerschaft führen müsse. Indem sich die – von ihm als *caucus* apostrophierten – außerparlamentarischen Parteiorganisationen zwischen das Parlament und die Wähler legten, verschiebe sich die Loyalität des Abgeordneten zunehmend in Richtung der Partei beziehungsweise deren Führung, der er seine Nominierung verdankt. Verstärkt werde dieser Effekt durch die überwiegend emotionale Ansprache der wachsenden Wählermassen, die die Herausbildung einer kritischen Öffentlichkeit behindere und so das repräsentative Prinzip der Demokratie untergrabe.

Nachhaltigen Einfluss auf die Forschung übte der Max Weber-Schüler Robert Michels mit seinem 1911 erschienenen Hauptwerk *Zur Soziologie des Parteiwesens in der modernen Demokratie* aus. Während Ostrogorskis Kritik einem liberalen Parlamentarismus-Modell verpflichtet war, bewegte sich Michels' Erkenntnisprogramm in der radikaldemokratischen Tradition Rousseaus. Sein am Typus der sozialistischen Massenpartei gewonnenes „ehernes Gesetz der Oligarchie", das die Unvermeidbarkeit politischer Führung betonte, erhob den Anspruch, als allgemeine Theorie des Gruppenlebens auch auf die demokratische Herrschaftsform im Ganzen übertragbar zu sein. Die Analogisierung wurde von Sartori (1992: 159) später kritisiert, weil sie lediglich in das Innere der Organisationen blicke, statt „das Zusammenwirken gegensätzlicher und konkurrierender – natürlich politischer – Organisationen" ins Auge zu fassen. In der Frage der innerparteilichen Demokratie blieb Michels' Oligarchie-These dagegen ein fester Bezugspunkt fast aller empirischen Arbeiten.

Das erste Grundlagenwerk der Parteienforschung, das auch die Parteiensystemebene in die Betrachtung einbezog, wurde 1951 von dem französischen Soziologen Maurice Duverger vorgelegt. *Les partis politiques* nimmt eine Zwischenstellung zwischen den klassischen und modernen Vertretern der Disziplin ein. Duverger entwickelte darin zum einen eine Typologie der Parteien, deren starke Zeitgebundenheit unter anderem an der Einbeziehung totalitärer Parteien (kommunistischer oder faschistischer Provenienz) ablesbar ist. Zum anderen fragte er nach der Struktur von Parteiensystemen und ihren Bestimmungsgründen, wobei sein Hauptaugenmerk dem Wahlrecht als technischem Faktor galt. Kritiker rieben sich an Duvergers Erklärungsansatz, den sie genauso wie die nach ihm benannten „Gesetze" als zu einseitig ansahen. Das Werk bildete damit eine wichtige Inspirationsquelle für die sich in den sechziger Jahren stark beschleunigende Forschung, die mit Leon Epstein (1967) aber zunächst nur ein weiteres vergleichbares Überblickswerk hervorbrachte.

Die Theoriebildung wurde in den fünfziger und sechziger Jahren durch zwei Ansätze vorangetrieben, die gegensätzlicher nicht hätten sein können. Anthony Downs entwickelte in seiner 1957 erschienenen *Economic Theory of Democracy* ein räumliches Modell des Parteienwettbewerbs. Phänomene wie der Hang der Parteien zur Mitte, geringe Wahlbeteiligungen oder mangelndes politisches Interesse wurden darin anhand von rationalen Nutzen-Kosten-Kalkülen der Wähler und Parteien erklärt, die einander als Nachfragende beziehungsweise Anbieter auf dem politischen Markt gegenüberstünden. Einen makrosoziologischen Ansatz der Entstehung und Entwicklung von Parteiensystemen, der auf die Prägewirkung sozialstruktureller Merkmale für das politische Verhalten abstellte, verfolgten dagegen Seymour Martin Lipset und Stein Rokkan in ihrer 1967 erstmals vorgestellten Cleavage-Theorie. Diese betrachtete die Parteien als Produkt von historisch gewachsenen Spaltungs- beziehungsweise Konfliktlinien in der Gesellschaft, die sich in den europäischen Nationalstaaten teils gemeinsam, teils abweichend voneinander herausgebildet hätten.

Giovanni Sartori blieb mit seinem Versuch, die Ansätze konzeptionell miteinander zu verklammern, auf halbem Wege stecken. 25 Jahre nach Duverger hatte die Parteienforschung Massen von empirischem Material aufgehäuft, die der theoretischen Durchdringung in einem neuen Grundlagenwerk harrten. *Parties and Party Systems* macht jedoch nur im zweiten Teil, der von den Parteiensystemen handelt, einen ausgereiften und abgeschlossenen Eindruck (Wiesendahl 2007). Während die dort entwickelte Typologie wichtige Bausteine zu einer Theorie des Parteienwettbewerbs und der Parteiendemokratie liefert, bleiben die Überlegungen zu den Entstehungsursachen der Parteien, ihren unterschiedlichen Organisationsformen und ihrer Einbettung in das politische System vorläufig und wurden von Sartori auch später nicht mehr systematisch fortentwickelt.

## 2. Das demokratische System als Parteiensystem

Sartori grenzt Parteien von „Faktionen" ab. Der im Deutschen ungebräuchliche Begriff lässt sich am besten mit „Parteiungen" oder „Machtgruppen" übersetzen. Solche Machtgruppen gibt es in allen Herrschaftsformen, auch in nicht-demokratischen. Für Untereinheiten innerhalb der Parteien hält Sartori den Begriff Faktion weiterhin angebracht, wenn es sich um Gruppierungen handelt, die auf den Machtambitionen Einzelner aufbauen. Untereinheiten, die von gemeinsam geteilten Prinzipien getragen werden, bezeichnet er als „Richtungen" oder „Strömungen" (*tendencies*). Blickt man über die einzelne Partei und deren Organisation hinaus, unterscheiden sich Parteien von Faktionen dadurch, dass sie Teil eines pluralistischen Systems sind. „Parteien wurden – unbewusst oder sogar widerstrebend – akzeptiert, als man erkannte, dass Vielfalt und Dissens mit politischer Ordnung nicht notwendig unvereinbar sind oder ihr schaden" (1976: 13). Nicht der Konflikt ist das Wesen des Pluralismus, sondern der Glaube an den Wert der Vielfalt. Faktionen erfüllen Sartori zufolge keine Funktion, sie existieren einfach. Parteien dienen demgegenüber allgemeinen Zwecken; sie sind Teil eines pluralistischen Ganzen und stehen als Bindeglied zwischen Volk und Regierung.

Historisch gehen die Parteien aus Faktionen hervor beziehungsweise haben sie die Faktionen überwunden. Sartori (1976: 18 ff.) beschreibt diesen Prozess als Übergang von der verantwortlichen (parlamentarischen) Regierung zur Parteienregierung. Die Parteien, die in England ausgangs des 18. Jahrhunderts entstanden, waren zunächst nur auf sich selbst hin orientiert, also auf die Abgeordneten. Mit der Ausweitung des Wahlrechts mussten sie sich den Interessen und Bedürfnissen ihrer Wähler zuwenden. Dadurch waren sie gezwungen, sich organisatorisch fester zusammenzuschließen und die Form von „Massenparteien" anzunehmen. Im Zuge dieser Konsolidierung (*solidification*) bildeten sich die Parteiensysteme heraus.

Sartoris Klassifikation der Parteiensysteme (1976: 119 ff.) interessiert sich vor allem für die Funktionslogik oder Mechanik des Parteienwettbewerbs. Diesen sieht er durch zwei Eigenschaften bestimmt: die Zahl der miteinander konkurrierenden Parteien und ihre ideologische Distanz. Sartoris Bezugsebene ist nicht das elektorale, sondern das parlamentarische Parteiensystem, basierend auf der Sitzverteilung in der ersten Kammer. Das numerische Kriterium schließt dabei nur die relevanten Parteien mit ein. Die Relevanz bemisst sich am politischen Gewicht der Partei, nicht an einer bestimmten Mindestgröße. Parteien haben Gewicht, wenn sie für die Regierungs- oder Koalitionsbildung benötigt werden (*Koalitionspotenzial*), oder wenn sie die Richtung des Parteienwettbewerbs beeinflussen (*Erpressungspotenzial*). Während das Koalitionsmerkmal auch sehr kleine Parteien mit umfasst, die als „Zünglein an der Waage" den Ausschlag für die Mehrheitsverhältnisse geben können, stellt das Erpressungsmerkmal vor allem auf die „Antisystemparteien" ab. Diese werden in die Regierungs- oder Koalitionsbildung nicht einbezogen, können aber dennoch (oder gerade deshalb) eine beträchtliche Stärke aufweisen.

Auf der Basis des numerischen Kriteriums unterscheidet Sartori sieben Klassen von Parteiensystemen: 1. eine Partei, 2. hegemoniale Partei, 3. prädominante Partei, 4. zwei Parteien, 5. begrenzter Pluralismus, 6. extremer Pluralismus und 7. atomisiert. Die Einbeziehung der Einparteienstaaten und der Systeme mit einer Hegemonialpartei – zu denen z.B. das kommunistische Polen und Mexiko gerechnet werden – verwundert, da sie Sartoris eigener Definition von Parteien und Parteiensystemen widerspricht, die das Vorhandensein einer wettbewerblichen Struktur voraussetzt. Scheidet man diese beiden Fälle ebenso aus wie das atomisierte Parteiensystem, das Sartori als Residualkategorie nur pro forma aufnimmt, lassen sich die demokratischen Parteiensysteme somit in vier Klassen unterteilen. Relativ leicht bestimmbar sind das *prädominante* und das *Zweiparteiensystem.* Im ersten Fall kann eine Partei auf Dauer oder für die meiste Zeit regieren, im letzten Fall wechseln sich zwei Parteien einander in der Regierungsübernahme mehr oder weniger regelmäßig ab. Voraussetzung dafür ist jeweils das Erreichen einer absoluten Mehrheit der Sitze im Parlament. Schwieriger gestaltet sich die Abgrenzung innerhalb der Mehr- oder Vielparteiensysteme. Sartori orientiert sich hier zunächst an der Zahl der relevanten Parteien, die Auskunft über die Fragmentierung des Parteiensystems gibt. Systeme mit drei bis fünf Parteien fallen danach in die Kategorie des *begrenzten Pluralismus*, Systeme mit mehr als fünf Parteien in die Kategorie des *extremen Pluralismus*.

Der Hinweis, dass ein hoch fragmentiertes System andere Interaktionen hervorbringt als ein wenig fragmentiertes, reicht zur Abgrenzung der beiden Kategorien freilich nicht aus. Die Frage lautet, welche Ursachen der Fragmentierung zugrunde liegen. Laut Sartori (1976: 126 ff.) kann sie entweder der Segmentierung der Gesellschaft oder der ideologischen Polarisierung geschuldet sein. Segmentierung liegt vor, wenn in einem Land ethnische, sprachliche oder sonstige kulturelle Minderheiten vorhanden sind, die im politischen System repräsentiert werden wollen. Polarisierung bezieht sich auf die weltanschaulichen und politikinhaltlichen Differenzen zwischen den Parteien. Systeme, deren hohe Fragmentierung auf die segmentierte Struktur der Gesellschaft zurückgeht, bezeichnet Sartori als *gemäßigten Pluralismus*. Systeme, in denen das Auftreten relevanter Antisystemparteien ein hohes Maß an Polarisierung bedingt, als *polarisierten Pluralismus*.

Sartori macht den Wettbewerbscharakter der Systeme einerseits am Grad beziehungsweise der Stärke (*competitiveness*), andererseits an der Richtung des Wettbewerbs fest. Prädominante und Zweiparteiensysteme unterscheiden sich vor allem hinsichtlich des ersten Merkmals, Systeme des gemäßigten und des polarisierten Pluralismus in Bezug auf das zweite.

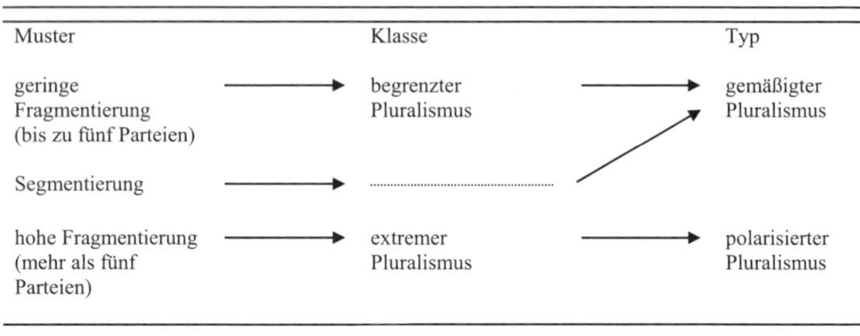


Abb. 1: Muster, Klassen und Typen von Vielparteiensystemen (Sartori 1976: 127)

In den polarisierten Systemen ist der Wettbewerb – zentrifugal – nach den politischen Rändern ausgerichtet. Solche Systeme zeichnen sich durch das Vorhandensein relevanter Antisystemparteien auf beiden Seiten des ideologischen Spektrums aus, die der Partei oder den Parteien der Mitte als Fundamentalopposition gegenübertreten (*bipolare Opposition*). Beispiele sind die Weimarer Republik, die Vierte Französische Republik, Chile (bis 1973) oder Italien. Sartori zufolge entleert die Polarisierung den Wettbewerb in der Mitte, indem sie die dort angesiedelte(n) Partei(en) systematisch anhalte, um die Wähler der rechten und linken Flügelparteien zu buhlen. In der Auseinandersetzung mit diesen gebe es wiederum keine faire Konkurrenz. Weil die fundamentaloppositionellen Kräfte das Blaue vom Himmel versprechen könnten, ohne jemals in die Situation zu kommen, diese Versprechen einlösen zu müssen, drohe ein unverantwortlicher Überbietungswettlauf. Die Stabilität der polarisierten Systeme steht für Sartori daher prinzipiell in Frage. Gelinge es nicht, die sich obstruktiv verhaltenden oppositionellen Parteien zurückzudrängen oder sie wenigstens partiell in das System einzubinden, wie es z.B. im Nachkriegsitalien im Unterschied zur Weimarer Republik und Chile weitgehend der Fall war, seien sie zum Untergang verurteilt (1976: 131 ff.).

Die Systeme des gemäßigten Pluralismus liegen laut Sartori (1976: 173 ff.) näher bei den Zweiparteiensystemen als bei den po-

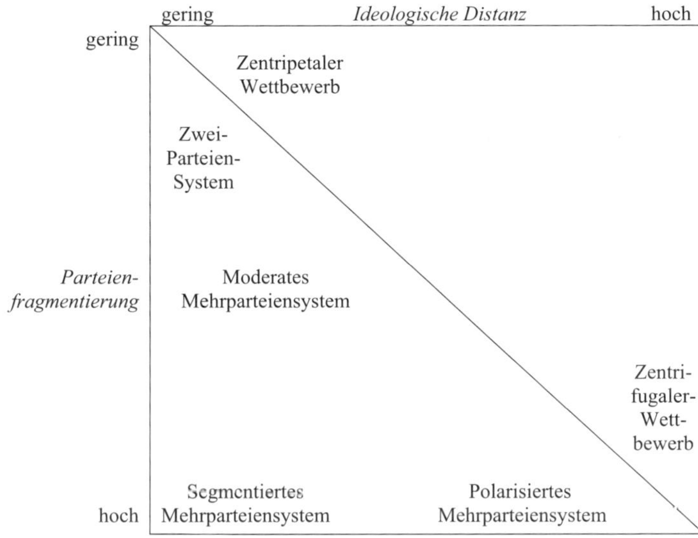


Abb. 2: Das vereinfachte Modell [der Wettbewerbssysteme] (Sartori 1976: 292)

larisierten Systemen. Sie zeichnen sich durch eine relativ geringe Bandbreite der ideologischen Positionen (bedingt durch das Fehlen relevanter Antisystemparteien), eine bipolare Konstellation der Regierungskoalitionen und einen zentripetalen, auf die Mitte hin orientierten politischen Wettbewerb aus. Der Unterschied zu den Zweiparteiensystemen besteht in der Notwendigkeit der Koalitionsbildung. Die Systeme des gemäßigten Pluralismus verwirklichen das Alternierungsprinzip nicht vollständig, da nach einer Wahl häufig nur ein teilweiser Austausch der Regierungspartner stattfindet. Statt zwei Parteien gibt es eine bipolare Anordnung alternativer (nicht notwendig alternierender) Koalitionen.

Innerhalb der Systeme des moderaten Pluralismus unterscheidet Sartori zwischen segmentierten und nicht-segmentierten Gesellschaften. Je mehr relevante Parteien es gebe, desto größer sei die Wahrscheinlichkeit, dass es sich um eine segmentierte Gesellschaft handele. Im Einklang mit den Theoretikern der Konkordanzdemokratie nennt er als Beispiele die Niederlande, Belgien, Österreich und die Schweiz, während Deutschland und die skandinavischen Staaten unter die gemäßigt pluralistischen Systeme in nicht-segmentierten Gesellschaften fallen (mit Tendenzen zu einer prädominanten Struktur in Schweden und Norwegen). Dass Sartori dieser Zuordnung selbst nicht ganz traute, zeigen die Hinweise auf das zum Erscheinungszeitpunkt seines Buches (noch) bestehende Zweiparteiensystem in Österreich und den sich verschärfenden Regionenkonflikt in Belgien. Ersteres widersprach dem angenommenen Zusammenhang zwischen Segmentierung und Fragmentierung, Letzteres erschütterte seine Annahme, wonach die Systeme des gemäßigten Pluralismus eine größere Stabilität aufwiesen als die polarisierten Systeme.

## 3. Kritik und Grenzen der Aussagekraft der Theorie

Die Kritik an Sartori setzt zunächst an den Leerstellen seiner Theorie an. Für das Regierungshandeln von Parteien, den *parties in public office* (Katz / Mair 1993), interessierte er sich kaum und bei seiner Organisationstheorie der Parteien, der *party from within*, ist er über Ansätze nicht hinausgekommen (1976: 71 ff.). Stärkere Beachtung fanden seine Erklärungen der Entstehungsbedingungen von Parteien und Parteiensystemen, obwohl sie ebenfalls nicht systematisch ausgearbeitet worden sind. Sartori (1968) wandte sich dagegen, die Parteiensysteme ausschließlich als Produkt oder Reflex gesellschaftlicher Strukturen zu betrachten. An der Cleavage-Theorie lobte er gerade ihren Verweis auf die Schlüsselbedeutung der politischen Eliten. Indem Sartori statt der Nachfrage- vor allem die Angebotsseite der Parteiensysteme betonte, nahm er die stärker akteursbezogenen Ansätze der Parteienforschung in den achtziger und neunziger Jahren vorweg (z.B. Panebianco 1988).

Umstritten blieben Sartoris (2001) institutionelle Erklärungen der Parteiensystemstruktur. Sein Versuch einer Neubewertung der Auswirkungen von Wahlsystemen, die an die Duvergerschen Gesetze anknüpfte, wurde von Dieter Nohlen (2009: 445 ff.) kritisiert, weil sie diese „aus dem Reich der empirischen Regelmäßigkeiten ins Reich der logischen Notwendigkeit" erhebe. Sartoris Feststellungen, wonach auch Verhältniswahlsysteme zur Konzentration des Parteiensystems führen könnten und die Konzentration von ihrem Disproportionseffekt abhänge, seien „im Grunde trivial". Sartori (2001: 101) wies zu Recht daraufhin, dass der Einfluss des Wahlsystems durch das Parteiensystem selbst kanalisiert werde. Seine ursprüngliche Position, dass es kein ideales Wahlsystem gebe, sondern dieses zu den jeweiligen gesellschaftlichen Kontextbedingungen passen müsse, gab er jedoch in den neunziger Jahren auf und plädierte stattdessen für ein mehrheitsbildendes Wahlrecht nach französischem Vorbild.

Bei Sartoris Parteiensystemtypologie müssen Zweifel an deren empirischen Gültigkeit vom heuristischen Nutzen unterschieden werden (Ware 1996: 172 ff.). Dass die Parteiensysteme seit den siebziger Jahren einen starken Wandel durchlaufen würden, konnte Sartori natürlich nicht vorausahnen. Im Zuge dieses Wandels wurden die zentrifugalen Tendenzen, die in Italien und Frankreich z.B. von der Präsenz starker kommunistischer Parteien ausgingen, zurückgedrängt. Gleichzeitig betraten neue (ökologische, populistische und regionalistische) Parteien die Bühne, von denen sich viele dauerhaft festsetzen konnten.

Sartoris Vermutung, dass ein Zusammenhang zwischen der Polarisierung und Fragmentierung des Parteiensystems besteht, ließ sich nur zum Teil bestätigen. So weist z.B. das französische Parteiensystem – bei gleicher oder geringerer Zahl der relevanten Parteien – bis heute eine größere ideologische Bandbreite auf als das niederländische oder dänische. Richtet sich der Parteienwettbewerb dort nach der politischen Mitte aus, so kann es auf der anderen Seite Zweiparteiensysteme geben, die durch heftige ideologische Konfrontation und soziale Spaltung gekennzeichnet sind. Darunter fallen z.B. Österreich in der Zwischenkriegszeit, Großbritannien in den achtziger Jahren oder die heutigen USA.

Blickt man auf die heuristische Ebene, ist vor allem Sartoris verkürzte Interpretation des Wettbewerbskonzepts fragwürdig. Seine Konzentration auf die Richtung des Wettbewerbs vernachlässigt dessen Stärke oder Intensität als weiteres aussagekräftiges Kriterium. So macht es z.B. einen Unterschied, ob Parteien sich bei der Wähleransprache nur auf ein bestimmtes Segment der Wählerschaft orientieren oder ob sie eine breite Koalition unterschiedlicher Bevölkerungsgruppen umwerben (Kirchheimer 1965). Darüber hinaus werden die unterschiedlichen Größenverhältnisse der Parteien in der Gruppe der stark fragmentierten Systeme zu wenig berücksichtigt, die sich zugleich in bestimmten Mustern der Koalitionsbildung niederschlagen. Als Suchschema bleibt Sartoris Typologie weiterhin geeignet; um die Wettbewerbsbeziehungen der Parteiensysteme zu erfassen – die heute anderen Bedingungen unterliegen und sich komplexer gestalten als zum Erscheinungszeitpunkt von *Parties and Party Systems* – reicht sie jedoch nicht mehr aus.

## 4. Aktuelle Forschungsbezüge

Der beschleunigte Wandel der Parteiensysteme und das Hinzutreten neuer Länder in den Kreis der Demokratien hat die Notwendigkeit der Typenbildung seit Sartoris großem Aufschlag eher noch verstärkt. Die neueren Typologisierungsvorschläge hinterlassen freilich einen zwiespältigen Eindruck. Was das numerische Kriterium angeht, übertreffen sie die Präzision von Sartoris Typologie, nachdem mit dem „Index der effektiven Parteien“ heute ein Messinstrument zur Verfügung steht, das die Zahl und Größenverhältnisse der Parteien in einer einheitlichen Formel verlässlich ausdrückt (Laakso / Taagepera 1979). Was die inhaltlichen Eigenschaften betrifft, fallen sie dagegen hinter Sartori zum Teil deutlich zurück. Hatte von Beyme (1982: 312) dessen Typologie Anfang der achtziger Jahre durch eine Einbeziehung der Koalitionsmuster noch sinnvoll fortgeschrieben, bleiben diese und die ihnen vorausgehenden ideologischen Merkmale z.B. bei Alan Ware (1996: 162) oder Oskar Niedermayer (2010: 342 f.) gänzlich unberücksichtigt – so als ob sie für die Charakterisierung eines Parteiensystems keine Rolle spielten.

Die Schwächen der Typenbildung kontrastieren mit den Befunden der qualitativen Forschung zum Gestaltwandel des Wähler- und Parteienwettbewerbs. In einem programmatischen Aufsatz hat Stefano Bartolini (2002) die Bedingungen herausgearbeitet, die erfüllt sein müssen, damit Wettbewerb zu einer responsiven Regierungspolitik führt. Erstens bedarf es freier und fairer Wahlen, was eine Grundvoraussetzung der Demokratie schlechthin darstellt (*contestability*); zweitens müssen Kandidaten und Parteien durch die Wahlentscheidung verwundbar sein, indem sie aus Parlamenten und Regierungen abgewählt werden können (*vulnerability*); drittens braucht es die Bereitschaft der Wähler, ihnen solche Wunden durch einen Wechsel ihrer Parteipräferenz zuzufügen (*availability*) und viertens müssen sich die politischen Anbieter in den Programmen und Positionen so unterscheiden, dass ein Wechsel überhaupt lohnt (*decidability*).

Die theoretische und empirische Analyse der Parteiendemokratie dreht sich seit den achtziger Jahren im Wesentlichen um die Veränderung dieser Wettbewerbsbedingungen. Dabei geraten drei Faktoren in den Blick, die sich zum Teil bedingen und verstärken, zum Teil gegenläufige Wirkungen erzeugen: die Verankerung der parteipolitischen Konflikte in der Gesellschaft, der Bedeutungsverlust der Ideologien und das Ausmaß des sozialen Konsenses. In diesen Faktoren spiegeln sich zugleich die wechselnden Herausforderungen des Regierens (Decker 2011: 104 ff.).

Die Parteienforschung untersucht die Auswirkungen der veränderten Wettbewerbsbedingungen in den verschiedenen Tätigkeitsfeldern der Parteien. In der *gesellschaftlichen Sphäre* stützt sie sich dabei insbesondere auf quantitative Untersuchungen des Wählerverhaltens. Dessen wachsende Sprunghaftigkeit (Volatilität) könnte nicht nur für die Stabilität der Parteiensysteme bedrohlich werden. Sie korrespondiert zugleich mit einem Ansehensverfall der Parteien und der Parteiendemokratie insgesamt (Dalton / Wattenberg 2000). Letzteres drückt sich auch darin aus, dass politische Partizipation heute vermehrt außerhalb der Parteien – in Bürgerinitiativen, sozialen Bewegungen oder Nichtregierungsorganisationen –

*Funktionen von Parteien und Parteiensystemen*

Keine Einführungs- oder Gesamtdarstellung der Parteienforschung kommt ohne eine Auflistung der Funktionen aus, die die Parteien für das demokratische System zu erfüllen haben und tatsächlich erfüllen. Sartori (1976: 27 ff.) begnügt sich mit einer zentralen Funktion, die er als Ausdrucksfunktion (*expressive function*) bezeichnet und in die Unterfunktionen der Bündelung und Kommunikation nochmals unterteilt. Unter Ausdrucksfunktion wird verstanden, dass die Parteien die Ansichten der Bürger sowohl aufnehmen als auch selbst formen. Auf diese Weise organisieren sie den ansonsten nur zerstreut vorhandenen öffentlichen Willen.

Neuere Arbeiten fassen die Ausdrucksfunktion zumeist unter den Begriff der Repräsentation, den Sartori bewusst meidet. Gleichzeitig ergänzen sie Sartoris Zuschreibung um weitere Funktionen, indem sie diese nach sachlichen und räumlichen Kriterien aufschlüsseln (z.B. Steffani 1988). Gleicht man die verschiedenen Vorschläge in der Literatur miteinander ab, ergibt sich eine relativ große Schnittmenge. Als Hauptfunktionen der Parteien lassen sich danach unterscheiden (Decker 2011: 16):

- die Repräsentationsfunktion
- die Steuerungsfunktion
- die Legitimationsfunktion
- die Sozialisations- und Elitenrekrutierungsfunktion.

Die Zuordnung von Funktionen und Wirkungsfeldern der Parteien erweist sich als gute Basis für die empirische Analyse. Vergleichende Untersuchungen deuten einerseits auf eine wachsende Diskrepanz zwischen dem staatlichen und gesellschaftlichen Bereich hin. Während die repräsentative Qualität der Parteien abnimmt und der demokratische Parteienwettbewerb an Akzeptanz verliert, können die Parteien ihre Stellung im Regierungsprozess behaupten oder sogar noch ausbauen (Bartolini / Mair 2001: 335 f.). Zum anderen lenken sie den Blick auf die eigene Rolle der Parteien bei der Ausweitung ihrer Funktionen, die sich in unterschiedlichen Graden der „Parteienstaatlichkeit" niederschlägt.

stattfindet, die Bürger also andere Formen und Kanäle der Einflussnahme vorziehen.

Als *staatliche Akteure* haben die Parteien ihre Stellung zumindest vorderhand bewahrt. Von den drei Kriterien, die Katz (1986: 43) in den achtziger Jahren für das Vorliegen einer „Parteienregierung" nannte – parteipolitische Kontrolle der Bürokratie, Aushandlung der Regierungspolitik innerhalb oder zwischen den Regierungsparteien, Rekrutierung des Regierungspersonals durch die Parteien –, erfüllen sie aber nur noch das zuletzt genannte ohne nennenswerte Abstriche. Mit der abnehmenden Steuerungsfähigkeit des Nationalstaates hat sich die Handlungsautonomie der Regierungen gegenüber den Parteien erhöht. Gleichzeitig treten diese ihre repräsentativen Funktionen immer mehr an andere Institutionen wie z.B. die Verfassungsgerichte ab, die über bessere „reflexive" Fähigkeiten verfügen und sich eher an Grundprinzipien und langfristigen Zielen orientieren als die gewählten Vertreter (Rosanvallon 2010).

Wenn sich die demokratische Substanz der politischen Systeme von den Parteien wegbewegt, hat das auch für deren *Innenleben* Konsequenzen. Die äußerlichen Erscheinungsformen der Parteiensysteme und des Parteienwettbewerbs werden in der Organisationswirklichkeit der Parteien reflektiert. Dabei ergibt sich nicht nur auf der Zeitachse das Bild einer hochgradig „ungleichzeitigen" Entwicklung, auch die Unterschiede zwischen und innerhalb der politischen Systeme sind immens. Auf der einen Seite dringt ein neuer Parteientypus vor, der kader- oder elitenbasiert ist, sich durch hohe Professionalität und eine Konzentration auf den Stimmenwettbewerb auszeichnet, dabei ohne größeren Mitgliederanhang auskommt und in den Ressourcen überwiegend vom Staat abhängt (Panebianco 1988). Auf der anderen Seite rufen die Legitimationsprobleme der Parteiendemokratie das Bedürfnis hervor, die innerparteilichen Prozesse durch eine Revitalisierung der Mitwirkungsbereitschaft an der Basis demokratisch zu öffnen. Die Reformen und Anpassungsreaktionen, die zwischen beiden Polen ablaufen, bieten der Forschung ein breites Beschäftigungsfeld.

## *Literatur*

Bartolini, Stefano (2002), Electoral and Party Competition: Analytical Dimensions and Empirical Problems, in: Richard Gunther / José Ramón Montero / Juan J. Linz (Hg.), Political Parties: Old Concepts and New Challenges, Oxford, S. 84–110.

Bartolini, Stefano / Peter Mair (2001), Challenges to Contemporary Political Parties, in: Larry Diamond / Richard Gunther (Hg.), Political Parties and Democracy, Baltimore, S. 327–343.

Beyme, Klaus von (1982), Parteien in westlichen Demokratien, München.

Beyme, Klaus von (1983), Theoretische Probleme der Parteienforschung, in: Politische Vierteljahresschrift 24 (3), S. 241–252.

Collier, David / John Gerring (2009), Concepts and Method in Social Science: The Tradition of Giovanni Sartori, New York.

Dalton, Russel J. / Martin P. Wattenberg, Hg. (2000), Parties without Partisans: Political Change in Advanced Industrial Democracies, Oxford.

Decker, Frank (2011), Parteien und Parteiensysteme in Deutschland. Stuttgart.

Decker, Frank (2013), Parteien und Verfassungsorgane, in: Oskar Niedermayer (Hg.), Handbuch Parteienforschung, Wiesbaden, S. 295–318.

Downs, Anthony (1957), An Economic Theory of Democracy, New York.

Duverger, Maurice (1951), Les partis politiques, Paris.

Duverger, Maurice (1959), Die politischen Parteien, Tübingen.

Epstein, Leon D. (1967), Political Parties in Western Democracies, London.

Katz, Richard S. (1986), Party Government: A Rationalist Conception, in: Francis G. Castles / Rudolf Wildenmann (Hg.), The Future of Party Government. Bd. 1: Visions and Realities of Party Government, Berlin, S. 31–71.

Katz, Richard S. / Peter Mair (1993), The Evolution of Party Organization in Europe: The Three Faces of Party Organization, in: The American Review of Politics 14, S. 593–617.

Kirchheimer, Otto (1965), Der Wandel des westeuropäischen Parteiensystems, in: Politische Vierteljahresschrift 6 (1), S. 20–41.

Laakso, Markku / Rein Taagepera (1979), „Effective“ Number of Parties: A Measure with Application to West Europe, in: Comparative Political Studies 12 (1), S. 3–27.

Lipset, Seymour Martin / Stein Rokkan (1967), Cleavage Structures, Party Systems, and Voter Alignments, in: dies. (Hg.), Party Systems and Voter Alignments, New York, S. 1–64.

Mair, Peter, Hg. (1990), The West European Party System, Oxford.

Michels, Robert (1911), Zur Soziologie des Parteiwesens in der modernen Demokratie. Untersuchungen zu den oligarchischen Tendenzen des Gruppenlebens, Leipzig.

Niedermayer, Oskar (2010), Konvergenz oder andauernde Diversität? Die strukturelle Entwicklung der europäischen Parteiensysteme 1990–2010, in: Zeitschrift für Staats- und Europawissenschaften 8 (3), S. 340–357.

Niedermayer, Oskar (2013), Die Analyse einzelner Parteien, in: ders. (Hg.), Handbuch Parteienforschung, Wiesbaden, S. 61–82.

Nohlen, Dieter (2004), Art. „Sartori", in: Gisela Riescher (Hg.), Politische Theorie der Gegenwart in Einzeldarstellungen, Stuttgart, S. 425–429.

Nohlen, Dieter (2009), Wahlrecht und Parteiensystem. Zur Theorie und Empirie der Wahlsysteme. 6. Aufl. Opladen.

Ostrogorski, Moisej J. (1902), Democracy and the Organization of Political Parties. 2 Bde., London.

Panebianco, Angelo (1988), Political Parties. Organization and Power, Cambridge.

Pasquino, Gianfranco (2005), The Political Science of Giovanni Sartori, in: European Political Science 4 (1), S. 33–41.

Rosanvallon, Pierre (2010), Demokratische Legitimität. Unparteilichkeit, Reflexivität, Nähe, Hamburg.

Sartori, Giovanni (1957), Democrazia e definizioni, Bologna.

Sartori, Giovanni (1962), Democratic Theory, Detroit.

Sartori, Giovanni (1968), The Sociology of Parties: A Critical Review, in: Otto Stammer (Hg.), Party Systems, Party Organizations, and the Politics of New Masses, Berlin, S. 1–25.

Sartori, Giovanni (1976), Parties and Party Systems: A Framework for Analysis, Cambridge.

Sartori, Giovanni (1987), The Theory of Democracy Revisited, Chatham.

Sartori, Giovanni (1992), Demokratietheorie, Darmstadt.

Sartori, Giovanni (1994), Comparative Constitutional Engineering: An Inquiry into Structures, Incentives and Outcomes, New York.

Sartori, Giovanni (1997), Homo videns. Televisione e post pensiero, Rom.

Sartori, Giovanni (2000), Pluralismo, multiculturalismo e estranei. Saggio sulla società multietnica, 2. Aufl., Mailand.

Sartori, Giovanni (2001), The Party Effects of Electoral Systems, in: Larry Diamond / Richard Gunther (Hg.), Political Parties and Democracy, Baltimore, S. 90–105.

Schmidt, Manfred. G. (2010), Art. „Partei", in: ders., Wörterbuch zur Politik, 3. Aufl., Stuttgart, S. 577–579.

Steffani, Winfried (1988), Parteien als soziale Organisationen. Zur politologischen Parteienanalyse, in: Zeitschrift für Parlamentsfragen 19 (4), S. 549–560.

Strøm, Kaare (1990), A Behavioral Theory of Competitive Political Parties, in: American Journal of Political Science 34 (2), S. 565–598.

Ware, Alan (1996), Political Parties and Party Systems, Oxford.

Wiesendahl, Elmar (1980), Parteien und Demokratie. Eine soziologische Analyse paradigmatischer Ansätze der Parteienforschung, Opladen.

Wiesendahl, Elmar (2007), Giovanni Sartori, Parties and Party Systems: A Framework for Analysis, Cambridge 1976, in: Steffen Kailitz (Hg.), Schlüsselwerke der Politikwissenschaft, Wiesbaden, S. 414–418.

Wiesendahl, Elmar (2013), Parteienforschung im Rahmen der Sozialwissenschaften, in: Oskar Niedermayer (Hg.), Handbuch Parteienforschung, Wiesbaden, S. 13–60.

# Otto Kirchheimer und die Catch-All Party

## 1. Einleitung

Unter den zahlreichen herausragenden Beiträgen Otto Kirchheimers auf dem Feld der politischen Soziologie und Staatstheorie hat das Catch-All Party-Konzept die bei weitem stärkste wissenschaftliche Rezeption erfahren. Die Diskussion über das Konzept hält bis heute an, wie unter anderem eine unlängst erschienene Themenausgabe der führenden internationalen Fachzeitschrift der Parteienforschung (*Party Politics*) bezeugt. Ein Grund dafür liegt in der ungebrochenen Bedeutung von Kirchheimers Thema: der Transformation der Parteien und Parteiensysteme. Worin diese Transformation besteht, welche Ursachen ihr zugrunde liegen und wie sie aus demokratischer Sicht zu bewerten ist, treibt die neuere Forschung genauso um wie Kirchheimer in den fünfziger und sechziger Jahren. Der andere Grund verweist auf die Akualität der Kirchheimerschen Thesen selbst, die in vielerlei Hinsicht Gültigkeit behalten, auch wenn sich der von ihm vorausgesagte Siegeszug des Catch-All Party-Modells nicht bewahrheitet hat.

Die Rezeption des Catch-All Party-Konzepts wird dadurch erschwert, dass es von seinem Urheber niemals vollständig ausgearbeitet worden ist. Kirchheimer hat es als Teil einer allgemeinen Theorie des Parteienwandels und der repräsentativen Demokratie über einen Zeitraum von mehr als zehn Jahren hinweg sukzessive entwickelt und an verschiedenen Stellen publiziert, wobei die kurz vor beziehungsweise nach seinem Tod erschienenen deutsch- und englischsprachigen Aufsätze über den „Wandel des westeuropäischen Parteiensystems“ (Kirchheimer 1965) /„The Transformation of Western European Party Systems“ (Kirchheimer 1966) einer summarischen Darstellung am nächsten kommen. Der Begriff der Catch-All Party taucht bei ihm jedoch schon viel früher auf, nämlich 1954 (Kirchheimer 1954). Der unabgeschlossene Charakter des Konzepts ist daran ablesbar, dass die beiden Textfassungen von 1965 und 1966 trotz des identischen Titels an manchen Stellen voneinander abweichen. Neben dem vorläufigen Status von Kirchheimers Thesen dürfte auch der weitgehende Verzicht auf eine Operationalisierung zu deren intensiven Rezeption beigetragen haben, die der nachfolgenden Forschung ein breites Tätigkeitsfeld eröffnete (Krouwel 2003).

Kirchheimer tat sich schwer, ein deutschsprachiges Pendant zur Catch-All Party zu finden, die er mal als „Allerweltspartei", „Sammelpartei" oder „(echte) Volkspartei" apostrophierte. War die Allerweltspartei eine – sprachlich freilich unglückliche – direkte Übersetzung des englischen Begriffs, so stellte die Sammelpartei ein Äquivalent zum französischen *parti de rassemblement* dar, für den de Gaulles UNR (*Union pour la Nouvelle République*) Pate stand.[1] Der Volksparteibegriff wiederum diente im Deutschland der Kaiserzeit und der Weimarer Republik einer Reihe von Parteien als Selbstbezeichnung, ohne sich gleichzeitig als wissenschaftlicher Typenbegriff durchzusetzen. Erst der Import von Kirchheimers Catch-All Party-Modell ließ ihn in Verbindung mit der Entwicklung des bundesdeutschen Parteiensystems in den sechziger Jahren neu aufleben (Safran 2009: 545).

Die Identifizierung von Allerwelts- und (echter) Volkspartei wurde von der deutschen Parteienforschung nicht nachvollzogen. Der Unterschied lag darin, dass die Volksparteien einen unverwechselbaren programmatischen „Markenkern" behielten (Mintzel 1984: 68). Für die meisten Autoren stellten sie folglich allenfalls eine Vorstufe des Catch-All Party-Modells dar, in der die ideologischen und organisatorischen Merkmale der früheren Massenintegrationsparteien nachwirkten (so z.B. Schmidt 1989: 175 f.). Die weitere Entwicklung, die zu einer schrittweisen Ablösung des Volksparteientypus führte, folgte allerdings nur zum Teil der von Kirchheimer unterstellten Richtung. In der politikwissenschaftlichen „Niedergangsdiskussion" der Volksparteien wurde deshalb nicht (mehr) auf dessen Catch-All Party-Konzept zurückgegriffen,

1 Die von Jacques Chirac 1976 begründete „neogaullistische" Nachfolgepartei der UNR trug die Bezeichnung „Rassemblement pour la République" (RPR).

sondern mit neuen Typenbegriffen hantiert. Am meisten Anklang fand der Vorschlag von Angelo Panebianco (1988), der den dominanten Typus der Nach-Volksparteien-Ära als „professionelle Wählerpartei" bezeichnete (s.u.).

Ein berechtigter Einwand gegen das Catch-All-Konzept lautet, dass es zwar viele übergreifende Entwicklungstendenzen der Parteiensysteme richtig beschreibe, darüber aber die fortbestehenden Unterschiede zwischen den einzelnen Ländern vernachlässige. Kirchheimer, der als jüdischer Deutscher in die USA emigrieren musste, wurde in seinen Überlegungen von der Wirklichkeit des US-amerikanischen Parteiensystems beeinflusst, konnten Demokraten und Republikaner doch als Musterbeispiele der „nach-ideologischen" Allerweltsparteien erscheinen. Die von ihm genannten westeuropäischen Fälle entstammten ebenfalls ausnahmslos großen Ländern (Großbritannien, Frankreich, Deutschland und Italien), wohingegen unter den größeren Parteien in kleinen Demokratien kaum Allerweltsparteien anzutreffen seien – als einzige Ausnahme nennt Kirchheimer (1965: 30) die österreichische SPÖ.

Kirchheimers Versuch, diese Unterschiede zu erklären, blendet die Strukturen der politischen Systeme merkwürdigerweise weitgehend aus. Großbritannien und Frankreich stellen z.B. – in der heutigen politikwissenschaftlichen Terminologie – Mehrheitsdemokratien dar, wobei in Frankreich die starke Ausrichtung der Fünften Republik am Amt des Präsidenten die Rolle der Parteien zusätzlich transformiert hat. In Italien muss das Catch-All-Phänomen vor dem Hintergrund der hegemonialen Position der *Democrazia Cristiana* gesehen werden, die bis zum Zusammenbruch des Parteiensystems in den neunziger Jahren währte. Und in Deutschland war es vor allem die Diskreditierung der radikalen rechten und linken Ideologien, die den Siegeszug des Volksparteienmodells in den fünfziger und sechziger Jahren ermöglichte (Smith 1982: 66 ff.).

So wie Kirchheimer die Beharrungskraft der unterschiedlich strukturierten nationalen Parteiensysteme unterschätzte, so überschätzte er die Ausstrahlungskraft, die vom Catch-All-Modell der großen Parteien auf die anderen Parteien ausgehen würde. Rein theoretisch ist es zwar vorstellbar, dass eine Nachahmung des Modells durch andere Wettbewerber auf ein elektorales Nullsummenspiel hinausläuft – die Allerweltspartei wäre dann auch mit einer Vielparteienstruktur kompatibel (Dittrich 1983: 264). Plausibler erscheint allerdings die von Kirchheimer selbst genährte Annahme, dass die elektoral erfolgreicheren Catch-All-Parteien einen Konzentrationseffekt im Parteiensystem herbeiführen, indem sie sich auf Kosten der Konkurrenz ausdehnen. „Eine Partei neigt dazu, sich dem erfolgreichen Stil ihres Kontrahenten anzupassen, weil sie hofft, am Tag der Wahl gut abzuschneiden, oder weil sie befürchtet, Wähler zu verlieren“ (Kirchheimer 1965: 30). Die Erwartung ist bekanntlich nicht eingetreten. Wo die Fragmentierung der Parteiensysteme hoch war – wie in den skandinavischen und Benelux-Ländern –, ist sie hoch geblieben, wo sie niedrig war, ist sie trotz (oder wegen?) der Allerweltsparteien angestiegen. Auf der Makroebene des Parteiensystems konnte man Kirchheimers These vor diesem Hintergrund schon Ende der siebziger Jahre als widerlegt betrachten (Wolinetz 1979).

## 2. Entideologisierung und Zerfall des sozialen Konsenses

Als zutreffender erwiesen sich die Annahmen, die Kirchheimer mit Blick auf den Catch-All-Typus selbst formulierte. Im Mittelpunkt stand dabei das „radikale Beiseiteschieben der ideologischen Komponenten“ (1965: 32), die nur noch ein Element der Wähleransprache unter vielen seien. Die zur Volkspartei gewandelte Massenintegrationspartei „gibt die Versuche auf, sich die Massen geistig und moralisch einzugliedern, und lenkt ihr Augenmerk in stärkerem Maße auf die Wählerschaft; sie opfert also eine tiefere ideologische Durchdringung für eine weitere Ausstrahlung und einen rascheren Wahlerfolg“ (1965: 27). Mit der Entideologisierung geht eine Verbreiterung der Wählerbasis einher. Die Allerweltspartei möchte nicht mehr nur die Angehörigen einer bestimmten Klasse oder Konfession adressieren, sondern die ganze Bevölkerung. Dies zwingt sie, Beziehungen zu den verschiedensten Interessenverbänden zu unterhalten, für deren jeweilige Forderungen sie als Sammelstelle und Vermittlungsinstanz fungiert. Daneben vertritt sie auch die Belange der nicht gruppenförmig organisierten beziehungsweise organisierbaren Teile der Bevölkerung, die nur am Wahltag in Erscheinung treten. Dies gibt ihr zugleich die Möglichkeit, extreme Forderungen der organisierten Interessen in Schach zu halten (1965: 36). Als weiteren Indikator der Entideologisierung (den Kirchheimer nicht nennt), könnte man die Koalitionsbeziehungen der Allerweltsparteien anführen, die sich nun auch auf nicht geborene Partner aus dem „anderen" politischen Lager erstrecken (Dittrich 1983: 263).

Als Hauptursache der Entideologisierung macht Kirchheimer die entwickelte Wohlstandsgesellschaft aus. Der hohe Stand der sozialen Sicherheit, der auch die vormals benachteiligten Schichten am wirtschaftlichen Erfolg teilhaben lässt, führt zum einen dazu, dass die sozialistischen Massenparteien ihre Integrationsmission als erfüllt ansehen können und systemverändernde Ambitionen von ihnen nicht mehr ausgehen. Anstelle der ideologischen Polarisierung besteht ein weitreichender politischer und sozialer Konsens. Zum anderen reduziert der Wohlstand das Schutzbedürfnis des einzelnen gegenüber dem Staat. Unter den Bedingungen stetigen wirtschaftlichen Wachstums bereitet der soziale Interessenausgleich kaum noch Probleme, funktioniert die Politik nach der Logik eines Positivsummenspiels. Die Allerweltspartei möchte einer Vielzahl von Interessen gleichzeitig gerecht werden. „Wenn die Partei auch nicht hoffen kann, alle Wählerschichten zu erreichen, so darf sie doch vernünftigerweise erwarten, *mehr* Stimmen in all den Schichten zu gewinnen, deren Interessen nicht so stark miteinander kollidieren, dass jeder Versuch, sie gleichzeitig zu gewinnen, von vornherein zum Scheitern verurteilt wäre oder die Gefahr der Selbstzerstörung einschlösse" (Kirchheimer 1965: 28). Die besonderen Ansprüche der Bürger treten deshalb im Wählerwettbewerb hinter die Fähigkeit der Parteien und des politischen Führungspersonals, die „allgemeinen Erfordernisse der Zukunft zu erfüllen", immer mehr zurück. Um möglichst viele Gruppen und Individuen zu erreichen, gestalten diese ihre Botschaften bewusst vage und verkleiden sie mit einer Rhetorik der nationalen Einheit (ebd.: 29).

Wie ist die These der Entideologisierung aus heutiger Sicht zu bewerten? In den achtziger Jahren wurde Kirchheimer dafür kritisiert, dass er die bleibenden ideologisch-programmatischen Unterschiede zwischen den großen christlich-konservativen und sozialdemokratischen Parteienfamilien unterschätzt hatte. Diese schlugen sich einerseits im konkreten Regierungshandeln, zum anderen in der jeweiligen Struktur der Wählerschaft nieder (Schmidt 1989). In der Blütezeit der Volksparteien (in den sechziger und siebziger Jahren) waren deren Anhänger – entgegen der Annahme Kirchheimers – geistig und wertemäßig in die Parteien noch weitgehend eingebunden, was einen hohen Anteil an Stammwählern nach sich zog. Die sozialmoralischen Milieus der einstigen Massenintegrationsparteien, aus denen die Volksparteien hervorgingen und in denen sie verankert waren, sollten erst in den achtziger und neunziger Jahren allmählich absterben (Lösche 2010).

Auch mit Blick auf den Ost-West-Konflikt, der ja nicht nur ein Macht-, sondern zugleich ein ideologischer Systemkonflikt war, mutet Kirchheimers These in der Rückschau befremdlich an. Dessen Virulenz zeigte sich etwa in der Präsenz starker kommunistischer Parteien (vor allem in Italien und Frankreich), während auf der anderen Seite – im Mitte-Rechts-Lager – eine dezidiert antikommunistische Ausrichtung der christdemokratischen und konservativen Parteien deren Anhängerschaft in hohem Maße integrierte. Dies galt auch für Länder wie die Bundesrepublik, wo es gar keine relevanten kommunistischen Vertreter gab. Hier richtete sich der ideologische Antikommunismus stattdessen gegen die Sozialdemokratie, was in den siebziger Jahren z.B. zu einer starken Polarisierung in Fragen der Außen- und Deutschlandpolitik führte.

Von einer richtiggehenden Entideologisierung kann also – wenn überhaupt – erst für die Zeit nach dem Zusammenbruch des Kommunismus gesprochen werden, als die Volksparteien – gemessen am Wählererfolg – ihren Zenit bereits überschritten hatten. Der Untergang der Sowjetunion stellte in der Entwicklung der westeuropäischen Parteiensysteme eine gewaltige Zäsur dar. Die Rechten beraubte er ihrer antikommunistischen Klammer, während er auf der Linken die Blütenträume eines sozialistischen oder anders gearteten „dritten“ Weges jenseits des Kapitalismus endgültig verfliegen ließ. Gleichzeitig führte der beschleunigte Globalisierungsprozess dazu, dass die demokratisch verfassten Nationalstaaten ihre Fähigkeit, die wirtschaftliche und gesellschaftliche Entwicklung autonom zu gestalten, seit den neunziger Jahren immer mehr einbüßten – was Kirchheimer zu seiner Zeit selbstverständlich nicht vorausahnen konnte. Das daraus entstehende Dilemma für die Parteien hat er freilich hellsichtig beschrieben. Diese gleichen sich einerseits in ihrer Programmatik und im tatsächlichen Regierungshandeln an. Andererseits müssen sie den Glauben in der Wählerschaft aufrechterhalten, wonach es einen Unterschied macht, wer regiert. Personalisierung, Inszenierung und politische Symbolik treten deshalb in der Wähleransprache zunehmend anstelle der komplexen Sachinhalte, deren Darstellung das Publikum im Zweifel überfordern – oder langweilen – würde (Decker 2007: 35 ff.).

In einem anderen Teil seiner Analyse hat sich Kirchheimer allerdings fundamental geirrt. Die von ihm angenommene Entideologisierung ging zwar mit einer abnehmenden gesellschaftlichen Verwurzelung der Parteien einher, sie führte aber nicht zu einem Rückgang der sozialen und politischen Konflikte. In der Goldenen Ära des Keynesianismus war es den Volksparteien noch leicht gefallen, ihre jeweiligen Klientelen bei der Stange zu halten. Hohe Wachstumsraten hielten die Arbeitslosigkeit gering und sorgten für einen kontinuierlichen Ausbau des Wohlfahrtsstaates, in dem es für alle Gruppen genügend zu verteilen gab. In den siebziger Jahren begann sich das Bild zu ändern. Wachstumseinbrüche und die zunehmende finanzielle Überbeanspruchung des Staates machten es fortan schwieriger, die Interessenunterschiede innerhalb der Gesellschaft ökonomisch zu überbrücken. Hinzu kam, dass Teile der Gesellschaft – unter dem Einfluss des „postmaterialistischen“ Wertewandels – jetzt auch grundsätzliche Zweifel am Wachstumsparadigma hegten (Padgett 2001: 60 ff.).

Die Volksparteien sahen sich durch diese Entwicklung zusehends überfordert, die ihnen programmatisch einen immer breiteren Spagat abverlangte. Die Logik der Stimmenmaximierung führte dazu, dass sie die wachsenden Ausgaben mit Schulden finanzierten, statt den Wählern die gebotenen Kürzungen zuzumuten. Gleichzeitig wollten sie die Negativfolgen des wirtschaftlichen Wachstums bekämpfen, ohne die Grundlagen des Wachstums selbst zu gefährden. Die Probleme wurden durch ihre Politik folglich nur verschoben beziehungsweise noch vergrößert, sodass sie sich in den neunziger Jahren umso geballter entluden. Nachdem die Globalisierung der Finanzmärkte die Möglichkeiten einer nachfrageorientierten Vollbeschäftigungspolitik drastisch eingeschränkt hatte, musste der Sozialstaat nun mit harten Einschnitten auf der Angebotsseite saniert werden, die in vorhandene Besitzstände eingriffen. Der soziale Konsens, der den Erfolg des Catch-All-Modells begründet hatte, sollte darüber zerbrechen.

Parallel zur neuen Brisanz der Verteilungskonflikte beziehungsweise diesen vorausgehend kam es auch in kultureller Hinsicht zu einer verstärkten Polarisierung.[2] Die Säkularisierung führte nicht, wie Kirchheimer noch annehmen musste, zu einer Entschärfung der gesellschaftlichen Konflikte. Anstelle des bis dahin dominierenden religiösen bzw. konfessionellen *cleavages* trat eine neue Pluralität von kulturellen Orientierungen und Lebensstilen, in der libertäre und autoritäre Werthaltungen die jeweiligen Pole bildeten. Aus diesem Gegensatz gingen ab den siebziger Jahren im linken Spektrum die grünen und ab den achtziger Jahren im rechten Spektrum die neuen rechtspopulistischen Parteien hervor. In vielen europäischen Ländern entstanden überdies regionalistische Parteien, die zugleich eine Reaktion auf den Bedeutungsverlust des Nationalstaates darstellten (Safran 2009: 548 f.).

Der Wandel der alten und das Hinzutreten neuer *cleavages* hat die zentrale Voraussetzung für den Erfolg des Catch-All Party-Modells beseitigt. Wo die großen Parteien diesem Modell folgten – in

2 Am nachhaltigsten machte sich dies in den USA bemerkbar, wo das Parteiensystem entlang der soziokulturellen Konfliktlinie heute tief gespalten ist. Entgegen dem europäischen Trend haben sich die Bindungen der Wähler an die Parteien hier sogar verstärkt. Die Ideologisierung hat dabei insbesondere die Republikanische Partei vom Catch-All-Modell weit entfernt, das sie zusammen mit den Demokraten früher prototypisch verkörperte (Safran 2009: 550 f.).

Großbritannien, Frankreich und Deutschland[3] – haben sie ihre Machtstellung im politischen System zwar weitgehend bewahrt. Dies verdankte und verdankt sich jedoch in erster Linie institutionellen Faktoren (wie dem Wahlrecht oder der staatlichen Parteienfinanzierung), die über die nachlassende Wählerunterstützung nicht hinwegtäuschen können. Den von Kirchheimer (1965: 31) formulierten Anspruch, „den größtmöglichen Anteil der potenziellen Wählerschaft zu erfassen“, erfüllen die Volksparteien der rechten und linken politischen Mitte längst nicht mehr. Einerseits fällt es ihnen immer schwerer, in der Konkurrenz mit kleineren Interessenparteien zu bestehen, die sich in der Wähleransprache bewusst auf ein schmaleres, dafür aber strukturell homogeneres Klientel beschränken. Andererseits verlieren sie die Fähigkeit – und zum Teil auch den Willen – die vom Modernisierungsprozess abgekoppelten randständigen Bevölkerungsgruppen zu repräsentieren (s.u.). Diese stellen heute die wichtigste Wählerreserve der rechts- und linkspopulistischen Protestparteien dar.

## 3. Wandel der Parteiorganisation

Charakteristisch für die Allerweltspartei ist, dass sie Elemente der Kaderpartei und Massenintegrationspartei kombiniert. War die Massenintegrationspartei die Organisationsform der „Außenseiter“, die ihren Ausschluss von der Staatsmacht durch ein möglichst flächendeckende gesellschaftliche Integration der eigenen Anhängerschaft auszugleichen suchte, so mussten die Kaderparteien des bürgerlichen Lagers umgekehrt Elemente der bürokratischen Massenpartei in sich aufnehmen, wenn sie im Wettbewerb mit der aufstrebenden Konkurrenz bestehen wollten. Indem sie im Wandel zur Catch-All Party die Vorreiterrolle übernahmen, schickten sich die Mitte-Rechts-Parteien jetzt sogar an, die immer noch stark klassen-

3 In Italien ging die Hegemonialpartei *Democrazia Cristiana* mit dem Totalzusammenbruch des Parteiensystems unter. An ihre Stelle trat die 1994 von Silvio Berlusconi aus der Taufe gehobene Sammlungsbewegung *Forza Italia*, die als Unternehmerpartei zugleich einen neuartigen Parteientypus repräsentierte (Decker 2004: 39 ff.).

gebundenen Massenparteien der Sozialdemokratie in organisatorischer Hinsicht zu überrunden. Letztere musste sich deshalb dem neuen Modell anpassen, das sich im Wählerwettbewerb als erfolgreicher und zukunftsträchtiger erwies (Koole 1996).

Der Übergang von der klassen- oder konfessionsgebundenen Massenintegrations- zur schichtübergreifenden Allerweltspartei schlägt sich in deren Binnenorganisation nieder. Kirchheimer (1965: 32) erwartete sich von ihm einerseits „eine weitere Stärkung der Politiker an der Parteispitze; was sie tun oder unterlassen, wird jetzt mehr vom Standpunkt ihres Beitrages zur Wirksamkeit des ganzen gesellschaftlichen Systems angesehen und nicht danach, ob sie mit den Zielen der jeweiligen Parteiorganisation übereinstimmen." Zum anderen unterstellte er eine „Entwertung der Rolle des einzelnen Parteimitglieds" (ebd.). Die Catch-All-Partei sei zwar genauso wie die Massenintegrationspartei gehalten, ihre Wähler dauerhaft an sich zu binden. Die dazu notwendige Mittlerfunktion in die Anhängerschaft hinein könne aber von den Interessenverbänden besser wahrgenommen werden als von den Mitgliedern oder Aktivisten.

Obwohl sich diese Überlegungen als erstaunlich weitsichtig erweisen sollten, wurde die organisatorische Seite des Wandels von Kirchheimer seinerzeit ebenso kursorisch behandelt wie die von ihm ausgemachten Etatisierungstendenzen der Parteien, die die berühmte Kartellthese von Richard Katz und Peter Mair (1995) bereits in den fünfziger Jahren vorwegnahmen (Krouwel 2003: 24). Auch nach Kirchheimer hat sich die Parteienforschung für die Binnenorganisation der Parteien kaum interessiert; Programme, Wählerwettbewerb und die Entwicklung der Parteiensysteme galten als wichtiger (Mintzel 1984: 104). Erst Angelo Panebiancos Buch widmete dem Organisationsaspekt Ende der achtziger Jahre die gebührende Aufmerksamkeit. Panebianco (1988: 264 f.) entwickelte darin einen zeitgenössischen Typus der politischen Partei, der als Fortschreibung und Spezifizierung des Catch-All-Modells aufgefasst werden kann. Zentrale Merkmale der – von ihm so bezeichneten – „professionellen Wählerpartei" sind danach:

- die Aufgabenverlagerung von der traditionellen Parteienbürokratie hin zu professionell arbeitenden Spezialisten
- die Verselbständigung der einzelnen Organisationsebenen und -bereiche
- der Vorrang der elektoralen Funktion
- die direkte Ansprache der Wähler mittels moderner Kommunikationstechniken
- der Autonomiegewinn der Parteispitze gegenüber den Funktionären und Mitgliedern und – damit verbunden
- die Herausstellung der gehobenen Funktions- und Mandatsträger im Rahmen einer personalisierten Führungsstruktur.

Genauso wie gegen das Kartellparteien-Konzept von Katz / Mair ist gegen Panebiancos Modell der „professionellen Wählerpartei" eingewandt worden, dass es bestimmte Merkmale der Parteiorganisation hypostasiere. So richtig es ist, dass die neuen Parteitypen Elemente der älteren Typen „amalgamiert" haben, so richtig ist auch, dass die Mischungsverhältnisse alter und neuer Organisationsmerkmale von Partei zu Partei ganz unterschiedlich ausfallen. Statt eines dominanten Typus gibt es – mit anderen Worten – eine Reihe von Typen, die nebeneinander bestehen. Die Unterschiede lassen sich auf mehrere Ursachen zurückführen. Neben länderbezogenen Spezifika der Parteiensystementwicklung, institutionellen Struktur und politischen Kultur spielen die Zielsetzungen und das Selbstverständnis der Parteien eine wichtige Rolle. Parteien, die in erster Linie danach trachten, Ämter zu besetzen (*office-seeking*), organisieren sich anders als solche, denen es vorrangig um Stimmenmaximierung (*vote-seeking*) geht, und diese wiederum anders als jene, die die Verfolgung bestimmter Politikinhalte (*policy-seeking*) in den Vordergrund stellen (Wolinetz 2002: 149 ff.).

Ähnlich bedeutsam sind die Unterschiede, die zwischen großen und kleinen Parteien sowie zwischen etablierten Parteien und Newcomern bestehen. Kleine Parteien, die sich in der Wähleransprache auf ein bestimmtes Segment der Bevölkerung konzentrieren, weisen eine stärker eliten- oder kaderbasierte Struktur auf als Volksparteien. Ein Beispiel ist die bundesdeutsche FDP, in der zum

Teil noch die Relikte der alten Honoratiorenpartei nachwirken. Diese Organisationsform ermöglichte den Liberalen nicht nur ein hohes Maß an strategischer und programmatischer Flexibilität, sondern immunisierte sie auch gegen den Versuch einer populistischen Öffnung, der seit Ende der neunziger Jahre von ihrem stellvertretenden Bundesvorsitzenden Jürgen W. Möllemann betrieben wurde (Decker 2004: 156 ff.).

Die in den siebziger und achtziger Jahren entstandenen grünen Parteien verkörpern wiederum einen Typus, der von der straffen Organisationsform der Kader- und Massenparteien bewusst Abstand nehmen wollte und anstelle dessen eine Bewegungs- oder Rahmenstruktur setzte. Ob davon Ausstrahlungseffekte auf die beiden großen Parteien ausgegangen sind, lässt sich schwer abschätzen. Verglichen mit der Organisation der Volksparteien wirkten die Grünen zwar in vielerlei Hinsicht beweglicher und somit auch moderner. Über ihre Professionalität besagte das allerdings nicht viel, da diese zugleich von personellen Ressourcen – Pragmatismus, administrative Führungsfähigkeit, Fachkompetenz usw. – abhing, die sich die Partei erst aneignen musste.

Als „lernende Organisationen" stehen die neuen und alten Parteien mithin vor unterschiedlichen Herausforderungen. Für die Newcomer erweist sich die Modernisierung in erster Linie als ein „rückwärtsgewandtes" Problem. Damit die Organisation funktioniert, müssen sie die darin eingeflossenen Erfahrungen gleichsam nachholend verinnerlichen. Bei den Volksparteien richtet sich der Blick demgegenüber nach vorne. Sie müssen ihre Organisation an die veränderten Bedingungen des Wählerwettbewerbs anpassen. Je mehr die Bevölkerung in ihren Interessen und Werteinstellungen auseinanderfällt, um so größere Schwierigkeiten ergeben sich dabei in der Strategiewahl und Zielgruppenansprache. Mit Blick auf die Organisation sind hier zwei Bereiche besonders betroffen. Zum einen geht es um die Rolle der Parteimitglieder, zum anderen um die Wahlkampfführung.

Aus normativ-demokratietheoretischer Sicht ist die funktionelle Bedeutung der Mitglieder kaum bestreitbar. Als Scharnier zwischen Mandatsträgern und Wählern tragen sie zur Verankerung der

Partei in der Gesellschaft und damit zur besseren Integration und Repräsentation der Bevölkerungsinteressen bei. Je enger diese Beziehungen geknüpft werden, um so glaubwürdiger ist der Legitimationsanspruch, den die Parteien für sich und die Parteiendemokratie insgesamt erheben. Auch das Gebot der innerparteilichen Demokratie würde ohne einen Mindestbestand an Parteimitgliedern ins Leere laufen.

Unterschiedliche Ansichten gibt es darüber, ob die Mitglieder dieser Rolle in der Praxis noch gerecht werden und welchen Nutzen sie für die Parteien in organisatorischer Hinsicht erbringen (Jun / Niedermayer / Wiesendahl 2009). Die These vom Funktionsverlust oder gar Niedergang der Mitgliederpartei, die Kirchheimers Catch-All Konzept vorgezeichnet hatte, galt in der Parteienforschung lange Zeit als Gemeingut. Sie stellt darauf ab, dass die Parteien auf die Ressourcen, Vermittlungsdienste und Partizipationsangebote ihrer Mitglieder immer weniger angewiesen seien. Die Finanzierung der Parteien erfolge überwiegend durch die Interessengruppen und den Staat. In der Wahlkampfkommunikation verschöben sich die Gewichte von den Mitgliedern hin zu den Medien. Und im Verhältnis zur Parteiführung verlören die Mitglieder an Einfluss, was sich zugleich in einem Bedeutungsverlust der innerparteilichen Gruppierungen und Organisationen niederschlage (Kirchheimer 1966: 190 ff.).

Ein nüchterner Blick auf die Fakten kann diese Annahmen allerdings nicht belegen. So zeigen z.B. Zahlen für die Bundesrepublik, dass die Mitglieder eine wichtige Finanzquelle der Parteien bleiben (Wiesendahl 2006: 115 f.). Auch als Werber und Mediatoren sind ihre Dienste letztlich unverzichtbar. „Neben dem Medienwahlkampf kommen weiterhin alle Register des modernen Straßenwahlkampfs zum Zuge, die ohne den Einsatz freiwilliger Helfer nicht umgesetzt werden können. Zudem kann nach jüngeren amerikanischen und englischen Untersuchungen von einer Renaissance der lokalen Wahlkreiskampagne gesprochen werden, bei der freiwillige Parteiaktive eine Schlüsselstellung einnehmen. Beim organisatorischen Nutzen von Parteimitgliedern muss obendrein bedacht werden, dass sie über ihre soziale Einbettung in die Lebenswelt der Menschen eine unmittelbare und dauerhafte Beziehung zur Wählerumwelt herstellen. Diese direktdemokratische Botschafter- und Multiplikatorenrolle von Parteimitgliedern kann durch indirekte Medienkommunikation nicht ersetzt werden" (ebd.: 110 f.).

Dasselbe gilt für die innerparteiliche Demokratie. Gewiss ist es für eine Parteiführung lästig, wenn sie in ihrer strategischen Manövrierfähigkeit durch aufmüpfige Mitglieder eingeschränkt wird. Ob dies aus elektoraler Sicht immer schaden muss, ist jedoch nicht ausgemacht. Entfernt sich die Führung zu sehr von der Basis, könnten sich ja auch die Wähler von der Partei abwenden. Die Mitglieder erfüllen insoweit eine wichtige Korrektivfunktion. Indem sie die Führung mahnen, ihre Entscheidungen sorgfältig zu begründen und in die Partei hinein zu vermitteln, leisten sie einen Beitrag zur Pflege der eigenen Klientel. Dass deren Mobilisierbarkeit für den Wahlausgang genauso große – vielleicht sogar größere – Bedeutung gewinnen kann wie die Ansprache der parteipolitisch nicht festgelegten Wechselwähler, haben die einst so erfolgsverwöhnten Volksparteien in den letzten Jahren und Jahrzehnten schmerzlich erfahren.

Wenn diese Feststellungen stimmen, dann muss auch die verbreitete Rede von einer „Amerikanisierung" der Wahlkämpfe korrigiert werden. Zwar gibt es eine Hinwendung zu Stilmitteln und -techniken jenseits des konventionellen Organisationswahlkampfes, die von einer stärker personen- und imagefixierten Wähleransprache über den Einsatz externer Wahlkampfberater bis hin zum strategischen Zielgruppenmarketing reichen. Einem spezifischen Rückgriff auf US-amerikanische Vorbilder und Erfahrungen entspringen die „postmodernen" Wahlkämpfe jedoch nicht, wenn man von einzelnen Elementen absieht.[4] Vielmehr handelt es sich um generelle Erscheinungen einer medieninduzierten Modernisierung und Professionalisierung der Wahlkampagnen, wie sie in allen

4 In der Bundesrepublik gehörte hierzu das 2002 erstmals abgehaltene, an sich systemfremde Fernsehduell der beiden Spitzenkandidaten vor der Bundestagswahl (das in seiner Wirkung prompt überschätzt wurde).

westlichen Demokratien heute in ähnlicher Form anzutreffen sind (Wagner 2005).

## 4. Krise der Repräsentation

Kirchheimer betrachtete die Transformation der Parteiensysteme und die Heraufkunft des Catch-All Party-Modells mit großer Sorge. So sehr er die Integration der Massenparteien in das demokratische System als Leistung würdigte, so schmerzlich war ihm bewusst, dass gerade damit eine Schwächung der Repräsentationskraft der Parteien einhergehen würde. Indem sie versuchte, möglichst viele Bevölkerungsgruppen gleichzeitig zu erreichen, verzichtete die Allerweltspartei darauf, die Interessen bestimmter Bevölkerungsgruppen bevorzugt zu vertreten. Dies stellte aus Kirchheimers Sicht vor allem für die sozialdemokratischen und sozialistischen Parteien ein Problem dar, die sich als klassengebundene Massenparteien den Interessen solcher Bevölkerungsgruppen in besonderer Weise verpflichtet hatten.

Seine Befürchtungen gingen allerdings noch sehr viel weiter. In der Ausrichtung der Catch-All-Parteien an der politischen Mitte sah Kirchheimer die Gefahr einer Entleerung des politischen Wettbewerbs, der zu einem systematischen Verfall der Opposition führe. Statt für fundamentale politische Ziele zu streiten und die Wahl zu einer Richtungsentscheidung zu machen, träten die Parteien mit einem Angebot an die Wählerschaft heran, das sich nur noch in der Verpackung und im Personal von der Konkurrenz unterscheide. In nur leicht abgewandelter Form hat Franz Walter (2008: 215) diesen Befund unlängst wiederholt. „Allerweltsparteien peilen die politische Mitte an. Und da die Mitte als unideologisch gilt, haben sie sich von den früheren weltanschaulichen Begründungen ihrer selbst getrennt. (…) Es galt als Modernität schlechthin, der Politik gleichsam das ernsthafte und schwere Politische zu nehmen – um eine höhere ‚Passförmigkeit‘ und ‚Anschlussfähigkeit‘ zu den anderen Angeboten der Zerstreuungsindustrie für den Konsumenten / Wähler zu erreichen.“ Kirchheimer betrachtete die Strategien der Catch-All-Parteien im Wählerwettbewerb als Produkt der modernen Konsumgesellschaft, das mit den Marketingstrategien von Wirtschaftsunternehmen vergleichbar sei. Die Wähler würden von den Parteien beschwichtigt und nicht mehr dazu angehalten, die Politik selbst zu gestalten (oder auf ihre Gestaltung Einfluss zu nehmen).

Der Apathie einer entpolitisierten Masse korrespondiert die allmähliche Verschmelzung der Parteien mit dem von ihnen „gemanagten" Staatsapparat. Als Symptom dafür galten Kirchheimer die Großen Koalitionen, die zum Entstehungszeitpunkt seines Aufsatzes in Österreich und Deutschland bestanden beziehungsweise angebahnt wurden (Schmidt 1989: 173 f.). Lange bevor die Kritik am Parteienstaat unter Staatsrechtslehrern und Politikwissenschaftlern in Mode kam, warnte er vor den Gefährdungen, die mit der Herausbildung solcher Kartellstrukturen verbunden waren. Das Vordringen der Parteien im Staat – so seine düstere Prognose – werde diese zum Machtmissbrauch einladen und die Gewaltenteilung zwischen Legislative, Exekutive und Judikative aushebeln (Krouwel 2003: 31).

Diese Voraussagen sollten sich – gottseidank – nicht bewahrheiten. Kirchheimers These hat nicht nur die unterschiedlichen Ausprägungen der Parteienstaatlichkeit in den einzelnen politischen Systemen übersehen, sondern auch die verbleibenden beziehungsweise sich neu herausbildenden oppositionellen Gegengewichte und -bewegungen. Diese gehen erstens von einer kritischen Medienöffentlichkeit aus, die sich im Zusammenspiel mit der Parteipolitik auch plebiszitär entlädt. Zweitens zeigen sie sich im Bedeutungsgewinn des Verfassungsgerichts und anderer nicht parteilicher Vetospieler (einschließlich der supranationalen Institutionen), die im Zuge der Verrechtlichung von Entscheidungsprozessen der Politik in den Arm fallen und deren Handlungsspielraum begrenzen. Und drittens büßt der Parteienwettbewerb seine machtkontrollierende Wirkung nicht völlig ein, auch wenn die politikinhaltlichen Unterschiede zwischen den Parteien abnehmen und diese – im Bereich ihrer institutionellen Eigeninteressen – gelegentlich ein politisches Kartell bilden. Von einer Gefährdung der Demokratie kann nur dort gesprochen werden, wo die politischen Akteure bestimmte Elemente des verfassungsstaatlichen Konsenses gezielt unterminieren. Die Erfahrungen nach der Machtbeteiligung beziehungsweise -übernahme rechtspopulistischer Parteien in Österreich und insbesondere Italien haben gezeigt, dass solche Befürchtungen durchaus angebracht sind. Sie stehen aber nicht repräsentativ für die Mehrzahl der westeuropäischen Demokratien (Decker 2004: 271 ff.).

Stärker Recht behalten hat Kirchheimer mit dem ersten Teil seiner Kritik, auch wenn die von ihm diagnostizierte Repräsentationskrise viel später einsetzte, als er selber vermutete. Bis in die achtziger Jahre hinein war die Welt der Volksparteien noch einigermaßen intakt. Von einer Repräsentationskrise, die sich in nachlassender Organisationskraft, Nichtbeteiligung an Wahlen, „abweichendem" Stimmverhalten sowie anderweitigen Protestformen bemerkbar macht, kann erst in der Zeit danach gesprochen werden. Die Wahlbeteiligung bei den deutschen Bundestagswahlen, die zu den Spitzenzeiten in den siebziger Jahren regelmäßig um die 90 Prozent betrug, lag mit knapp über 70 Prozent 2009 zwar immer noch recht hoch. Bei den Landtagswahlen beträgt sie aber heute kaum mehr als 60 Prozent, und bei Kommunal- und Europawahlen fällt sie sogar mitunter deutlich unter die 50-Prozentmarke.

Mit der rückläufigen Wahlbeteiligung korrespondiert eine Veränderung im Wählerverhalten selbst, das situativer und unberechenbarer geworden ist. Die Folgen zeigen sich in einer wachsenden Fragmentierung der Parteienlandschaft: Die Bindungskraft der beiden Volksparteien nimmt ab[5], während der Stimmenanteil der kleineren Parteien ansteigt. Unter die letzteren fallen dabei in zunehmendem Maße auch nicht-etablierte Parteien sowie extremistische oder populistische Vertreter. Betrug der zusammengenommene Stimmenanteil der sogenannten „Sonstigen" in der Hochzeit der Stabilität des Parteiensystems in den siebziger Jahren selten mehr als ein Prozent, so erreicht er heute bei Landtags- und Europawah-

5 Bezogen auf die Gesamtwählerschaft konnten Union und SPD bei der Bundestagswahl 2009 zusammengenommen nicht einmal mehr 40 Prozent der Stimmberechtigten hinter sich versammeln. In den siebziger Jahren lag der Wert mit über 80 Prozent noch doppelt so hoch.

len regelmäßig zweistellige Werte. Hauptprofiteure dieser Entwicklung waren und sind (neben der populistischen Linken) die neu entstandenen oder wieder erstarkten Rechtsaußenparteien, von denen sich im Unterschied zu den meisten anderen europäischen Ländern in der Bundesrepublik aber keine dauerhaft im Parteiensystem festsetzen konnte.

Noch triftiger erscheint die These der Repräsentationskrise, wenn man sich die Struktur der von den Volksparteien nicht mehr erreichten Wähler betrachtet, unter denen die sozialökonomisch und -kulturell marginalisierten Bevölkerungsteile weit überproportional vertreten sind. Das Gleichheitsversprechen, auf dem die Demokratie beruht, auch in materieller Hinsicht abzusichern, fällt in einer auseinanderdriftenden Gesellschaft offenbar zunehmend schwerer. Wie die Wahlerfolge rechtspopulistischer Parteien in vielen europäischen Ländern zeigen, leiden unter diesem Problem nicht nur die sozialdemokratischen Parteien, obwohl diese aufgrund ihrer traditionellen Werte- und Interessenbasis am ehesten in der Lage sein müssten, die unteren Schichten der „Modernisierungsverlierer" anzusprechen. In der Repräsentationslücke spiegeln sich die zentrifugalen Tendenzen der wirtschaftlichen und gesellschaftlichen Entwicklung, die durch die wachsende Kluft zwischen Arm und Reich auch politisch zu einer Entsolidarisierung geführt haben (Schäfer 2010). Der Drang der Volksparteien zur Mitte hat diese Tendenz zumindest befördert. Er ließ ein Vakuum an den rechten und linken Rändern des Parteienspektrums entstehen, in das kleinere Parteien erfolgreich hineinstoßen konnten. Die Volksparteien mussten sich insofern fragen, ob sie ihre Fangnetze nicht an den falschen Stellen ausgeworfen hatten (Allen 2009). Ob sich eine Abkehr von der zentristischen Strategie für sie elektoral ausgezahlt hätte (oder auszahlen würde), bleibt allerdings offen und kann nur von Fall zu Fall beantwortet werden. Dies gilt zumal, wenn man die koalitionspolitischen Folgen der Strategiewahl mitberücksichtigt, die es womöglich geboten machen, gerade nicht an denselben Stellen zu fischen wie die potenzielle Konkurrenz. Am Beispiel der deutschen SPD lässt sich dieses Dilemma exemplarisch veranschaulichen.

Wenn die Krise der Repräsentation in erster Linie ein Problem der wachsenden sozialen Ungleichheit darstellt, sind die Möglichkeiten einer institutionellen Reformpolitik naturgemäß begrenzt. Die Vorstellung, man könne die in Resignation gefallenen Wähler mit neuen oder zusätzlichen Partizipationsangeboten ohne weiteres wieder in das System zurückholen, mutet naiv an. Dennoch könnten solche Angebote ein Weg sein, um vorhandene Repräsentationsschwächen der Parteiendemokratie im allgemeinen und der Volksparteien im besonderen abzumildern.

Unabweisbar erscheint hier – wenn man erneut das deutsche Beispiel nimmt – zum einen eine Organisationsreform der Parteien selbst. Wie wenig attraktiv diese gerade für junge Menschen sind, kann jeder nachvollziehen, der die Erfahrung der Mitarbeit in einem Ortsverein einmal gemacht hat. Das überkommene Delegiertensystem, das die Mitwirkungschancen der Basis stark einengt, gehört deshalb ebenso auf den Prüfstand wie die Formen der Mitgliedschaft. Zum anderen wäre zu überlegen, ob und in welcher Form man die Wahldemokratie um Elemente der Abstimmungsdemokratie ergänzen kann. Die entpolitisierende Tendenz des Parteienwettbewerbs, die Kirchheimer dem Catch-all-Modell unterstellte, bleibt ja ein nahezu ausschließliches Problem der Wahlen bzw. Wahlkämpfe. Hier lohnt es sich für die politischen Akteure (oder kann es sich lohnen), unhaltbare Versprechungen zu machen, Schönfärberei zu betreiben oder sich in Populismus zu üben, um im Rennen um die Wählergunst am Ende die Nase vorn zu haben (Jun 2006). In einem direktdemokratischen Verfahren würde dergleichen nicht funktionieren. Durch ihren (nur) potenziellen Gebrauch ginge von den Plebisziten zugleich eine präventive Wirkung aus, indem sie die gewählten Politiker anhalten, ihr Tun und Unterlassen vor dem Volk besser zu begründen (Offe 1992: 139 f.). Auch dies könnte zu einer „Repolitisierung" beitragen und die Bürger wieder näher an die repräsentativen Institutionen heranführen.

*Literatur*

Allen, Christopher S. (2009), „Empty Nets". Social Democracy and the Catch-All Party Thesis in Germany and Sweden, in: Party Politics 15 (5), S. 635-653.

Decker, Frank (2004), Der neue Rechtspopulismus, 2. Aufl., Opladen.

Decker, Frank (2007), Parteiendemokratie im Wandel, in: ders. / Viola Neu (Hg.), Handbuch der deutschen Parteien, Bonn, S. 19-61.

Dittrich, Karl (1983), Testing the Catch-all Thesis: Some Difficulties and Possibilities, in: Hans Daalder / Peter Mair (Hg.), West European Party Systems, Beverly Hills / London / New Delhi, S. 257-266.

Jun, Uwe (2006), Populismus als Regierungsstil in westeuropäischen Parteiendemokratien: Deutschland, Frankreich und Großbritannien in: Frank Decker (Hg.), Populismus in Europa, Bonn, S. 233-254.

Jun, Uwe / Oskar Niedermayer / Elmar Wiesendahl, Hg. (2009), Zukunft der Mitgliederpartei, Opladen / Farmington Hills.

Katz, Richard S. / Peter Mair (1995), Changing Models of Party Organization and Party Democracy. The Emergence of the Cartel Party, in: Party Politics 1 (1), S. 5-28.

Kirchheimer, Otto (1954), Notes on the Political Scene in West Germany, in: World Politics 6 (3), S. 306-321.

Kirchheimer, Otto (1965), Der Wandel des westeuropäischen Parteiensystems, in: Politische Vierteljahresschrift 6 (1), S. 20-41.

Kirchheimer, Otto (1966), The Transformation of Western European Party Systems, in: Joseph LaPalombara / Myron Weiner (Hg.), Political Parties and Political Development, Princeton 1966, S. 177-200.

Koole, Ruud (1996), Cadre, Catch-All or Cartel? A Comment on the Notion of Cartel Party, in: Party Politics 2 (4), S. 507-523.

Krouwel, André (2003), Otto Kirchheimer and the Catch-All Party, in: West European Politics 26 (2), S. 23-40.

Lösche, Peter (2010), Sozialmoralische Milieus und politische Lager, in: Forschungsjournal Neue Soziale Bewegungen 23 (1), S. 21-23.

Mintzel, Alf (1984), Die Volkspartei. Typus und Wirklichkeit. Ein Lehrbuch, Opladen.

Niedermayer, Oskar (2010), Die Erosion der Volksparteien, in: Zeitschrift für Politik 57 (3), S. 265-277.

Offe, Claus (1992), Wider scheinradikale Thesen. Die Verfassungspolitik auf der Suche nach dem „Volkswillen", in: Gunter Hofmann / Werner A. Perger (Hg.), Die Kontroverse. Weizsäckers Parteienkritik in der Diskussion, Frankfurt a.M., S. 126-142.

Padgett, Stephen (2001), The German Volkspartei and the Career of the Catch-All Party Concept, in: German Politics 10 (2), S. 51-72.

Panebianco, Angelo (1988), Political Parties. Organization and Power, Cambridge.

Safran, William (2009), The Catch-All Party Revisited. Reflections of a Kirchheimer Student, in: Party Politics 15 (5), S. 543-554.

Schäfer, Arnim (2010), Die Folgen sozialer Ungleichheit für die Demokratie in Westeuropa, in: Zeitschrift für Vergleichende Politikwissenschaft 4 (1), S. 131-156.

Schmidt, Manfred G. (1989), „Allerweltsparteien" und „Verfall der Opposition". Ein Beitrag zu Kirchheimers Analyse westeuropäischer Parteiensysteme, in: Wolfgang Luthardt / Alfons Söllner (Hg.), Verfassungsstaat, Souveränität, Pluralismus. Otto Kirchheimer zum Gedächtnis, Opladen, S. 173-181.

Smith, Gordon (1982), The German Volkspartei and the Career of the Catch-all Concept, in: Herbert Döring / ders. (Hg.), Party Government and Political Culture in Western Germany, London / Basingstoke, S. 59-76.

Wagner, Jochen W. (2005), Deutsche Werbekampagnen made in USA? Amerikanisierung oder Modernisierung bundesdeutscher Wahlkampagnen, Wiesbaden.

Walter, Franz (2008), Baustelle Deutschland. Politik ohne Lagerbindung, Frankfurt a.M.

Wiesendahl, Elmar (2006), Parteien, Frankfurt a.M.

Wolinetz, Stephen B. (1979), The Transformation of West European Party Systems Revisited, in: West European Politics 2 (1), S. 4-28.

Wolinetz, Stephen B. (2002), Beyond the Catch-All Party. Approaches to the Study of Parties and Party Organization in Contemporary Democracies, in: Juan J. Linz / José Ramón Montero / Richard Gunther (Hg.), The Future of Political Parties, Oxford, S. 136-165.

# Die Parteiendemokratie der Bundesrepublik

# Von der Parteiendemokratie zum Parteienstaat?

## 1. Einleitung

Die Kritik an den Parteien ist allgegenwärtig und kann – nicht nur in Deutschland – auf eine lange Tradition zurückblicken. In ihren Ursprüngen reicht sie bis zum Beginn der demokratischen Entwicklung zurück, die mit dem aufkommenden Parteiwesen aufs engste verbunden ist. Dieses historische Verdienst, wenn es überhaupt ins Bewusstsein tritt, wird den Parteien allerdings nicht gedankt. So sehr der Parteienwettbewerb als Erscheinungsform der parlamentarisch verfassten Demokratie im allgemeinen akzeptiert ist, so gering bleibt das Ansehen der Parteien selbst. Umfragen zufolge erhalten die Parteien unter den demokratischen Institutionen regelmäßig die schlechtesten Bewertungen. Dies dürfte zum einen damit zusammenhängen, dass sie aufgrund ihres intermediären, zwischen Gesellschaft und Staat vermittelnden Charakters eher zu den funktionalen als den „würdigen" Teilen des Regierungssystems gerechnet werden müssen, um mit Walter Bagehot zu sprechen. Zum anderen sind die Parteien ihrem Wesen nach partikulare, auf die Verfolgung eigener Machtinteressen programmierte Akteure, die der geforderten Gemeinwohlorientierung des politischen Systems dem Anschein nach widerstreiten. Die Geringschätzung des Partikularismus geht dabei einher mit einer generellen Abwertung des Konflikts als Modus politischer Problemlösung.

Das Harmoniebedürfnis, das hinter solchen Urteilen vorscheint, arbeitet dem „Anti-Parteien-Affekt" in die Hände. Während sich beim Begriff Parteiendemokratie auch positive Assoziationen einstellen, sind Parteienstaat und Parteienregierung als Begriffe negativ besetzt. In ihnen schwingt der Vorwurf mit, dass die Parteien ihre Herrschaft zum Schaden des Gemeinwesens auch auf solche Bereiche der Gesellschaft und des Staates ausdehnten, in denen sie von Verfassungs wegen nichts zu suchen hätten. Aus ihrer Mitwirkungsfunktion an der politischen Willensbildung, wie Artikel 21 des Grundgesetzes unbekümmert formuliert, sei in Wahrheit ein Monopol geworden. Die Kritik am Parteienstaat entbehrt nicht der Ironie, verbindet sie sich doch mit der Vorstellung eines nicht vorhandenen oder funktionierenden Wettbewerbs zwischen den Parteien, was der erwähnten Konfliktscheu offensichtlich widerspricht. Diese Vorstellung, die in der Staatsrechtslehre breiten Rückhalt findet, hat mit dem von Richard Katz und Peter Mair (1995) entwickelten Konzept der Kartellparteien mittlerweile auch ihren politikwissenschaftlichen Segen erhalten. In der öffentlichen Debatte entfaltet die Parteienstaatskritik ohnehin rege Wirksamkeit, weil sie vorhandene Anti-Parteien-Gefühle in der Bevölkerung aufgreift und bestätigt. Damit läuft sie freilich Gefahr, das Kind mit dem Bade auszuschütten und die Akzeptanz der Parteiendemokratie noch weiter in Mitleidenschaft zu ziehen (Gabriel / Holtmann 2010).

Im demokratischen Parteienstaat prägen und überlagern die Parteien die von den verschiedenen Verfassungsorganen „offiziell" ausgeübte Regierungsmacht. Im folgenden soll am Beispiel der Bundesrepublik gezeigt werden, wie sie innerhalb dieser Organe wirken, welchen Einfluss sie dabei ausüben und welche Folgen damit verbunden sind. Zunächst werden die Bedingungen und Faktoren bestimmt, von denen die Rolle der Parteien grundsätzlich abhängt: die Regierungssystemstruktur und die strukturelle Verflechtung zwischen Parteien und Staat. Letztere umschreibt das Konzept des Parteienstaates im engeren Sinne (2). Anschließend wird das Wirken der Parteien getrennt nach den Verfassungsorganen des Bundes untersucht. Den Auftakt machen Parlament und Regierung, die als Hauptorgane der Gesetzgebung und Staatsleitung das „natürliche" Zentrum der Parteienregierung bilden (3). An der Peripherie befinden sich der Bundesrat als zweite Gesetzgebungskammer, der Bundespräsident als Staatsoberhaupt und das Bundesverfassungsgericht. Sie können als „gegenmajoritäre" und / oder „nicht-parteiliche" Institutionen charakterisiert werden (4).

## 2. Parteiendemokratie, Parteienregierung und Parteienstaat

Als empirische Begriffe werden Parteiendemokratie, Parteienregierung *(party government)* und Parteienstaat meistens synonym verwendet. Alle drei drücken „die selbstverständliche Wahrheit (aus), dass der moderne demokratische Staat durch politische Parteien regiert wird“ (Sontheimer / Bleek 2001: 217). Parteien sind also nicht nur Vermittlungsinstitutionen zwischen Gesellschaft und Staat, sondern wirken zugleich als zentrale politische Akteure *innerhalb* der von der Verfassung konstituierten Staatsorgane und prägen deren Funktionieren. Der Zusammenhang besteht allerdings auch in umgekehrter Richtung: Welche Rolle die Parteien im Regierungsgeschehen spielen und wie sie diese Rolle ausüben, hängt maßgeblich von den institutionellen Rahmenbedingungen des politischen Systems ab. Als Schlüsselbereiche anzusprechen sind dabei zum einen die Regierungsform (einschließlich des Wahlsystems), zum anderen die wechselseitige strukturelle Durchdringung von Parteien und Staat.

### a) Regierungsform

Unter der Regierungsform versteht man in einem weiteren Sinn die Ausgestaltung der institutionellen Gewaltenteilung, in einem engeren Sinne die Organisation des Verhältnisses von Parlament und Regierung. Die wichtigste Trennlinie verläuft zwischen parlamentarischen und präsidentiellen Systemen. Die für das parlamentarische System konstitutive Fusion von parlamentarischer Mehrheit und Regierung führt zu einer festgelegten Rollenteilung zwischen dieser und der Opposition, die den Parteien ein hohes Maß an ideologischem und organisatorischem Zusammenhalt abverlangt. Im gewaltentrennenden präsidentiellen System ist ein Gleichklang zwischen den Organen, der die Abgeordneten zur Einhaltung der Partei- und Fraktionsdisziplin verpflichtet, dagegen nicht erforderlich, weil Präsident und Regierung auch ohne Zustimmung des Parlaments im Amt bleiben. Die Funktion der Parteien ist in beiden Systemen deshalb grundverschieden. Während im parlamentarischen Modell die legislativen Koalitionen durch die Regierungsbildung vorgezeichnet sind, werden im präsidentiellen System allenfalls die Wahlkämpfe durch die Parteien strukturiert, nicht aber das parlamentarische Abstimmungsverhalten. Weil Exekutive und Legislative sich gegenseitig nichts anhaben können, bleibt das System auch bei wechselnden Mehrheiten funktionsfähig.

Betrachtet man nur die parlamentarischen Systeme, gibt es ebenfalls Formen der institutionellen Gewaltenteilung, die die Handlungsmacht der Regierung begrenzen. Dazu gehören z.B. Zweite Kammern oder das Staatsoberhaupt, wenn diese im Gesetzgebungsprozess Vetorechte besitzen, ein mit Normenkontrollbefugnis ausgestattetes Verfassungsgericht, oder eine föderale Staatsstruktur, die die Zuständigkeiten für Gesetzgebung und Verwaltung zwischen zentral- und gliedstaatlicher Ebene verteilt. Eine faktische Mitregierungsfunktion kommt auch der für die Ausarbeitung der Gesetzesvorhaben zuständigen Ministerialbürokratie oder anderen para-staatlichen (Selbst)verwaltungseinrichtungen zu (in der Bundesrepublik z.B. den Sozialversicherungsträgern). Darüber hinaus ist der Einfluss zu berücksichtigen, den organisierte Interessengruppen, die allgemeine Öffentlichkeit und die Medien auf den politischen Prozess ausüben. Die Rolle der Parteien als Regierungsinstitutionen wird vor allem im zentralen Bereich des Regierungssystems, also Parlament und Regierung, virulent. Je mehr sie sich auch auf die anderen Akteure der Willens- und Entscheidungsbildung erstreckt, um so stärker erscheint die Tendenz zum alle Herrschaftsbereiche umfassenden „Parteienstaat“.

Folgt man der von Arend Lijphart (2012) entwickelten Unterscheidung zwischen Mehrheits- und Konsenssystemen als zwei Grundtypen der Demokratie, so ist für den Charakter eines Regierungssystems neben den verschiedenen Formen der Gewaltenteilung vor allem die Machtverteilung innerhalb der parlamentarisch bestellten Regierung entscheidend. Je mehr Parteien an einer Koalition beteiligt sind und je größer der Stimmen- beziehungsweise Mandatsanteil ausfällt, über den sie gemeinsam verfügen, desto stärker weicht das System von der Lehrbuchvorstellung des „alternierenden“ Regierungsmodells ab, das in annähernder Reinform nur in Großbritannien und den sogenannten Westminster-Demokratien verwirklicht ist. Dort werden die Regierungen in der Regel von einer einzigen Partei gestellt, entfällt also die Notwendigkeit der Koalitionsbildung.

Ob ein Land ein mehrheits- oder konsensdemokratisches System ausbildet, hängt nicht zuletzt von seiner historisch gewachsenen politischen Kultur ab. Diese prägt zum einen die Strukturen des Parteiensystems, zum anderen wirkt sie auch unabhängig vom Parteiensystem auf die Regierungsweise zurück. Politische Kulturen lassen sich nach dem Grad ihrer Konsens- oder Konfliktorientierung unterscheiden. Wichtig ist dabei die Differenzierung zwischen der gesellschaftlichen und politisch-institutionellen Ebene. Länder, die infolge von ethnischen, konfessionellen oder sozialökonomischen Konflikten stark polarisiert sind, können sich auf der politisch-institutionellen Ebene entscheiden, diese Polarisierung auszutragen oder sie durch Konsensbildung zu überwinden. Letzteres kann historisch später oder früher erfolgen, wie ein Vergleich zwischen Österreich und der Schweiz zeigt, und in unterschiedlicher Form geschehen. In Österreich wurde z.B. die Große Koalition als Standardregierungsmodell etabliert, während die von ihrer institutionellen Verfasstheit her vergleichbaren parlamentarischen Systeme Dänemarks und Schwedens Minderheitsregierungen den Vorzug gegeben haben.

In Deutschland setzte sich unterdessen unter ebenfalls vergleichbaren Bedingungen ein antagonistisches Modell des Parteienwettbewerbs durch, in dem Große Koalitionen allenfalls als Notlösungen betrachtet werden und Minderheitsregierungen auf generelle Ablehnung stoßen. Der Vergleich macht zugleich deutlich, welche Bedeutung dem Verhalten von Akteuren bei den institutionellen Weichenstellungen zukommt. So war es in der Bundesrepublik keineswegs ausgemacht, dass sich die „kleine Koalition" nach 1949 als Standardformat der Bundesregierung etablieren würde. Erst Adenauers bewusste Entscheidung für eine bürgerliche Koalition (die von der SPD unter Kurt Schumacher mit einem kompromisslosen Oppositionskurs beantwortet wurde) ebnete dem gegnerschaftlichen Modell des Parteienwettbewerbs den Weg.

In engem Zusammenhang mit der mehrheits- oder konsensdemokratischen Ausrichtung der Regierungsform steht das Wahlsystem. Während die ältere, überwiegend institutionalistisch geprägte Politikwissenschaft eine direkte Verbindungslinie vom Wahlsystem zum Parteiensystem zog, setzten spätere Erklärungen historisch-soziologisch an und betrachteten die Parteien als Produkt gesellschaftlicher Konfliktlinien. Beide Erklärungsansätze sind verfehlt, soweit sie deterministisch argumentieren. So kann z.B. der institutionelle Ansatz nicht erklären, weshalb ein und dasselbe Wahlsystem in verschiedenen Ländern oder zu verschiedenen Zeitpunkten unterschiedlich wirkt. Der soziologische Ansatz läuft wiederum Gefahr, den *cultural fit* von Wahlsystemen zu überschätzen, so als ob sich die regierenden Eliten bei deren Etablierung nur von hehren Prinzipien leiten ließen. Tatsächlich waren und sind es meistens profane Gesichtspunkte des Machterhalts, denen sich die Entscheidung für das eine oder andere System verdankt.

Was für die Entstehung der Wahlsysteme gilt, gilt auch für ihre Reform. „Wohl bei keiner anderen Gesetzgebung ist die jeweilige Parlamentsmehrheit so sehr in ihrem Eigeninteresse befangen wie bei der Wahlgesetzgebung, da es um die Basis ihrer eigenen Existenz als Mehrheit geht“ (Meyer 1987: 265 f.). Hier – und nicht in ihrer vermeintlichen kulturellen Verwurzelung – liegt der Hauptgrund, warum Wahlsysteme, wenn sie einmal Bestand haben, nur schwer veränderbar sind. In den meisten Fällen scheitern solche Bestrebungen bereits daran, dass das Wahlsystem Verfassungsrang hat. So hält es bis heute die Mehrzahl der Demokratien, während in einem kleineren Teil der Länder nur die elementaren Wahlrechtsprinzipien in der Verfassung festgelegt sind und das Wahlsystem selbst der einfachgesetzlichen Regelung unterliegt.[1]

1 Unter den westeuropäischen Ländern trifft das neben der Bundesrepublik auf Finnland, Frankreich, Griechenland, Großbritannien, Italien und Schweden zu. Auch in den deutschen Ländern sind die Wahlsysteme einfachgesetzlich geregelt. Die einzige Ausnahme bildet Rheinland-Pfalz, das die „mit der Personenwahl verbundene Verhältniswahl“ in Art. 80 Abs. 1 seiner Verfassung festschreibt. In Hamburg ist das Wahlgesetz seit 2009 de facto konstitutionalisiert, da es laut Art. 6 Abs. 4 der Verfassung nur mit qualifizierter Mehrheit geändert werden kann.

### b) Verflechtung von Parteien und Staat

Im engeren Sinne steht der Begriff Parteienstaat für ein System, in dem Parteien und Staat in ihren Strukturen eng miteinander verflochten sind. Ab welcher Grenze sich eine Parteiendemokratie zum Parteienstaat wandelt beziehungsweise schwache in starke Parteienstaatlichkeit umschlägt, ist nicht genau bestimmbar. Einerseits hängt es von den normativen Maßstäben des Betrachters ab, der dem Parteienfluss mal mehr und mal weniger kritisch gegenüberstehen kann. Andererseits richtet es sich danach, an welchen Kriterien man die Verflechtung festmacht. Vier Bereiche lassen sich hier im Allgemeinen unterscheiden:

(1) Am naheliegendsten ist der Blick auf die *personelle* Verflechtung. Dabei geht es um die Rekrutierung des politischen Personals der zentralen wie peripheren Regierungsorgane (Parlament, Regierung, Staatsoberhaupt, Verfassungsgericht) sowie um die Besetzung der staatlichen bzw. öffentlichen Ämter in den nachgelagerten und / oder politikferneren Bereichen der Verwaltung, Justiz, öffentlichen Unternehmen und Rundfunkanstalten. Für die Besetzung der dortigen Positionen nach Parteizugehörigkeit hat sich der auf Max Weber zurückgehende Begriff der „Amts- / Ämterpatronage" eingebürgert. Je nach Stoßrichtung gilt es zwischen Herrschafts- und Versorgungspatronage zu unterscheiden. Herrschaftspatronage dient der Macht- und Loyalitätssicherung, hilft den Parteien also, ihre politischen Ziele durchzusetzen. Im Bereich der zentralen Regierungsinstitutionen, wo die Parteien sich auf ein Mandat des Wählers berufen können, ist diese Form der Patronage nicht nur funktional, sondern auch legitim. Dies gilt bis hinunter zu den leitenden Positionen der Ministerialbürokratie und obersten Regierungsbehörden, die den durch Wahlen erworbenen Regierungsauftrag umsetzen sollen. Es gilt dagegen nicht im Bereich der Justiz oder öffentlich-rechtlichen Rundfunkanstalten, wo die Vergabe der Ämter an Gefolgsleute dazu führen kann, dass zentrale Prinzipien der Gewaltenteilung unterminiert werden.

Grundsätzlich noch weniger legitimierbar erscheint die zweite Spielart, die Versorgungspatronage. Denn diese verfolgt gar keine im engeren Sinne politischen Ziele, sondern dient lediglich dazu, „verdiente“ Parteigänger mit einem Posten zu belohnen („Parteibuchwirtschaft“). Für Parteienstaatskritiker stellen solche Versorgungsfälle ein gefundenes Fressen dar, während überzeugte Anhänger der Parteiendemokratie sie eher als unvermeidbares Übel betrachten. Ein klares Urteil scheitert oft daran, dass legitime Herrschafts- und illegitime Versorgungspatronage miteinander einhergehen. Darüber hinaus lassen sich Patronagefälle nur selten eindeutig identifizieren, weil die Postenvergabe in einer rechtlichen Grauzone stattfindet. Gerade das erleichtert es den Kritikern freilich, die Parteipolitik unter Generalverdacht zu stellen und die Amtspatronage als allgemeines Handlungsmuster zu unterstellen (Holtmann 2012: 196 f.).

(2) Der zweite Bereich der Verflechtung betrifft die *staatliche Parteienfinanzierung*. Um ihre Organisationen zu unterhalten und Wahlkämpfe zu bestreiten, brauchen die Parteien Geld. Über die eigenen Mittel (aus Mitgliedsbeiträgen und Spenden) hinaus können dabei auch Zuwendungen aus der Staatskasse zur Finanzierung beitragen. Die Ko-Finanzierung durch den Staat entspricht dem Doppelcharakter der Parteien als gesellschaftliche und staatliche Institutionen. Die Zuwendungen können direkt oder mittelbar erfolgen. Letzteres gilt z.B., wenn Mitgliedsbeiträge oder Spenden steuerlich begünstigt werden. Darüber hinaus gibt es eine Reihe anderer indirekter Finanzquellen, die den Parteiorganisationen von Staats wegen zugute kommen.

Die staatliche Parteienfinanzierung wurde in der Bundesrepublik erst in den sechziger Jahren eingeführt. Ihre beständige Ausdehnung verdankt sich einerseits gestiegenen Kosten (insbesondere für die immer aufwändiger werdenden Medienwahlkämpfe), andererseits ist sie ein Reflex der abnehmenden gesellschaftlichen Verankerung der Parteien. Betrachtet man nur die Mittel der direkten Parteienfinanzierung, die die Parteien „als Teilfinanzierung der allgemein ihnen nach dem Grundgesetz obliegenden Tätigkeit“ (§ 18 Abs. 1 Satz 1 PartG) erhalten, und stellt man diese den aus Mitgliedsbeiträgen und Spenden aufgebrachten Eigenmitteln der Parteien gegenüber, wird der Zusammenhang zunächst nicht sichtbar. Hier zeigt sich im Gegenteil ein erstaunlicher Anstieg des Beitragsanteils von etwa einem Drittel bei Inkrafttreten des Parteiengesetzes auf derzeit nahezu 50 Prozent der Gesamteinnahmen, während der staatliche Finanzierungsanteil im selben Zeitraum von 55 auf gut 40 Prozent gesunken ist. Das Bild vervollständigt sich erst, wenn man über die Wahlkampfmittel hinaus auch die übrigen indirekten Finanzierungsquellen mit einbezieht. Darunter fallen z.B. die Abgaben von Mandatsträgern, die als „Parteisteuern" offiziell bei den Mitgliedsbeiträgen mit gezählt werden und deren Anteil dadurch künstlich in die Höhe treiben, die Finanzierung der Abgeordnetenmitarbeiter, die Zuschüsse an die Fraktionen, die Steuerbegünstigung von Spenden und Mitgliedsbeiträgen sowie – als größter Posten – die Zuwendungen an die Parteistiftungen, soweit sie in die Schulung und Weiterbildung des politischen Personals fließen. Summiert man all diese Mittel, so lag der staatliche Finanzierungsanteil ausgangs der neunziger Jahre mit annähernd 80 Prozent weit über der vom Bundesverfassungsgericht 1992 als zulässige Obergrenze festgelegten 50 Prozent-Marge. Profitiert von dieser Entwicklung haben vor allem die Parteizentralen (Wiesendahl 2006: 116).

(3) Mit der personellen und finanziellen Verflechtung eng verbunden ist die *rechtliche Einbindung* der Parteien in den Staat. In Deutschland, wo man es mit dem Rechtsstaat auch in anderen Bereichen sehr genau nimmt, ist diese unter allen verfassungsstaatlichen Demokratien wahrscheinlich am stärksten ausgeprägt[2]: „nicht nur durch die Verfassung, sondern auch durch das Parteiengesetz und die dort geregelte Parteienfinanzierung, durch die Wahlgesetze, durch Rundfunkgesetze und die dortige Parteienmitwirkung in

2 Die mittelosteuropäischen Länder, aber auch andere Länder mit autoritärer Vergangenheit wie Spanien und Portugal, deren Parteien sich im Übergang zur Demokratie gesellschaftlich erst verankern mussten, sind bei der Verrechtlichung dem deutschen Vorbild gefolgt. In anderen Ländern (Frankreich, Italien, Schweden, Dänemark, Belgien) wird dagegen bis heute nur die Parteienfinanzierung gesetzlich geregelt. Fast alle europäischen Staaten betonen in ihren Verfassungen die Rolle der Parteien als politische Institutionen oder heben die Freiheit des Bürgers hervor, sich parteipolitisch zu betätigen. Lediglich in Finnland, Malta und Zypern werden die Parteien in der Verfassung nur beiläufig erwähnt (Alemann 2010: 105).

Aufsichtsgremien, durch Geschäftsordnungen der Parlamente und die hier geregelten Rechte der Fraktionen und insbesondere auch durch die höchstrichterliche Rechtsprechung“ (Alemann 2010: 97). Hinzu kommen die Satzungen der Parteien selbst, in denen unter anderem die Verfahren der Kandidatenaufstellung geregelt werden.

Ausgangspunkt der Verrechtlichung ist die Konstitutionalisierung der Parteien. Mit der Aufnahme des Artikels 21 in das Bonner Grundgesetz zogen dessen Autoren aus dem Scheitern der Weimarer Parteiendemokratie die richtige Konsequenz, dass sie die Parteien jetzt ausdrücklich anerkannten und in den Rang von verfassungsrechtlichen Institutionen erhoben. Die drei zentralen Bestimmungen des Parteienartikels – das Gebot innerparteilicher Demokratie, die Möglichkeit des Verbots verfassungswidriger Parteien als Ausdruck der wehrhaften Demokratie und die Pflicht der Parteien, Herkunft und Verwendung ihrer Mittel offenzulegen – gingen unmittelbar auf die Diktaturerfahrung zurück. Ihre Konkretisierung erfolgte im 1967 verabschiedeten Parteiengesetz (PartG).

Das Understatement des Art. 21, wonach die Parteien an der politischen Willensbildung „mitwirken“, wirkt aus heutiger Sicht befremdlich. Durch die Formulierungen des Parteiengesetzes (in dessen § 1 Abs. 1 und 2) wurde es in das glatte Gegenteil verkehrt (Hennis 1992). Diese trugen die Handschrift des Verfassungsrichters und Göttinger Staatsrechtslehrers Gerhard Leibholz, dessen Parteienstaatstheorie den umfassenden Herrschaftsanspruch der Parteien zu legitimieren versuchte. Leibholz argumentierte, dass das klassisch-liberale Prinzip der parlamentarischen Repräsentation in der modernen Massendemokratie obsolet geworden sei. Der Gemeinwille werde nicht mehr durch unabhängige Abgeordnete gebildet, sondern durch Parteienvertreter, die als unmittelbare Sprachrohre des Volkes wirkten. Indem er die Trennung zwischen Gesellschaft und Staat im politischen Willensbildungsprozess aufhebe und den Willen der Parteienmehrheit mit dem Gemeinwillen identifiziere, galt der Parteienstaat Leibholz als „rationalisierte Erscheinungsform der plebiszitären Demokratie“ (1967: 93).

Die Gleichsetzung von Volkssouveränität und Parteienherrschaft wurde weder vom Verfassungsrecht noch von der Politikwissenschaft nachvollzogen (Hecker 1995). Die Parteienstaatslehre fand zwar in der Rechtsprechung des Bundesverfassungsgerichts und im Inhalt des Parteiengesetzes Niederschlag, doch waren ihre Auswirkungen eher symbolischer als substanzieller Natur. Dies zeigte sich insbesondere in der Haltung zur staatlichen Parteienfinanzierung, der das Karlsruher Gericht bereits 1966, also noch vor Inkrafttreten des Parteiengesetzes, einen Riegel vorgeschoben hatte, indem es lediglich die Erstattung von Wahlkampfkosten für zulässig erklärte. Die Begründung, dass die politische Meinungs- und Willensbildung grundsätzlich „staatsfrei" bleiben müsse, stand in direktem Gegensatz zu Leibholz' Theorie. Sie wurde erst mit dem Parteienfinanzierungsurteil von 1992 durch das realitätsnähere Prinzip der „Staatsferne" ersetzt, das die allgemeine Staatsfinanzierung fortan ermöglichte, ihr aber zugleich strikte Grenzen auferlegte (Hesse / Ellwein 2012: 306 ff.). Die staatlichen Zuwendungen dürfen danach nicht höher sein als die selbst erwirtschafteten Einnahmen der Parteien (*relative Obergrenze*) und auch eine bestimmte Gesamtsumme nicht überschreiten (*absolute Obergrenze*). Gleichzeitig sind sie an die gesellschaftliche Verankerung der Parteien geknüpft, indem die Wahlergebnisse, die Summe der Mitgliedsbeiträge und das Spendenaufkommen als Verteilungskriterien herangezogen werden (Merten 2013: 86 ff.).

Die Auswirkungen des Urteils waren zweischneidig. Auf der einen Seite stellte es eine angemessene Balance zwischen den gesellschaftlichen Funktionen der Parteien und ihrer Rolle im Staat her, die als Basis der direkten staatlichen Parteienfinanzierung bis heute trägt. Auf der anderen Seite ermunterte es die Parteien zur verstärkten Nutzung der indirekten Finanzierungsquellen, wo eine verfassungsgerichtliche Kontrolle nicht oder nur rudimentär existierte. Eine weitere Herausforderung barg die in den achtziger Jahren einsetzende Pluralisierung der Parteienlandschaft, die die etablierten politischen Kräfte mit neuen Wettbewerbern konfrontierte. Restriktive Bestimmungen des Wahlrechts wie die Fünf-Prozent-Klausel oder der Ausschluss freier Wählergemeinschaften von der staatlichen Parteienfinanzierung gerieten dadurch unter Rechtfertigungsdruck (Köhler 2006). Auch hier griff Karlsruhe mehrfach korrigierend ein, indem es bestehende Regelungen öffnete oder von den Parteien durchgesetzte Verschärfungen wieder zurücknahm.[3] Dasselbe gilt für die Verfahren der direkten Demokratie, mit deren Einrichtung beziehungsweise Ausbau auf kommunaler und Länderebene die Parteien einem verbreiteten Bedürfnis nach zusätzlichen Partizipationsformen (jenseits der Parteiendemokratie) nachgekommen waren (Decker 2010).

(4) Manche Autoren verknüpfen mit dem Parteienstaat darüber hinaus die Vorstellung der *politischen Kartellbildung*. Länder wie Österreich oder Italien scheinen diesen Zusammenhang zu belegen.[4] Die Privilegiensicherung der Parteien wurde hier jahrzehntelang durch ein Konkordanzsystem erleichtert, das den Wettbewerb auch auf der Regierungsebene suspendierte. Katz und Mair (1995) begründen die Kartellthese damit, dass sich die Parteien mittels der öffentlichen Parteienfinanzierung von den Unbilden der schwankenden Wählerunterstützung unabhängig gemacht hätten. Darüber hinaus würden sie sich durch die einvernehmliche Gestaltung der Wettbewerbsbedingungen – etwa beim Wahlrecht – unerwünschte Konkurrenten vom Leib halten. Belege für ein kollusives Verhalten lassen sich in der Bundesrepublik für beide Fälle finden. Sie beschränken sich freilich auf die institutionellen Eigeninteressen der Parteien, die neben beziehungsweise außerhalb der eigentlichen Wählerkonkurrenz und politikinhaltlichen Auseinandersetzung bestehen, also die Bereiche, in denen die Politiker „in eigener Sache entscheiden“ (Wieland 2011). Diesen Teilaspekt der gegenseitigen Beziehungen sollte man nicht verabsolutieren.

3 So sollten z.B. die Kriterien für die Teilnahme an der staatlichen Parteienfinanzierung ab 2005 neu gefasst werden. Anspruchsberechtigt wären danach nur Parteien gewesen, die ein Wahlergebnis von mindestens einem Prozent in drei Bundesländern oder fünf Prozent in einem Bundesland hätten vorweisen können. (Bis dahin genügte ein Prozent in einem Bundesland.) Das Bundesverfassungsgericht erklärte diese Regelung für verfassungswidrig, weil sie die Chancengleichheit der kleineren Parteien im Wettbewerb ungerechtfertigt beeinträchtige (Merten 2013: 90 f.).

4 Das Beispiel der Schweiz zeigt dagegen, dass Konkordanz und Parteienstaatlichkeit keineswegs miteinander einhergehen müssen: Die Ausschaltung des Wettbewerbs auf Regierungsebene funktioniert dort auch ohne „Kartellisierung“ der Privilegien.

Betrachtet man nur die Wählerkonkurrenz, kann in der Bundesrepublik wie auch in den meisten anderen europäischen Demokratien von einer Kartellbildung keine Rede sein. Die mit einer Regierungsübernahme oder -beteiligung verbundenen „Pfründe" bleiben so lukrativ, dass die Parteien nicht sonderlich interessiert sind, sie mit der Konkurrenz freiwillig zu teilen. Wenn die Volatilität des Stimmverhaltens zunimmt und die Parteien mit ähnlichen Programmen um dieselben Gruppen werben, nimmt die gegnerschaftliche Orientierung eher zu als ab (Decker 2011a: 104 ff.). Auch auf der Angebotsseite dürfte es den Parteien kaum gelingen, den Wettbewerb so zu lenken, dass sie vor Abstürzen in der Wählergunst geschützt werden. Anders als Katz und Mair vermuten, haben sie z.B. wenig Möglichkeiten, auf die Berichterstattung der Medien „kontrollierend" Einfluss zu nehmen. Noch fraglicher ist, ob der bewusste Ausschluss bestimmter Themen von der politischen Agenda und das Aufkommen populistischer Herausforderer als Beleg für die Kartellthese taugen. Wenn die Kontrolle des Wettbewerbs mit dem Ziel erfolgt, das Ausbreiten lästiger Konkurrenz zu verhindern, wird die Kartellbildung durch die nachlassende Wählerunterstützung ja gerade widerlegt. Wäre die These richtig, müsste man den Parteien konsequenterweise empfehlen, bei der Themenwahl alle Skrupel fallenzulassen und ihre Wahlkämpfe ausschließlich am Prinzip der Stimmenmaximierung auszurichten. Damit würden sie sich allerdings politisch selbst aufgeben und den inhaltlichen Kern der Wettbewerbsidee pervertieren.

## 3. Parlament und Regierung

Beim Vergleich der Weimarer und Bonner Verfassung wird das Augenmerk häufig nur auf die Neuerungen gerichtet und der Traditionsaspekt übersehen. Im Kernbereich des Regierungssystems, bei der Gestaltung des Verhältnisses von Regierung und Parlament, bestand die wichtigste Neuerung in der Entmachtung des Staatsoberhaupts und der konsequenten Durchsetzung des Prinzips der Gewaltenfusion. Ein System nach britischem Muster hatten die Verfassungsgeber dabei nicht im Sinn. Dass sich die Bundesrepublik dorthin entwickeln würde, verdankte sich hauptsächlich der Stabilität ihres Parteiensystems. Dieses hatte schon 1949 die Weichen für das Modell der „kleinen Koalition" gestellt, in dem sich die beiden Volksparteien als Regierung und Opposition gegenüberstanden. Wie fremd der „neue Dualismus" den Autoren des Grundgesetzes gewesen ist, lässt sich an den Protokollen des Parlamentarischen Rates ablesen. Während die Parteien in Art. 21 ausdrücklich erwähnt werden, sucht man Begriffe wie „Fraktion" oder „Opposition" im Verfassungstext vergeblich. Dass sich große Teile der Bevölkerung (aber auch manche Vertreter der politischen Klasse) schwer tun, die Funktionslogik des parlamentarischen Systems zu verstehen, birgt vor diesem Hintergrund keine Überraschung (Patzelt 1998).

Der Traditionsaspekt schlägt sich darin nieder, dass das Grundgesetz an der Vorstellung einer – auch gegenüber dem Parlament – selbständigen Exekutive festgehalten hat. Die organschaftliche Gewaltenteilung wird durch den Regierungs-Oppositions-Gegensatz insofern nur überlagert und nicht völlig verdrängt. Charakteristisch dafür sind z.B. die der Regierung zugestandenen Vetorechte in der Gesetzgebung (Art. 113), die an vergleichbare Regelungen in Großbritannien anknüpfen. Vom Kontinuitätsgedanken bestimmt sind auch die Vorkehrungen für mögliche Minderheitsregierungen, deren Zustandekommen man angesichts der zersplitterten Weimarer Parteienlandschaft als durchaus wahrscheinlich ansah (Döring 2005). Dass die Wahlergebnisse die Bildung einer Mehrheitsregierung stets ermöglichen würden, konnten die Verfassungsgeber kaum vorausahnen. Die Konzentration des Parteiensystems wurde durch die Einführung der Fünf-Prozent-Sperrklausel in das Verhältniswahlrecht zwar gezielt vorangetrieben. Sie beseitigte allerdings nicht den Koalitionszwang. Bis auf 1957, als Adenauer mit der Union theoretisch hätte alleine regieren können, blieben CDU/CSU oder SPD bei allen Regierungsbildungen auf Partner angewiesen.

Das Monopol der Parteien bei der Rekrutierung der Abgeordneten ist absolut. Wurden in den ersten Bundestag noch drei parteilose Vertreter gewählt, erlangten danach ausschließlich Kandidaten der Parteien Bundestagsmandate. Einzelbewerber können ohnehin nur in den Wahlkreisen antreten; das Vorschlagsrecht für die Landeslisten steht allein den Parteien zu (Merten 2013: 104 ff.). Die Wahlkreisvorschläge werden auf der Kreisebene, die Landeslisten auf der Landesebene von den Parteimitgliedern oder deren Delegierten beschlossen. Während die Landesvorstände ihren Einfluss vor allem bei den Listen geltend machen, spielt die Bundespartei bei der Kandidatenaufstellung keine unmittelbare Rolle.

Blickt man auf die parlamentarische Ebene, stellt sich die Frage nach der Rolle der Parteien zum einen mit Blick auf das Verhältnis von Partei und Fraktion beziehungsweise Regierung (wenn es sich um eine Mehrheitsfraktion handelt), zum anderen im Verhältnis von Fraktion / Regierung und einzelnen Abgeordneten.

Der erste Punkt betrifft die Unterscheidung von Amt und Mandat. Wenn das parlamentarische System auf der politischen Fusion von Parlamentsmehrheit und Regierung beruht, muss diese Fusion in der Parteiendemokratie auch die Partei beziehungsweise Parteiführung miteinbeziehen. Wilhelm Hennis (1977: 311 f.) sieht den Schlüssel für eine effiziente Regierungsweise deshalb in der Verbindung der Ämter des Fraktionsvorsitzenden oder Regierungschefs mit dem Parteivorsitz. Die Amtsträger könnten ihre Positionen auf diese Weise in der Partei absichern. Waren sie selbst an den Beschlüssen im Parteivorstand beteiligt oder werden diese im Sinne der Fraktion beziehungsweise Regierung nachträglich getroffen, gebe es auch keine Fremdbindung.

Die Sorge, dass die Trennung von Amt und Mandat zu einer Entmachtung der politisch verantwortlichen Amtsträger führen könne, ist durch die Praxis in der Bundesrepublik nicht bestätigt worden. Bei den beiden großen Parteien halten sich beide Modelle bis heute in etwa die Waage. Die Grünen schreiben die Ämtertrennung sogar satzungsmäßig vor. Zu einem Übergewicht der Partei hat das nicht geführt, wohl aber zu anderen, stärker informellen Formen der wechselseitigen Abstimmung. Umgekehrt zeigt die Regierungspraxis unter Helmut Kohl, dass die befürchtete Entscheidungsverlagerung in Partei- oder sonstige Gremien durch eine Ämterfusion sogar noch befördert werden kann (Blumenthal 2001:

252 ff.). Die Frage nach dem Primat – beherrscht die Partei die Fraktion / Regierung oder die Regierung / Fraktion die Partei? – erscheint vor dem Hintergrund dieser unterschiedlichen Erfahrungen falsch gestellt. Aus normativer Sicht bleibt sie gleichwohl berechtigt, weil die Verpflichtungen des Abgeordneten seinem Mandat und den Wählern gegenüber schwerer wiegen als die Verpflichtungen gegenüber seiner Partei. Von daher hängt es immer auch vom individuellen Amtsverständnis ab, ob er bereit ist, sich im Konfliktfalle dem parlamentarischen Gruppendruck zu entziehen.

Die institutionellen Regeln des Parlamentsbetriebs helfen ihm dabei nicht sehr viel weiter, da der einzelne Abgeordnete hierzulande durch die Fraktionen nahezu vollständig mediatisiert wird (Schüttemeyer 1999: 46 ff.). Hier liegt der Hauptgrund für das hohe Maß an Fraktionsdisziplin im Abstimmungsverhalten, das in der Bundesrepublik noch stärker ausgeprägt ist als in anderen vergleichbaren parlamentarischen Demokratien. Nicht allein, dass den Parlamentariern das Recht der Gesetzesinitiative versagt bleibt, was in Europa ansonsten nur noch in Österreich und Spanien der Fall ist, und die relevanten Antrags-, Frage-, Rede- und Stimmrechte ebenfalls ausschließlich bei den Fraktionen liegen. Auch die verbliebenen Einzelrechte können von den Abgeordneten nur im Benehmen mit der Fraktionsführung ausgeübt werden.

Die genauen Verhaltensregeln sind in den Fraktionsstatuten niedergelegt. Diese bestimmen z.B., dass der Abgeordnete bei kontroversen Fragen den Standpunkt der Fraktionsmehrheit zu vertreten hat. Will er davon abweichen, muss er das dem Fraktionsvorstand vorher anzeigen. Um jede Eventualität einer Überraschung zu vermeiden, werden in den Fraktionssitzungen Probeabstimmungen durchgeführt. Auch die Entscheidung über die Rednerliste und -reihenfolge wird von der Fraktionsführung getroffen, soweit sie durch die fraktionsinterne Arbeitsteilung nicht ohnehin vorgegeben ist. Dasselbe gilt für die Verteilung der Ausschussposten.

Neben der Hierarchisierung ist es vor allem die arbeitsteilige Organisation des Fraktionsbetriebs, die den parlamentarischen Gleichklang herstellt und der Führung einen Durchgriff auf das Verhalten der einzelnen Abgeordneten sichert. Da ein Parlamentarier nur auf den ihm zugewiesenen Themengebieten Experte sein kann, muss er sich in allen anderen Fragen auf den Sachverstand seiner Kollegen verlassen und im Vertrauen darauf handeln. Kontroversen sind insofern im Regelfall nicht zu erwarten. Sie treten allenfalls bei Angelegenheiten von grundsätzlicher Bedeutung auf, die zugleich eine allgemein-politische Einschätzung verlangen. Gerade hier dürfte sich der Druck von oben am stärksten entfalten. Selbstzeugnisse belegen, welchen Pressionen, Einschüchterungen und Anfeindungen Abgeordnete ausgesetzt werden können, die der Mehrheitsmeinung ihrer Fraktion in wichtigen Fragen widersprechen (z.B. Bülow 2010: 107 ff.). Der Zwang zur Geschlossenheit, den das parlamentarische System bedingt, hat also durchaus seine unschönen Kehrseiten. Einerseits unterminiert er die Prinzipien der innerparteilichen und -fraktionellen Demokratie, andererseits ist er aber auch unter funktionellen Gesichtspunkten schädlich, weil er den Handlungsspielraum der Parlamentarier einengt, statt deren Gestaltungspotenziale produktiv zu nutzen. Kritiker haben daher zu Recht die Frage aufgeworfen, ob nicht das deutsche Fraktionenparlament in seiner hierarchisch-arbeitsteiligen Struktur über das organisatorisch und sachlich Gebotene hinausschieße (Schüttemeyer 1999: 50).

Wenden wir den Blick auf die Regierungsseite. Hier gilt es zwischen der Regierung im engeren Sinne (bestehend aus dem Kanzler und den Ministern) und dem ministerialen Unterbau zu unterscheiden. Für die Regierung im engeren Sinne sind mit Blick auf die Rolle der Parteien drei Aspekte wesentlich: die Beziehungen zum Parlament (getrennt nach Mehrheitsfraktionen und Opposition), die Regierungsorganisation (insbesondere das Kanzlerprinzip) und der Zwang zur Koalitionsbildung.

(1) Der gewaltenfusionierende Parlamentarismus hat in der Bundesrepublik nicht zu denselben Weiterungen geführt wie in Großbritannien. Der Bundestag konnte und kann der Regierung die Hegemonie im Gesetzgebungsprozess zwar nicht streitig machen; er hat sich aber einen eigenständigen Einfluss bewahrt, der es rechtfertigt, von einer „parlamentarischen Mitregierung“ zu sprechen. Der Dualismus bedingt, dass diese Mitregierung von den

Mehrheitsfraktionen in anderer Weise wahrgenommen wird als von der Opposition. Deren Möglichkeiten im Gesetzgebungsprozess gründen im deutschen Regierungssystem vor allem auf ihrer Position in der Zweiten Kammer, dem Bundesrat (s.u.). Betrachtet man nur die parlamentarische Arena, sind sie ähnlich gering wie in Großbritannien. Bringt die Opposition im Bundestag Gesetzesvorschläge ein, so macht sie das hauptsächlich, um ihre Alternativfunktion wahrzunehmen und / oder die Regierung in Zugzwang zu bringen. Selbst in den Ausschüssen kann sie nicht damit rechnen, dass ihre Anträge Berücksichtigung finden.

Das Übergewicht der Regierung in der Gesetzgebung wird durch den hohen Anteil der verabschiedeten Gesetze belegt, die auf ihre Initiativen zurückgehen. Betrug dieser Anteil in den siebziger Jahren noch rund 80 Prozent, ist er seither jedoch auf etwa 70 Prozent zurückgegangen, während der Anteil der von den Regierungsfraktionen gemeinsam eingebrachten Vorlagen im selben Maße zugenommen hat. Falsch wäre es, daraus eine abnehmende Bedeutung der Regierung im Gesetzgebungsprozess abzuleiten. Dagegen spricht nicht nur der Umstand, dass es sich häufig um textidentische Vorlagen der Regierung und der Mehrheitsfraktionen handelt. Wichtiger ist, dass die Regierung auch bei den „eigenen" Gesetzentwürfen der Mehrheitsfraktionen federführend bleibt (Beyme 1997).

Zwar wird auch vom Deutschen Bundestag häufig gesagt, dass er ein Arbeitsparlament sei und der Schwerpunkt seiner Tätigkeit wie beim amerikanischen Kongress in den Ausschüssen liege. Die Änderungen, die im Zuge der Ausschussberatungen an den Vorlagen vorgenommen werden, betreffen aber meistens nur Detailfragen und nicht die eigentlichen politischen Ziele des Gesetzes. Hinzu kommt, dass sie häufig von denselben Ministerialbeamten in die Wege geleitet werden, von denen der ursprüngliche Entwurf stammt. Diese Beamten sind an den Beratungen der Ausschüsse und fraktionsinternen Arbeitsgruppen in der Regel mit beteiligt. Schon aus funktionalen Gründen kommen die Parlamentarier nicht umhin, ihren Sachverstand hinzuzuziehen. Die Rede von den Ausschüssen als „vorbereitenden Entscheidungsorganen" führt aus diesem Grund in die Irre (Ismayr 2012: 180 ff.).

(2) Im Unterschied zum Parlament werden für die Regierung gelegentlich auch nicht geborene Parteipolitiker als Quer- oder Seiteneinsteiger rekrutiert. Ermöglicht wird dies zum einen durch die Prärogative des Kanzlers oder Kanzlerkandidatens, der die Möglichkeit haben muss, eigene Personalvorschläge zu machen, ohne zuvor die Partei zu fragen. Zum anderen ist die Verbindung von Regierungsamt und Parlamentsmandat in Deutschland zwar erlaubt, jedoch nicht wie in Großbritannien verfassungsrechtlich vorgeschrieben.[5] Um Minister zu werden, muss man also nicht als Abgeordneter kandidiert haben und ins Parlament gewählt worden sein. Regierungsmitglieder ohne Abgeordnetensitz stellen freilich bis heute die Ausnahme dar. Auch Seiteneinsteiger streben in der Regel ein Mandat an, wenn sie mehr als eine Legislaturperiode in der Politik verweilen.

Rein quantitativ bleibt der Anteil der parteilosen Minister in den Kabinetten der Bundesrepublik überschaubar. Mit dem Industriemanager Werner Müller, der in der ersten Wahlperiode der rot-grünen Bundesregierung das Wirtschaftsressort übernahm, liegt der letzte prominente Fall schon über zehn Jahre zurück. Die Erfahrungen mit den Quer- und Seiteneinsteigern sind unterschiedlich (Lorenz / Micus 2009). Einige von ihnen verließen ihr altes Betätigungsfeld auf Dauer und legten zum Teil glanzvolle Karrieren hin (z.B. Kurt Biedenkopf, Klaus Töpfer, Rita Süssmuth). Andere scheiterten dagegen spektakulär, weil sie es nicht schafften, sich die notwendigen Fertigkeiten eines Parteipolitikers – Networking,

5 Der ursprüngliche Zweck der Vereinbarkeit bestand darin, dem Monarchen das Recht zu entwinden, die Regierungsmitglieder im Alleingang zu bestellen. Mit dem vollständigen Übergang der politischen Macht auf die Regierung hat sich dies erübrigt, weshalb die Ämterverbindung vor der Öffentlichkeit heute nur noch schwer zu rechtfertigen ist. Von der Teilnahme an Abstimmungen abgesehen, kann ja ein Minister das ihm zusätzlich entgoltene Mandat neben seiner Regierungstätigkeit gar nicht ausfüllen. Die Funktion der Kompatibilitätsregelung reduziert sich insofern letztlich darauf, dass sie einem vorzeitig ausscheidenden Regierungsmitglied die Rückkehr auf den Abgeordnetensitz gestattet.

Kompromisswille, Medienkompetenz usw. – nachträglich anzueignen (Ursula Lehr, Jost Stollmann, Paul Kirchhof).

(3) Die zentrale Rolle der Parteien im Regierungsprozess spiegelt sich vor allem in der Praxis der Koalitionsregierungen. Die starke institutionelle Position, die das Grundgesetz dem Bundeskanzler verleiht, wird dadurch in doppelter Hinsicht untergraben. In der Sachpolitik relativiert es seine Richtlinienkompetenz, da die Grundzüge der Regierungspolitik jetzt nicht mehr nur von ihm vorgegeben werden können, sondern zwischen den Koalitionspartnern einvernehmlich auszuhandeln sind. Was der Kanzler in der Regierungserklärung zu Beginn der Legislaturperiode vorträgt, lässt insofern weniger seine persönliche Handschrift als die der gesamten Koalition erkennen. Dasselbe gilt für die Bestellung der Regierungsmitglieder. So wie über das Regierungsprogramm befinden die Koalitionäre über die Verteilung und Zuschneidung der Ministerien gemeinsam. Mit welchen Personen sie die ihnen zugesprochenen Ressorts besetzen wollen, entscheiden sie hingegen selbständig. Für den Kanzler heißt das, dass die ihm von Verfassungs wegen zustehende Souveränität bei der Zusammenstellung des Kabinetts in der Praxis an den Grenzen seiner eigenen Partei halt macht (Helms 1996: 702).

(4) Die Schwierigkeiten des Koalitionsmanagements in der Bundesrepublik haben ihren Grund auch in der traditionell stark ausgebauten Ressortautonomie. Symptomatisch dafür ist die hohe Loyalität der Ministerialbürokraten, die nach Regierungswechseln nur einen geringen Personaltausch erforderlich macht (anders als z.B. in den USA). Die Tendenz zur politischen Verwaltung ist allerdings auch in der Bundesrepublik unübersehbar. Sie schlägt sich zum einen darin nieder, dass die Auswechselung des Personals nicht auf den engeren Kreis der Politischen Beamten beschränkt bleibt, sondern auch die mittleren und unteren Verwaltungsränge einbezieht (Holtmann 2012: 199 ff.). Zum anderen hat der Anteil der Parteimitglieder auf der Leitungsebene bis Mitte der neunziger Jahre kontinuierlich zugenommen (von unter 30 Prozent 1970 auf fast 60 Prozent). Auch Versorgungspatronage ist dem bundesdeutschen Parteienstaat nicht fremd, wie die wundersame Vermehrung

der Parlamentarischen Staatssekretäre in der Amtszeit von Helmut Kohl gezeigt hat. Dennoch bleibt die parteipolitische Durchwirkung der administrativen Politikformulierung in Deutschland unter dem Strich vergleichsweise gering.

Die äußerlichen Erscheinungsformen des Parteienstaates müssen als Konsequenz dieser Entwicklung aufgefasst werden (Murswieck 1991). Je weniger die Parteien in die fachautonomen Ressorts hineinregieren können, um so mehr neigen sie dazu, die „Politisierung" auf anderem Wege herbeizuführen. So erklärt es sich, dass die wirklich ärgerlichen Fälle parteipolitischer Patronage heute vor allem im vorgouvernementalen Bereich – in den Rundfunkanstalten[6] und öffentlichen Unternehmen – stattfinden und nicht in den Ministerien. Auch das Bestreben der Parteien, ihren Einfluss durch eine stärkere Kontrolle der Ämterbesetzung zu sichern, findet hier seine Ursache. Am greifbarsten ist die Politisierung, wenn Regierungsentscheidungen in spezielle Koalitionsgremien ausgelagert werden. Dies trifft in der Regel auf politisch besonders wichtige Fragen zu, die zwischen den Koalitionspartnern umstritten sind, oder auf Fragen, die quer zu den Ressortzuständigkeiten liegen.

## 4. „Gegenmajoritäre" und „nicht-parteiliche" Institutionen

Die übrigen Verfassungsorgane – Bundesrat, Bundespräsident und Bundesverfassungsgericht – sind in unterschiedlicher Form am Regierungsgeschehen beteiligt. Der Bundesrat spielt im Regierungsprozess eine pro-aktive Rolle, weil er in der Gesetzgebung über ein aufschiebendes und (in etwa der Hälfte der Verfahren) sogar absolutes Vetorecht verfügt. Weil dieses häufig von einer parteipolitisch anders gefärbten Mehrheit eingesetzt wird, kann man ihn als „gegen-majoritäre" Institution bezeichnen. Präsident und Verfassungsgericht greifen demgegenüber nur korrigierend ein und sind

6 Ein viel diskutierter Fall aus den letzten Jahren war die von der CDU-Mehrheit des Verwaltungsrats gegen den Willen des Intendanten betriebene Ablösung von ZDF-Chefredakteur Nikolaus Brender, die massive öffentliche Kritik auf sich zog, weil sie erkennbar aus rein parteipolitischen Gründen erfolgte.

als neutrale oder „nicht-parteiliche“[7] Institutionen dem unmittelbaren Parteienstreit entzogen. Dies schließt nicht aus, dass ihre Entscheidungen, wo sie sich gegen die Regierung richten, „parteilich“ wirken können. Genausowenig muss der Bundesrat umgekehrt ständig Parteipolitik betreiben. Gegen-majoritäre und nicht-parteiliche Tendenzen überlappen sich also in den Organen wechselseitig und gehen ineinander über.

### a) Bundesrat

Struktur und Funktion des Bundesrates waren im Parlamentarischen Rat stark umstritten. Der schließlich gefundene Verfassungskompromiss knüpfte einerseits an die historischen Vorbilder der Weimarer Republik und des Kaiserreichs an, indem er an der Ausgestaltung der Zweiten Kammer als Vertretungsorgan der Länderregierungen festhielt. Andererseits sollte für die Gesetzgebung in erster Linie der Bundestag zuständig sein und die Länderkammer nur auf bestimmten Gebieten ein endgültiges Veto erhalten. Der Anteil der zustimmungspflichtigen Gesetze betrug allerdings schon in der ersten Legislaturperiode über 40 Prozent und stieg danach auf bis zu 60 Prozent an.

Der Anstieg ging auf die zunehmende Unitarisierung der Gesetzgebung zurück, die den Bund nötigte, auch in die Verwaltungszuständigkeit der Länder vereinheitlichend einzugreifen. Beides zusammen hatte zur Folge, dass der ursprünglich als „Widerlager“ der Parteipolitik gedachte Bundesrat in den gesamtstaatlichen Parteienwettbewerb immer mehr hineingezogen wurde. So wie die Parteien die Bühne der Länderkammer nutzten, um bundespolitische Ziele durchzusetzen, und sich dazu der Hilfe „ihrer“ Landesregierungen bedienten, so nutzten die Wähler die Gelegenheit der Landtagswahlen, um ihre aktuelle Zufriedenheit oder Unzufriedenheit mit der Bundespolitik auszudrücken. Ins öffentliche Bewusstsein drang das in der föderativen Mitregierung angelegte Konflikt-

7 Der stattdessen häufig verwandte Begriff „überparteilich“ sollte vermieden werden: Präsident und Verfassungsgericht sind weder unpolitisch noch stehen sie als höhere Instanz über den Parteien.

potenzial, als die Mehrheitsverhältnisse zwischen Bundestag und Bundesrat in den siebziger Jahren erstmals auseinanderfielen – eine Konstellation, die bedingt durch den „Zwischenwahleffekt" später immer mehr zum Regelfall wurde (Decker 2006).

Fritz Scharpf hat das aus den doppelten Gesetzgebungsmehrheiten resultierende Problem einmal in das schöne Bild gefasst, dass die politischen Parteien hierzulande gleichzeitig aufeinander einschlagen (auf der parlamentarischen Ebene) und miteinander kooperieren sollen (auf der bundesstaatlichen Ebene). Damit greift er die klassische Analyse von Gerhard Lehmbruch (1976) auf, der den in der Struktur des „Parteienbundesstaates" angelegten Systemwiderspruch frühzeitig offengelegt hatte. Das für das parlamentarische Regierungssystem konstitutive Wechselspiel von Regierung und Opposition wird Lehmbruch zufolge unterlaufen, wenn letztere durch die Hintertür des Föderalismus an den Gesetzgebungsprozessen gleichberechtigt teilnehmen könne. Bei allen Gesetzesvorhaben, denen der Bundesrat zustimmen muss, bestehe dann die faktische Notwendigkeit einer Allparteienkoalition.

Zu welchen Weiterungen der Konsenszwang im Bundesstaat führt, lässt sich an der Inflationierung der Enthaltungen im Bundesrat ablesen. Diese stellen eine Folge der sogenannten „gemischten Koalitionen" dar, die im Zuge der Pluralisierung des Parteiensystems verstärkt auftreten. Darunter versteht man Koalitionen, die sich aus (mindestens) einer Regierungspartei und einer Oppositionspartei des Bundes zusammensetzen. Sind die so regierten Länder über das Abstimmungsverhalten im Bundesrat, das laut Grundgesetz einheitlich zu erfolgen hat, uneins, werden sie durch ihre Koalitionsverträge zur Enthaltung verpflichtet. Da die Abstimmungsregeln des Bundesrates für alle Beschlüsse die absolute Mehrheit vorschreiben, führt das dazu, dass die Enthaltungen bei den zustimmungspflichtigen Gesetzen de facto wie Neinstimmen wirken (Decker 2011b: 260 ff.).

Der Zwang zur Übereinkunft ist für Regierung und Opposition gleichermaßen prekär. Den Oppositionsparteien verschafft er zwar Einfluss und die Möglichkeit der Verbesserung oder Verhinderung von Gesetzesvorhaben, dies aber um den Preis der politischen Mitverantwortung, der Fehler-Korrektur und damit der teilweisen Aufgabe ihrer Alternativfunktion. Noch heikler sind die Folgen allerdings für die Regierungsseite. Denn wie groß der faktische Anteil der Opposition an einem Gesetzesvorhaben auch sein mag – es bleibt die Regierungsmehrheit, die für das Ergebnis in erster Linie gerade stehen muss. Der Grund dafür liegt in ihrer höheren demokratischen „Dignität“: Während der aus den Vertretern von 16 Landesregierungen zusammengesetzte Bundesrat nur über eine mittelbare Legitimation verfügt, kann sich die Regierung auf das direkte Votum der Gesamtwählerschaft stützen. Dies gibt ihr das Vorrecht der politischen Initiative und belastet sie zugleich mit der primären Bürde der Verantwortung. Die Oppositionsmehrheit im Bundesrat hat demgegenüber den strategischen Vorteil, dass sie ihre faktische Mitwirkung – falls erforderlich – hinter dem breiten Rücken der Regierung verstecken kann.

Dass gegen eine geschickt angelegte Obstruktionspolitik kein Kraut gewachsen ist, hat sich in der jüngeren Vergangenheit in einer Reihe von Fällen gezeigt. Zu nennen wären hier z.B. die von Oskar Lafontaine organisierte Ablehnung der von der Regierung Kohl eingebrachten Steuerreform im Jahre 1997 oder die Weigerung der Unionsmehrheit im Bundesrat, die von der rot-grünen Bundesregierung 2005 vorgeschlagene Streichung von Steuersubventionen mitzutragen. Letzteres war mitursächlich dafür, dass Kanzler Gerhard Schröder vorzeitige Neuwahlen ausrufen musste. Auch die 2009 ins Amt gekommene schwarz-gelbe Bundesregierung ist mit einer Reihe von Gesetzen, z.B. ihrem Vorhaben zur Abmilderung der sogenannten kalten Progression bei der Einkommenssteuer, im Bundesrat gescheitert. Die Beispiele bedeuten nicht, dass Blockaden und Stillstand im deutschen Föderalismus die Regel wären. Die Ausnahmen sind aber schwerwiegend genug, um die Weisheit eines institutionellen Arrangements zu bestreiten, das letztlich weder dem föderativen noch dem parlamentarischen Prinzip dienlich ist. An diesem Kardinalproblem des deutschen Parteienbundesstaates konnte auch die von der Großen Koalition 2006 verabschiedete Föderalismusreform nichts ändern, da sie den

Anteil der zustimmungspflichtigen Gesetze nur unwesentlich (auf knapp unter 50 Prozent) reduziert hat (Decker 2011b: 237 ff.).

b) Bundespräsident

Mehr Weitblick bewiesen die Verfassungsgeber bei der Ausgestaltung des Bundespräsidentenamtes, dessen Befugnisse auf ein Minimum begrenzt wurden. Alle bisherigen Amtsinhaber haben sich in diese Machtlosigkeit mehr oder weniger gefügt, indem sie darauf achteten, ihre Kompetenzen nicht zu überdehnen oder gegen den Willen der übrigen Staatsorgane „parteiisch" einzusetzen. Entsprechend rar gesät sind die Fälle, in denen sie die Ausfertigung von Gesetzen[8] oder die Ernennung eines Ministers verweigert haben. Auch bei der Anberaumung vorzeitiger Neuwahlen (1972, 1982 und 2005) sind die Amtsinhaber stets dem Willen der jeweiligen Bundesregierungen gefolgt.

Erleichtert wurde die zurückhaltende Amtsführung durch die Stabilität der Regierungsverhältnisse. Krisensituationen, in denen es auf die Entscheidung des Staatsoberhaupts ankommen könnte, sind im deutschen Regierungssystem bisher nicht eingetreten. Weder musste der Gesetzgebungsnotstand erklärt werden, noch war der Präsident gezwungen, von seinem Vorschlagsrecht bei der Wahl des Bundeskanzlers zugunsten eines von ihm selbst ins Spiel gebrachten Kandidaten Gebrauch zu machen oder einen Minderheitskanzler zu ernennen (Art 63 Abs. 4 Satz 3). Ob die komplizierter werdenden Bedingungen der Koalitionsbildung den Bundespräsidenten in dieser Rolle künftig stärker fordern, bleibt abzuwarten.

8 Eine heftige Debatte um das präsidiale Prüfungsrecht entbrannte, als Bundespräsident Horst Köhler die Ausfertigung von Gesetzen 2006 kurz hintereinander in gleich zwei Fällen verweigerte. Die damalige Regierungskonstellation der Großen Koalition dürfte daran nicht ganz unschuldig gewesen sein. Weil bei einer zahlenmäßig (zu) schwachen Opposition die Normenkontrollbefugnis des Bundesverfassungsgerichts ins Leere läuft, kommt der Bundespräsident als „Mithüter" der Verfassung hier automatisch stärker ins Spiel. Zudem konnte man Köhler in dieser Situation nicht der einseitigen Parteinahme bezichtigen.

Die Kritik am Bundespräsidentenamt entzündet sich vor allem am parteilichen Wahlverfahren, das sich mit dem auf Nicht-Parteilichkeit ausgelegten Amtsverständnis scheinbar schlecht verträgt (Decker 2011b: 317 ff.). Wann immer die Gelegenheit bestand, einen eigenen Kandidaten als Präsidenten durchzusetzen, haben die Parteien diese Gelegenheit genutzt. Aufgrund der geänderten Mehrheitsverhältnisse in der Bundesversammlung mussten deshalb manche populäre Präsidenten auf ihre Wiederwahl verzichten (z.B. Walter Scheel oder Roman Herzog).[9] Andere geeignete Bewerber (wie Joachim Gauck bei seinem ersten Anlauf 2010) kamen erst gar nicht zum Zuge. Für die Einbeziehung des Präsidentenamtes in die Wettbewerbslogik gibt es aus Sicht der Parteien triftige Gründe: Erstens dient sie der Pfründensicherung und Neuordnung des innerparteilichen Kräftespiels, zweitens erhofft man sich von einem Sieg bei der Präsidentenwahl Rückenwind für die anstehenden Bundestagswahlen und drittens geben die Präsidentenwahlen Signale für die Bildung künftiger Regierungskoalitionen. Öffentliche Appelle, die Parteiräson bei der Kandidatenauswahl und Abstimmung in der Bundesversammlung zurückzustellen, sind an diesen Motiven bislang immer wieder abgeprallt.

Der Hinweis, dass das parteiliche Bestellungsverfahren weder dem Amtsinhabern noch dem Amt selbst geschadet hat, kann freilich spätestens seit den Rücktritten von Horst Köhler und Christian Wulff nicht mehr verfangen. Die Parteien sollten deshalb ernsthaft in Betracht ziehen, das bestehende Wahlverfahren durch eine Direktwahl zu ersetzen. Das Argument, dass die damit einhergehende legitimatorische Aufwertung des Präsidenten eine Ausweitung der Kompetenzen bedinge, wird durch die Erfahrung anderer Länder widerlegt (etwa Österreichs). Am Verfahren der Kandidatenfindung würde sich ohnehin nichts ändern – diese obläge weiterhin den Parteien. Ändern würden sich allerdings die Auswahlkriterien. Die Parteien müssten berücksichtigen, dass sich die Bürger bei

9 Weil sich die Bundesversammlung zur Hälfte aus Delegierten zusammensetzt, die von den Landesparlamenten nach Parteienproporz gewählt werden, schlägt der Zwischenwahleffekt der Landtagswahlen auch bei den Präsidentenwahlen durch.

einer Direktwahl vermutlich mehr an der Persönlichkeit der Bewerber orientieren würden als an deren Parteizugehörigkeit. Dies wäre mit Blick auf die politische Machtlosigkeit des Amtes folgerichtig. Außerdem würde es der Tatsache Rechnung tragen, dass sich die politischen Umstände der Präsidentenwahlen seit der Bundesversammlung 2004 (als Gesine Schwan gegen Horst Köhler kandidierte) deutlich gewandelt haben und die vom Grundgesetz nicht vorgesehenen öffentlichen Wahlkämpfe längst stattfinden.

### c) Bundesverfassungsgericht

Ein ähnlich großes öffentliches Ansehen wie das Staatsoberhaupt genießt das Bundesverfassungsgericht. Dessen Stellung im deutschen Regierungssystem erscheint heute unangefochtener denn je. Gelegentliche Vorwürfe, das Gericht greife in die Sphäre des Gesetzgebers zu sehr ein, konnten seine Reputation nicht beeinträchtigen. Diese beruht zum einen darauf, dass es seinem eigenen Selbstverständnis entsprechend als primär juristische (und nicht politische) Körperschaft wahrgenommen wird. Zum anderen stellt es keinen Vetospieler im engeren Sinne dar. Die Karlsruher Richter werden ja nicht aus eigenem Antrieb tätig, sondern nur, wenn andere Organe sie politisch ins Spiel bringen. Obwohl das Gericht durch seine Rechtsprechung quasi-legislative Funktionen ausübt, steht es als „neutrale" Institution außerhalb des Parteienwettbewerbs und bleibt damit in der politischen Auseinandersetzung weitgehend unangreifbar. Auch international hat das Bundesverfassungsgericht eine enorme Anziehungskraft entwickelt und als Modell für manches andere Land Pate gestanden.

Die Wahl der Verfassungsrichter wird vollständig von den Parteien kontrolliert. Sie erfolgt jeweils zur Hälfte durch den Bundesrat und durch einen aus 12 Abgeordneten bestehenden Wahlausschuss des Bundestages. Für die Wahl ist eine Zweidrittelmehrheit erforderlich. Dies hat zur Folge, dass sich die Parteien sowohl über die Aufteilung der „ihnen zustehenden" Richterposten als auch über die Personalvorschläge vorab verständigen müssen. Die Unabhängigkeit der Richter ist durch dieses Verfahren bislang ebenso wenig in Mitleidenschaft gezogen worden wie die Qualität der Rechtsprechung. Erstere wird vor allem durch die lange Amtszeit verbürgt (12 Jahre ohne Wiederwahl), letztere durch die Amtsanforderungen, die neben der Befähigung zum Richteramt unter anderem vorschreiben, dass mindestens drei Richter jedes Senats zuvor an einem der obersten Bundesgerichte tätig gewesen sein müssen. Kritisiert wird das Wahlverfahren vor allem wegen der fehlenden Transparenz. Die Festlegung auf die Kandidaten erfolgt im kleinsten Kreis, dessen Liste von den eigentlich zuständigen Wahlgremien anschließend nur noch abgesegnet wird. Und eine öffentliche Anhörung der designierten Richter, wie sie z.B. in den USA stattfindet, ist der deutschen Verfassungspraxis fremd.

Betrachtet man die Zusammensetzung des Gerichts nach Parteimitgliedschaft, gehören im Schnitt jeweils ein Drittel der Richter einem der beiden politischen Lager (Union / FDP – SPD / Grüne) an, das restliche Drittel ist parteilos (Wagschal 2001: 879 ff.). Die parteilosen Richter wären aber kaum ins Amt gelangt, wenn sie sich nicht ebenfalls parteipolitisch verorten ließen. Exponierte Parteipolitiker haben es schwer, mit dem Einverständnis der Gegenseite benannt zu werden, und sind daher in den Senaten nur selten anzutreffen. Aktuell gilt dies z.B. für den früheren saarländischen Ministerpräsidenten Peter Müller (CDU), dessen Nominierung sich lange hingezogen hat. Noch schlechtere Erfahrungen musste die SPD machen, als ihr Versuch, die stellvertretende Parteivorsitzende und spätere Justizministern Herta Däubler-Gmelin als Richterin durchzusetzen, 1993 spektakulär scheiterte.

Verfassungsrecht ist seinem Wesen nach politisches Recht. Die häufig gestellte Frage, ob das Bundesverfassungsgericht mehr im Bereich der Rechtsauslegung oder der politischen Gestaltung tätig ist, geht deshalb an der Sache vorbei (Hesse / Ellwein 2012: 556 ff.). Für die Legitimation des Gerichts kommt es vor allem darauf an, dass es bei seinen Urteilen nicht einseitig Partei ergreift. Weil das Gros der Klagen im Bereich der abstrakten Normenkontrolle von der parlamentarischen Opposition ausgeht, ist diese Gefahr zumindest potenziell gegeben. Die Richter werden also nolens volens in den Parteienstreit hineingezogen.

Häufigkeit und Ausgang der Normenkontrollverfahren können den Vorwurf der Einseitigkeit indessen nicht stützen (Stüwe 2001). Eine gewisse parteipolitische Färbung der Rechtsprechung lässt sich allenfalls für die zweite Hälfte der siebziger Jahre konstatieren, als Karlsruhe eine Reihe von Gesetzen der sozial-liberalen Koalition zu Fall brachte. Im übrigen gilt für das Gericht wie für den Bundespräsidenten, dass das parteiliche Bestellungsverfahren in der Amtspraxis keine Entsprechung findet. Sind die Richter erst einmal gewählt, werden sie für ihre „Prinzipale" rasch zu einer unberechenbaren Größe.

Auch die oft zu hörende Kritik an der „Regelungsfreudigkeit" des Gerichts hat eine Kehrseite. Da Karlsruhe über keine Möglichkeiten verfügt, die Umsetzung seiner Urteile zu erzwingen, bleibt es auf den *goodwill* des Gesetzgebers angewiesen. Dass Regierung und Parlament die Vorgaben der Verfassungsrichter mitunter umgehen, lässt sich an zahlreichen Beispielen (etwa der Finanz- oder Familienpolitik) belegen. Das Verfassungsgericht kann sich der Wettbewerbs- oder Konsenslogik des Parteiensystems also nicht entziehen. Im einen Fall möchten die politischen Akteure mit Hilfe des Gerichts Profil gewinnen, im anderen Fall neigen sie dazu, sich auf seine Kosten untereinander zu verständigen. Hinzu kommen die Fälle, bei denen die Parteien eine Streitfrage bewusst an das Gericht weiterreichen, weil sie selbst nicht in der Lage oder willens sind, sie zu lösen. Die Einlösung des Gebots richterlicher Zurückhaltung stellt vor diesem Hintergrund eine schwierige Gratwanderung dar.

## 5. Schlussbemerkung

Die dominierende Rolle der Parteien im Regierungsprozess rechtfertigt die Charakterisierung der Bundesrepublik als Parteienstaat. Von einem Herrschaftsmonopol der Parteien, wie man es häufig für Österreich oder Italien unterstellt, sind wir hierzulande aber entfernt. Dafür sorgen zum einen institutionelle Gegengewichte wie das Verfassungsgericht, der Föderalismus oder die Medien, die den Parteieneinfluss begrenzen. Zum anderen zeichnete sich das deutsche Regierungssystem in der Vergangenheit durch einen äußerlich funktionierenden, gegnerschaftlich geprägten Parteienwettbewerb aus, der den politischen Wechsel über die Koalitionsbildung stets ermöglicht hat; die „Kartellisierungstendenzen" blieben insoweit auf den Bereich der institutionellen Eigeninteressen der Parteien beschränkt.

Die parteipolitische Einflussnahme kann je nach normativem Standpunkt zu unterschiedlichen Bewertungen führen. Aus demokratisch-verfassungsstaatlicher Sicht erscheint die Selbstprivilegierung der Parteien als kaum zu rechtfertigende Machtanmaßung (Arnim 2001). Liegt der Hauptakzent dagegen auf der Funktionsweise, so leisten die Parteien einen wichtigen Beitrag zur Integration der Regierungsgeschäfte, der Innovationen fördert und Stillstand verhindert (Murswieck 1991). Dass die letztgenannte Position in der Öffentlichkeit einen schweren Stand hat, darf nicht verwundern. Dennoch ist die Mobilisierungswirkung des Parteienstaatsthemas in der Bundesrepublik erstaunlich gering geblieben. Was unter intellektuellen Kritikern bisweilen heftige Reaktionen auslöst, wird von der breiten Bevölkerung eher gleichgültig betrachtet und zumeist nur in Verbindung mit anderen ungelösten Problemen virulent. Anti-Parteien-Parteien wie die italienische Lega Nord oder die österreichische FPÖ hatten aus diesem Grund in Deutschland bis zuletzt keine Chance. Darüber hinaus ist es den etablierten Parteien gelungen, der Kritik durch institutionelle Reformen – etwa die Einführung plebiszitärer Elemente auf kommunaler und Länderebene – Wind aus den Segeln zu nehmen.

Am dysfunktionalsten erweist sich die parteienstaatliche Durchdringung des Regierungsprozesses beim Bundesrat. Das Problem, das aus den doppelten Gesetzgebungsmehrheiten entsteht, hat sich durch die Komplizierung der Koalitionsbildung gegenüber früher sogar noch verschärft. Auch in anderen Bereichen wären Änderungen sinnvoll. Das Verfahren der Richterwahl beim Verfassungsgericht könnte transparenter gestaltet und der Bundespräsident von den Bürgern direkt gewählt werden. Wie sich der Kernbereich des parlamentarischen Systems entwickelt, wird vor allem von der künftigen Gestalt des Parteiensystems abhängen. Die von manchen

Politikwissenschaftlern gehegte Hoffnung, dass mit der 2005 gebildeten Großen Koalition eine neue Ära eines stärker konsensorientierten Parlamentarismus anbrechen würde, hat sich nicht bewahrheitet. Das Parteiensystem befindet sich seither in einer schwierigen Gemengelage. Auf der Bundesebene verharrt es noch oder wieder in der Bipolarität, auf der Länderebene zwingt es die Parteien längst, auch mit Nicht-Wunschpartnern Koalitionen einzugehen, die die Lagergrenzen überschreiten. Die Konsequenzen dieser erzwungenen Flexibilität bestehen in langwierigeren Regierungsbildungen und häufigeren Regierungskrisen.

## *Literatur*


Alemann, Ulrich von (2010), Das Parteiensystem der Bundesrepublik Deutschland, 4. Aufl., Wiesbaden.

Arnim, Hans Herbert von (2001), Das System. Die Machenschaften der Macht, München.

Beyme, Klaus von (1997), Der Gesetzgeber. Der Bundestag als Entscheidungszentrum, Opladen.

Blumenthal, Julia von (2001), Amtsträger in der Parteiendemokratie, Wiesbaden.

Bülow, Marco (2010), Wir Abnicker. Über Macht und Ohnmacht der Volksvertreter, Berlin.

Decker, Frank (2006), Höhere Volatilität bei Landtagswahlen? Die Bedeutung bundespolitischer „Zwischenwahlen", in: Eckhard Jesse / Roland Sturm (Hg.), Bilanz der Bundestagswahl 2005, München, S. 259-279.

Decker, Frank (2010), Zwischen Placebo und Erfolgsmodell. Direkte Demokratie auf der Landesebene, in: Zeitschrift für Parlamentsfragen 41 (3), S. 504-519.

Decker, Frank (2011a), Parteien und Parteiensysteme in Deutschland, Stuttgart.

Decker, Frank (2011b), Regieren im „Parteienbundesstaat". Zur Architektur der deutschen Politik, Wiesbaden.

Döring, Herbert (2005), Worauf gründet sich die Agenda-Setzer-Macht der Regierung? Theoretische und vergleichende Perspektiven auf den deutschen Fall, in: Steffen Ganghof / Philipp Manow (Hg.), Mechanismen der Politik, Frankfurt a.M. / New York, S. 109-148.

Gabriel, Oscar W. / Everhard Holtmann (2010), Der Parteienstaat – ein immerwährendes demokratisches Ärgernis? Ideologiekritische und empirische Anmerkungen zu einer aktuellen Debatte, in: Zeitschrift für Politik 57 (3), S. 307-328.

Hecker, Jan (1995), Die Parteienstaatslehre von Gerhard Leibholz in der wissenschaftlichen Diskussion, in: Der Staat 34 (1), S. 287-311.

Hennis, Wilhelm [1977], Parteienstruktur und Regierbarkeit, in: ders. (1999), Regieren im modernen Staat. Politikwissenschaftliche Abhandlungen I, Tübingen, S. 287-331.

Hennis, Wilhelm (1992), Der „Parteienstaat" des Grundgesetzes. Eine gelungene Erfindung, in: Gunter Hofmann / Werner A. Perger (Hg.), Die Kontroverse. Weizsäckers Parteienkritik in der Diskussion, Frankfurt a.M., S. 25-50.

Hesse, Joachim Jens / Thomas Ellwein (2012), Das Regierungssystem der Bundesrepublik Deutschland, 10. Aufl., Baden-Baden.

Holtmann, Everhard (2012), Der Parteienstaat in Deutschland. Erklärungen, Entwicklungen, Erscheinungsbilder, Bonn.

Ismayr, Wolfgang (2012), Der Deutsche Bundestag, 3. Aufl., Wiesbaden.

Katz, Richard S. / Peter Mair (1995), Changing Models of Party Organization and Party Democracy. The Emergence of the Cartel Party, in: Party Politics 1 (1), S. 5-28.

Köhler, Jan (2006), Parteien im Wettbewerb. Zu den Wettbewerbschancen nicht-etablierter politischer Parteien im Rechtssystem der Bundesrepublik Deutschland, Baden-Baden.

Lehmbruch, Gerhard (1976), Parteienwettbewerb im Bundesstaat, Stuttgart u.a.

Leibholz, Gerhard (1967), Strukturprobleme der modernen Demokratie, 3. Aufl., Karlsruhe.

Lijphart, Arend (2012), Patterns of Democracy. Government Forms and Performance in Thirty-Six Countries, 2. Aufl., New Haven / London.

Lorenz, Robert / Matthias Micus, Hg. (2009), Seiteneinsteiger. Unkonventionelle Politiker-Karrieren in der Parteiendemokratie, Wiesbaden.

Merten, Heike (2013), Rechtliche Grundlagen der Parteiendemokratie, in: Frank Decker / Viola Neu (Hg.), Handbuch der deutschen Parteien, 2. Aufl., Wiesbaden, S. 77-110.

Meyer, Hans (1987), Demokratische Wahl und Wahlsystem, in: Josef Isensee / Paul Kirchhof (Hg.), Handbuch des Staatsrechts der Bundesrepublik Deutschland. Band II, Heidelberg, S. 249-267.

Murswieck, Axel (1991), Die Notwendigkeit der Parteien für die funktionelle Integration der Regierungsgeschäfte, in: Hans-Hermann Hartwich / Göttrik Wewer (Hg.), Regieren in der Bundesrepublik III. Systemsteuerung und „Staatskunst", Opladen, S. 119-129.

Patzelt, Werner J. (1998), Ein latenter Verfassungskonflikt? Die Deutschen und ihr parlamentarisches Regierungssystem, in: Politische Vierteljahresschrift 39 (4), S. 725-757.

Schüttemeyer, Suzanne S. (1999), Fraktionen und ihre Parteien in der Bundesrepublik Deutschland: Veränderte Beziehungen im Zeichen professioneller Politik, in: Ludger Helms (Hg.), Parteien und Fraktionen, Opladen, S. 39-66.

Sontheimer, Kurt / Wilhelm Bleek (2001), Grundzüge des politischen Systems Deutschlands, München.

Stüwe, Klaus (2001), Das Bundesverfassungsgericht als verlängerter Arm der Opposition? Eine Bilanz seit 1951, in: Aus Politik und Zeitgeschichte B 37-38, S. 34-44.

Wagschal, Uwe (2001), Der Parteienstaat der Bundesrepublik Deutschland. Parteipolitische Zusammensetzung seiner Schlüsselinstitutionen, in: Zeitschrift für Parlamentsfragen 32 (4), S. 861-886.

Wieland, Joachim, Hg. (2011), Entscheidungen des Parlaments in eigener Sache. Tagungsband zum Kolloquium anlässlich des 70. Geburtstages von Professor Dr. Hans Herbert von Arnim am 19. März 2010, Berlin.

Wiesendahl, Elmar (2006), Parteien, Frankfurt a.M.

# Das Parteiensystem vor und nach der Bundestagswahl 2013

## 1. Fünf-, Vier- oder Sechsparteiensystem?

So wie 2009 hatten die Innenarchitekten des Berliner Reichstagsgebäudes auch nach der Bundestagswahl 2013 alle Hände voll zu tun, um die Konsequenzen des Ergebnisses zu bewältigen. In den Fraktionssaal der FDP ist die gut halb so große Fraktion der Linken eingezogen und im Plenarsaal rückt die Union zum ersten Mal seit 1949 ganz nach rechts. Waren seit 1990 stets fünf Parteien[1] im Parlament vertreten, sind es jetzt nur noch vier. Viel hätte aber nicht gefehlt, dann wären es sechs gewesen, denn sowohl die FDP als auch die neue gegründete Alternative für Deutschland (AfD) verfehlten den Einzug in den Bundestag nur knapp.

Das Scheitern beider Parteien an der Fünfprozenthürde führt dazu, dass ein hoher Anteil von Stimmen im Parlament nicht repräsentiert sind (15,8 im Vergleich zu 6,0 Prozent bei der Bundestagswahl 2009). Die Parteiensysteme auf der parlamentarischen und elektoralen Ebene klaffen dadurch auseinander. Auf der parlamentarischen Ebene halten die drei linken Parteien eine knappe Mehrheit (von umgerechnet 50,7 Prozent der Sitze gegenüber 49,3 für die Union). Diese hatten sie 2009 zum ersten Mal seit 1998 eingebüßt. Auf der elektoralen Ebene hat sich dagegen der Trend von 2009 fortgesetzt, indem die Achse des Parteiensystems noch einmal nach rechts verschoben wurde. Lag der zusammengenommene Stimmenanteil von Union und FDP 2009 bei 48,4 Prozent, so kamen die Vertreter des Mitte-Rechts-Lagers (unter Einschluss der AfD) diesmal auf satte 51 Prozent. Der Anteil der linken Parteien

1 CDU und CSU werden hier als eine Partei betrachtet. Von 2002 bis 2005 war die seinerzeitige PDS nur mit zwei direkt gewählten Abgeordneten vertreten, nachdem sie bei der Bundestagswahl 2002 sowohl die Fünfprozenthürde als auch den für einen Einzug in Gruppenstärke notwendigen Gewinn von drei Wahlkreismandaten verpasst hatte.

betrug nur 44,9 Prozent (gegenüber 47,6 Prozent 2009). Unter die letztgenannten fallen auch die Piraten, die sowohl 2009 (2,0 Prozent) als auch 2013 (2,2 Prozent) oberhalb der Schwelle lagen, ab der von einer „relevanten" Partei zu sprechen ist. (Die Piratenpartei wird deshalb bei der Berechnung der Fragmentierung einbezogen.)

Ein etwas anderes Bild ergibt sich, wenn man die Fragmentierung des Parteiensystems mit dem Index der effektiven Parteien berechnet (Laakso / Taagepera 1979).[2] Hier hat die Konzentration nicht nur auf der parlamentarischen Ebene zugenommen (nur noch 3,5 effektive Parteien gegenüber 4,9 bei der Wahl 2009), sondern auch auf der elektoralen (4,8 gegenüber 5,6). In dem zuletzt genannten Wert spiegelt sich der Stimmeneinbruch der beiden Volksparteien bei der Bundestagswahl 2009, als Union und SPD zusammengenommen nur noch auf 56,8 Prozent kamen und gleichzeitig die FDP als größte der drei kleinen Parteien mehr als die Hälfte der Stimmen der kleineren der beiden großen Parteien verbuchte (14,6 gegenüber 23,0 Prozent). Für Niedermayer (2013a) war dies gleichbedeutend mit einem „Typwechsel" vom System der Zweiparteiendominanz hin zu einem pluralistischen System. Nach derselben Typologie wäre die Bundesrepublik 2013 wieder zum System der Zweiparteiendominanz zurückgekehrt.

Betrachtet man das Stimmenverhältnis der beiden großen Parteien, so hat sich der durch die Bundestagswahl 2009 eingeleitete Trend zur Asymmetrie weiter verstärkt. Bedingt durch die Schwäche der FDP konnte die Union ihren Vorsprung vor der SPD nochmals kräftig ausbauen (auf 15,8 gegenüber 10,8 Prozentpunkten). 2005 und 2002 hatten beide Parteien fast beziehungsweise genau gleichauf, beim Regierungswechsel 1998 die SPD sogar klar vor CDU und CSU gelegen. Manche Beobachter waren damals davon ausgegangen, dass die Sozialdemokraten ihre strukturelle Benachteiligung gegenüber der Union, die sie mit Ausnahme der „Willy-Wahlen" 1972 stets auf Platz zwei im Parteiensystem verwiesen

2 Der Index wird berechnet, indem man die quadrierten Stimmenanteile der (relevanten) Parteien aufsummiert und davon den Kehrwert bildet.

hatte, dauerhaft überwinden könnten. Tatsächlich entging die Partei aber bereits 2002 nur mit Glück ihrer Abwahl.

## 2. Gründe für Merkels Sieg

Auch bei der Bundestagswahl 2013 müssen, wenn man die Gründe des klaren Wahlsiegs der Union und der Niederlage der SPD beziehungsweise von Rot-Grün verstehen will, in erster Linie politische Faktoren herangezogen werden. Ohne eine Gewichtung vorzunehmen, würde ich skizzenhaft folgende Punkte nennen:

*Überschattung der innenpolitischen Agenda durch die Euro-Krise.* Das wichtigste politische Thema, das wellenartig die gesamte Legislaturperiode prägte, bot der Opposition kaum Angriffsflächen. Einerseits trugen SPD und Grüne die Merkelsche „Rettungspolitik" im Bundestag stets mit. Andererseits konnten und wollten sie alternative Positionen wie eine Abkehr vom strikten Sparkurs in den Südländern oder ein anderes Schuldenregime in der Auseinandersetzung nicht nach vorne bringen, weil sie um deren Unpopularität in der Wählerschaft wussten (Schwan 2013). Die Kanzlerin nutzte unterdessen alle Möglichkeiten, sich auf der europäischen Bühne als Hüterin der nationalen Interessen in Szene zu setzen. „Mit ihrem eigentlichen Pfund, dem ‚deutschen Europa', brauchte sie noch nicht einmal öffentlich zu wuchern, aber es blieb der heimliche Subtext dieser Wahlen von Anfang bis Ende" (Meyer 2013: 11).

*Gute wirtschaftliche Lage.* Exzellente Wirtschaftsdaten spielen einer Regierung stets in die Hände. Weil infolge der gesunkenen Arbeitslosigkeit die Angst vor Jobverlust in der Bundesrepublik in den letzten Jahren geringer geworden ist, sprudelnde Steuereinnahmen und volle Sozialkassen keine Leistungskürzungen erforderten und die Bürger durch steigende Löhne und sinkende Abgaben wieder mehr konsumierten, verfingen die Klagen über die Verwerfungen auf dem Arbeitsmarkt und die wachsende soziale Ungerechtigkeit im Lande nicht so, wie es sich die Oppositionsparteien erhofft hatten. Die Union konnte den Effekt noch verstärken, indem sie die positive Entwicklung in Deutschland mit der Misere in anderen Ländern diskursiv verknüpfte.

*Positionierung der CDU in der politischen Mitte.* Die CDU setzte den unter Merkel seit 2005 eingeschlagenen Kurs fort, sich gesellschaftspolitisch einerseits weiter zu modernisieren und andererseits in der Sozialpolitik möglichst viel linkes Ideengut zu adaptieren (Decker 2013a: 82 ff.). Der einzig größere Rückschlag auf diesem Gebiet war die Einführung des Betreuungsgeldes, das sie sich von der Schwesterpartei CSU aufzwingen ließ. Die Reaktorkatastrophe im japanischen Fukushima wusste die Union dagegen in einen innenpolitischen Vorteil umzumünzen. Indem sie eine radikale Kehrtwende in der Energiepolitik vollzog, beseitigte sie nebenbei auch den wichtigsten Stolperstein für eine Zusammenarbeit mit den Grünen.

*Trennung vom Erscheinungsbild der Koalition.* Die durchaus vorzeigbare Regierungsbilanz kontrastiert mit dem Bild einer Koalition, die nach katastrophalem Start auch im weiteren Verlauf der Wahlperiode nie wirklich Tritt gefasst, geschweige denn harmoniert hat. Die Verantwortung dafür lasteten Wähler und Öffentlichkeit fast ausschließlich der FDP an, die einen beispiellosen Absturz erlebte und aus ihrem demoskopischen Tief bis zum Ende der Legislaturperiode nicht mehr herauskam. Zwar waren die Liberalen an ihrem Niedergang im Wesentlichen selbst schuld. Allerdings ist erstaunlich, dass auch andere Peinlichkeiten an Merkel und der Union scheinbar ungerührt abprallten: die Rücktritte zweier Bundespräsidenten, die die Kanzlerin selbst mit ausgewählt hatte, ein Verteidigungsminister und eine Bildungsministerin, die ihre Doktortitel nicht rechtmäßig führten, und ein Umweltminister, den Merkel nach dessen Scheitern als Spitzenkandidat bei der nordrhein-westfälischen Landtagswahl 2012 gegen seinen Willen entließ.

*Hohe Sympathiewerte der Kanzlerin.* Angela Merkel ist die erste Regierungschefin, die es in Deutschland geschafft hat, während ihrer Amtszeit dauerhaft die Liste der beliebtesten Politiker anzuführen. Diese Beliebtheit verdankt sie zum einen ihrem als ausgleichend empfundenen „präsidialen“ Regierungsstil (Korte 2010), der gleichwohl nicht als Führungsschwäche aufgefasst wird, zum anderen ihrem unprätentiösen Auftreten. Die Union hatte deshalb allen Grund, die Wahlkampagne – wie schon 2009 – ganz auf die Bundeskanzlerin zuzuschneiden.

*Fehler der Opposition.* Die Stärke der einen ist die Schwäche der anderen. Die SPD hat nicht auf die falschen Themen gesetzt, verfügte aber in Peer Steinbrück über keinen optimalen Kandidaten. Der frühere Finanzminister konnte die starke Betonung der sozialen Missstände im Wahlkampf nicht glaubhaft verkörpern, die von Teilen der Wählerschaft auch als Folge sozialdemokratischer Regierungspolitik wahrgenommen wurden. Der Kampagnenstart des überstürzt ausgerufenen Spitzenmannes geriet zu einem Desaster, von dem sich die Partei erst gegen Ende des Wahlkampfs (nach dem gelungenen TV-Duell) allmählich erholte. Darüber hinaus war das personelle Angebot der SPD in der ersten Reihe zu männerlastig, um gegen die Unionszugpferde Merkel und Ursula von der Leyen zu bestehen. Auch die Grünen vermochten zum Erfolg nichts beizutragen. Sie hatten vielleicht nicht die falschen Kandidaten, setzten aber statt auf Ökologie und Klimaschutz zu sehr auf dieselben Themen (soziale Gerechtigkeit und Steuern), die auch bei SPD und Linken im Vordergrund standen. Damit verbaute man sich zugleich die Chancen für ein mögliches schwarz-grünes Regierungsbündnis. Darüber hinaus wurde die Partei kurz vor der Wahl mit unaufgearbeiteten Sünden ihrer eigenen Vergangenheit (Pädophilie-Debatte) konfrontiert, was ihre Kampagne vollends aus dem Tritt brachte.

Aufschlussreich ist ein Blick auf die – wegen ihrer Ungenauigkeit freilich umstrittene – Wählerwanderungsbilanz (laut Zahlen von Infratest dimap). Die SPD verdankte ihre bescheidenen Zugewinne bei der Wahl hauptsächlich der Schwäche von Grünen und Linken, von denen sie zusammen 920.000 Stimmen erhielt. Aus dem Mitte-Rechts-Lager gab es ebenfalls ein leichtes Plus von 140.000 Stimmen, da im Saldo mehr Wähler von der FDP zur SPD überliefen, als diese an Union und AfD verlor. Der Hauptgrund des schwachen Wahlergebnisses lag in der nicht gelungenen Mobilisierung von Nichtwählern, worauf auch die kaum gestiegene Wahlbeteiligung (von 70,8 auf 71,5 Prozent) hindeutet: Die Bürger, die der SPD 2009 massenhaft den Rücken gekehrt hatten, blieben erneut zu Hause oder wechselten zur Union; diese konnte unter dem Strich dreimal soviele vormalige Nichtwähler rekrutieren wie die SPD (1.130.000 gegenüber 360.000).

Die geringe Mobilisierungsfähigkeit der SPD dürfte nicht nur darauf zurückzuführen sein, dass Themen und Kandidat ihre Wirkung verpassten, sie war auch Ausdruck der fehlenden Machtperspektive. Die von der Partei angestrebte rot-grüne Koalition gelangte im Wahljahr laut Umfragen zu keinem Zeitpunkt in die Nähe einer eigenen Mehrheit. Je näher der Wahltermin rückte, desto größer wurde der Abstand zu Union und FDP. Sozialdemokraten und Grüne hatten sich von ihren Erfolgen in den alten Ländern blenden lassen, wo es ihnen dank des bei Landtagswahlen üblichen Zwischenwahleffektes und der Zurückdrängung der Linken gelungen war, gleich vier schwarz-gelbe durch rot-grüne bzw. grün-rote Regierungen abzulösen. Dass dieses Szenario auf die Bundesebene nicht übertragbar sein würde, hätte bereits ein Blick auf die näheren Umstände dieser Erfolge zeigen müssen. In Baden-Württemberg (2011) verdankte er sich dem zufälligen Zusammentreffen mehrerer begünstigender Faktoren (Fukushima, Stuttgart 21, unpopulärer CDU-Ministerpräsident), in Nordrhein-Westfalen (2012) gelang er erst auf dem Umweg über eine geduldete rot-grüne Minderheitsregierung, in Schleswig-Holstein (2012) musste der Südschleswigsche Wählerverband zusätzlich in die Koalition aufgenommen werden und in Niedersachsen (2013) reichte es für Rot-Grün am Ende nur dank weniger hundert Stimmen. So aber landeten die Sozialdemokraten durch das Festhalten am unrealistischen Wahlziel Rot-Grün am Ende in derselben misslichen Situation wie 2009, als sie nicht mehr auf Sieg, sondern nur noch auf Platz spielen konnten.

## 3. Die Entwicklung des Parteiensystems seit 2005

### a) Die Linke: Gesamtdeutsche Kraft oder ostdeutsche Regionalpartei?

Die Chancenlosigkeit von Rot-Grün ist eine Folge der Segmentierung des „linken Lagers“. Mit der Entstehung der gesamtdeutschen Linkspartei trat die Entwicklung des deutschen Parteiensystems 2005 in eine neue Phase (Decker 2013a: 72 ff.). Der Übergang von der Viereinhalb- zur Fünfparteienstruktur wurde möglich, nachdem sich in den alten Ländern eine Abspaltung von der SPD gebildet und diese mit der ostdeutschen PDS zur Partei „Die Linke“ fusioniert hatte. Die Gründung der Wahlalternative Arbeit & soziale Gerechtigkeit (WASG) erfolgte aus Protest gegen die von der rot-grünen Bundesregierung unter Kanzler Gerhard Schröder betriebenen Arbeitsmarkt- und Sozialreformen. Ihr lag also keine neue Konfliktlinie zugrunde, sondern die Kritik, dass sich die Herkunftspartei von ihrer traditionellen Position auf der sozialökonomischen Achse zu weit entfernt habe. Symbolhaft markiert wurde dies durch die Person des früheren SPD-Vorsitzenden Oskar Lafontaine, dessen Übertritt zur WASG eine wesentliche Voraussetzung für den Erfolg der Partei in den alten Bundesländern darstellte.

Auch nach dem Abgang Lafontaines musste die Linke um ihre Position als fünfte Partei nicht fürchten. Das organisatorische Fundament der im Osten bestens vernetzten PDS und die neue Aktualität der Verteilungsfragen gaben ihr gute Chancen, auf dem 2009 erreichten Niveau zu verharren. Die gleichzeitige Bedienung des regionalistischen und sozialökonomischen Cleavages versprach eine stabile Wählerkoalition, obwohl die Partei durch die Westausdehnung ihre reine Ost-Identität verloren hat. Symptomatisch dafür ist, dass sich die Wählerzusammensetzung auch in den neuen Ländern in Richtung der sozial benachteiligten Gruppen verschiebt (Niedermayer 2006). Dennoch geriet das Projekt der gesamtdeutschen Linken nach der Bundestagswahl rasch ins Stocken (Decker 2013b). War die Linke 2011 in sieben von zehn Landtagen der alten Bundesrepublik vertreten, scheiterte sie bei den Landtagswahlen in Schleswig-Holstein (2012), Nordrhein-Westfalen (2012) und Niedersachsen (2013) an der Fünfprozenthürde. Damit drohte die Partei in die Rolle zurückzufallen, die sie ab 2005 eigentlich überwinden wollte, nämlich die einer (reinen) Regionalpartei des Ostens.

Ursächlich für diese Entwicklung waren vor allem hausgemachte Schwierigkeiten. Die wenig professionell agierenden Landesverbände in den alten Ländern, das wechselseitige Misstrauen zwischen der neuen West- und der alten Ost-Linken sowie ständige Querelen in der Parteiführung vermittelten der Öffentlichkeit den Eindruck, dass die Partei in erster Linie mit sich selbst beschäftigt war (Neu 2012). Hinzu traten schwierige Umfeldbedingungen. Die Überlagerung der innenpolitischen Agenda durch die Euro-Krise machte es der Linken schwer, Gegenposition zu beziehen. Öffentlich vernehmbarer (und Resonanz versprechender) Widerstand gegen die von Regierung und SPD/Grünen gemeinsam vertretene Krisenpolitik kam und kommt heute eher von „rechts" – auch aus Teilen des Regierungslagers. Dies lässt sich zugleich an der Wählerwanderung ablesen: Während in den alten Bundesländern die abtrünnigen Wähler der Linken überwiegend bei der SPD landeten beziehungsweise zu ihr zurückkehrten, liefen sie im Osten scharenweise zur AfD über, die dort ihre besten Ergebnisse erzielte.

Wenn sich die Verluste dennoch in Grenzen hielten, lag das in erster Linie am unerwartet guten Abschneiden in den alten Bundesländern. Zusammen mit dem früheren West-Berlin trugen diese mehr als die Hälfte der Stimmen zum Gesamtergebnis der Linken bei. Der Abwärtstrend bei den Landtagswahlen konnte so gestoppt werden. Ursächlich dafür war einerseits die Schwäche von SPD und Grünen, andererseits die verbesserte Außendarstellung, nachdem das überforderte Führungsduo Klaus Ernst und Gesine Lötzsch im Juni 2012 durch Bernd Riexinger und Katja Kipping abgelöst worden war. Gleichzeitig verfügte die Linke mit Gregor Gysi und Sahra Wagenknecht über zwei medienversierte Aushängeschilder, die in der Auseinandersetzung mit der Konkurrenz stachen. In Hessen, wo ihr bei der zeitgleich mit der Bundestagswahl stattfindenden Landtagswahl der Wiedereinzug in das Parlament gelang, nutzte der bundespolitische Aufwind in den alten Ländern der Partei gleich doppelt. Als größte Oppositionspartei im Bundestag (noch vor den Grünen) könnte sie an diesen Trend anknüpfen, wenn die Wähler ihre Unzufriedenheit mit der wieder aufgelegten Großen Koalition demnächst erneut einseitig bei der SPD abladen.

### b) Die Piratenpartei – der kurze Frühling einer Protestpartei

Zum unverhofften Shooting Star des Parteiensystems wurde in der abgelaufenen Wahlperiode – vorübergehend – die Piratenpartei (Bieber / Leggewie 2012, Hensel / Klecha / Walter 2013 / Niedermayer 2013b). Beginnend mit der Abgeordnetenhauswahl im September 2011 in Berlin, gelang es der erst 2006 gegründeten neuen Gruppierung in kurzer Folge, vier Mal hintereinander in ein Landesparlament einzuziehen. Nachdem die „Piraten" bei der Bundestagswahl 2009 und allen nachfolgenden Landtagswahlen lediglich ein schmales Kernwählersegment von etwa zwei Prozent erreicht hatte, war die Öffentlichkeit zunächst geneigt, ihren Berliner Sensationserfolg als Ausreißer abzutun und auf die dort besonders günstigen lokalen Bedingungen zurückzuführen. Mit den weiteren Erfolgen im Saarland, in Nordrhein-Westfalen und in Schleswig-Holstein musste diese Einschätzung korrigiert werden. Die „Piraten" sprachen, wie die Wahlanalysen zeigten, offensichtlich nicht nur die netzaffinen Themenwähler an, die die Positionen der etablierten Parteien in diesem Feld als hoffnungslos rückständig empfanden. Sie fungierten jetzt auch als Sammelbecken von Unzufriedenen und Protestwählern, die der Politik und ihren herkömmlichen Vertretern generell überdrüssig waren.

Der Höhenflug in den Umfragen, der die Partei nach der Euphorie der Landtagswahlerfolge im Frühsommer 2012 zeitweilig in den zweistelligen Bereich katapultierte, währte jedoch nur kurz. Als Protestpartei hatten die Piraten offenkundig in hohem Maße von der Verunsicherung der Bevölkerung im Zuge der Euro-Krise profitiert. Nachdem sie anfangs darauf vertrauen konnten, dass von ihnen abseits der Netzpolitik keine Antworten auf die anstehenden politischen Probleme erwartet würden, erwies sich die programmatische Unbestimmtheit in der Außendarstellung zunehmend als Problem. Den nur durch das Metathema Partizipation und Transparenz zusammengehaltenen Neuankömmlingen fiel die Entwicklung gemeinsamer inhaltlicher Positionen sichtlich schwer. Zugleich verstrickten sie sich in Widersprüche. Ihre Aktivisten mussten lernen, dass politische Führung in Partei und Fraktion ohne „geschützte Räume" nicht funktioniert. Das Transparenzziel wurde durch die Anonymisierung und Pseudonymisierung im Internet Lügen gestraft. Zudem war die Partizipationsbereitschaft der Piraten-Mitglieder keineswegs größer als bei den anderen Parteien. Die Selbstentzauberung verstärkte nicht nur die innerparteilichen Konflikte, sondern führte auch dazu, dass die Medien, die den Aufstieg der neuen Partei zunächst fast ausnahmslos mit unverhohlener Sympathie begleitet hatten, ihr zunehmend kritischer begegneten.

Symptomatisch für das Scheitern der Piraten war ihre Unfähigkeit, aus der NSA-Abhöraffäre politischen Nutzen zu ziehen. Der Skandal, der durch Enthüllungen des früheren US-Geheimdienstmitarbeiters Edward Snowden ein halbes Jahr vor der Bundestagswahl plötzlich über die deutsche Innenpolitik hereinbrach, hätte dem Neuling eigentlich beste Mobilisierungschancen bieten müssen. Er spielte im Wahlkampf aber ebensowenig eine Rolle wie andere Fragen der Netzpolitik oder das Partizipationsthema.

### c) Ende der Schwäche des parteiförmigen Rechtspopulismus? Die Alternative für Deutschland

Warum es in der Bundesrepublik nicht zur flächendeckenden Etablierung einer rechtspopulistischen oder -extremistischen Partei gekommen ist, bleibt in gewisser Weise ein Rätsel (Decker 2013c). Fragmentierungstendenzen des nationalen Lagers mündeten zwar in den achtziger Jahren in eine „dritte Welle" des Rechtsextremismus. Auf ihr zogen die 1983 als Abspaltung von der CSU entstandenen Republikaner (REP) drei Mal, die 1987 gegründete Deutsche Volksunion (DVU) des – 2013 verstorbenen – Münchener Verlegers Gerhard Frey neun Mal und die NPD vier Mal in Landesparlamente ein. Letztgenannte war bereits 1964 ins Leben gerufen worden, konnte aber nach Wahlerfolgen in der zweiten Hälfte der sechziger Jahre erst wieder im Jahre 2004 an ihre damalige Stärke anknüpfen, nachdem sie das Bundesland Sachsen gezielt zur Hochburg ausgebaut hatte. Inzwischen hat die gegenüber früheren Jahrzehnten deutlich radikalisierte NPD die Führungsrolle im rechtsextremen Lager übernommen, während die einst so verheißungsvoll gestarteten Republikaner nur noch ein Schattendasein fristen. Von einem Durchbruch auf der nationalen Ebene bleibt die NPD weit entfernt – bei der Bundestagswahl 2013 fiel die Partei gegenüber ihrem schwachen Ergebnis von 2009 noch einmal um 0,2 auf 1,3 Prozentpunkte zurück (Brandstetter 2013).

Ein Grund für diese Schwäche liegt gerade im Extremismus der NPD, der auf viele Wähler abschreckend wirkt und die Entwicklung einer populistischen Strategie der Wähleransprache vereitelt. Allerdings sind in der Bundesrepublik auch ideologisch gemäßigtere Gruppierungen, die eine solche Strategie verfolgt haben, bisher nicht zum Erfolg gekommen. Weder ist der Versuch gelungen, eine bereits bestehende Partei auf rechtspopulistische Pfade zu führen, den man dem verstorbenen FDP-Politiker Jürgen W. Möllemann unterstellt hat, noch waren Neugründungen wie die Hamburger Statt-Partei, der Bund freier Bürger oder die Schill-Partei in der Lage, ihre Anfangserfolge zu wiederholen und über die regionale Ebene auszudehnen (Decker 2004: 147 ff.).

Mit der „Alternative für Deutschland" schickt sich jetzt eine neue Gruppierung an, die Geschichte der Erfolglosigkeit des Rechtspopulismus in der Bundesrepublik zu beenden. Die im April 2013 gegründete Partei, die vom Hamburger Volkswirtschafts-Professor Bernd Lucke angeführt wird, verfehlte den Einzug in den Bundestag mit 4,7 Prozent nur knapp. Auch in Hessen kam sie bei der Landtagswahl aus dem Stand auf vier Prozent der Stimmen. Ob sie weiter zulegen und sich im Parteiensystem festsetzen kann, wird vor allem von zwei Dingen abhängen: der Resonanz des von ihr in den Mittelpunkt gerückten Euro-Themas und der Fähigkeit, mit den restriktiven Bedingungen umzugehen, die das Aufkommen und den Erfolg rechtspopulistischer Parteien in der Bundesrepublik in der Vergangenheit erschwert haben.

Die AfD wird nicht zu Unrecht als „single issue"-Partei apostrophiert. Neben der Auflösung der Währungsunion vertritt sie zwar eine Reihe von anderen Forderungen, die an die programmatische Gewinnerformel des Rechtspopulismus in Westeuropa anknüpfen und zu einer breiteren Plattform ausgebaut werden könnten. Dazu zählen z.B. die Einführung direktdemokratischer Elemente und veränderte Regeln für die Einwanderung. Diese Positionen werden aber nur schlagwortartig erwähnt und nicht weiter ausgeführt. Umso detailfreudiger ist das Programm bei der Kernforderung, der „geordneten Auflösung" der Währungsunion. Der Euro soll entweder durch die alten nationalen Währungen oder die Schaffung kleiner Währungsverbünde (Nord- und Süd-Euro) ersetzt werden. Um dies zu erreichen, postuliert die Partei als ersten Schritt die Einführung nationaler Parallelwährungen zum Euro in den südeuropäischen Ländern, deren verbindlicher Anteil am bargeldlosen Zahlungsverkehr bei 50 Prozent liegen solle und danach sukzessive zu steigern sei. Mit der Rückkehr zu den nationalen Währungen sollen die Unterschiede in der Wettbewerbsfähigkeit ausgeglichen werden, die ein Funktionieren der Währungsunion in der Vergangenheit unmöglich gemacht hätten. Damit ließe sich auch die Gefahr eines Auseinanderbrechens der gesamten Union bannen.

Dass diese Thesen durchaus verfangen und von relevanten Bevölkerungsgruppen unterstützt werden, kann man exemplarisch auf den Leserbriefseiten der Qualitätszeitungen studieren. Aufschlussreich ist ein Vergleich zur Sarrazin-Debatte im Sommer 2010, als wir es mit einem – auf den ersten Blick – ähnlichen Phänomen zu tun hatten. Im Gegensatz zur heutigen Euro-Debatte ist Thilo Sarrazins (2010) Abrechnung mit der bundesdeutschen Zuwanderungspolitik aber merkwürdig verpufft und parteipolitisch folgenlos geblieben. Warum? Eine mögliche Antwort könnte die unterschiedliche ideologische Gefechtslage liefern. Multikulturalismuskritik ist, obwohl sie in diesem Fall von einem früheren SPD-Politiker artikuliert wurde, überwiegend im konservativen und rechten

Spektrum beheimatet. Dass sie auch in Teilen der linken Wählerschaft auf Zustimmung trifft, steht dem nicht entgegen – es entspricht vielmehr dem kulturellen Traditionalismus der Arbeiterklasse, den der amerikanische Soziologe Seymour Martin Lipset schon vor über fünfzig Jahren diagnostiziert hat. Die Forderung nach Auflösung der Währungsunion ist demgegenüber nicht zwangsläufig eine konservative oder rechte Position. Sie wird von sozialdemokratischen Vordenkern geteilt (z.B. Scharpf 2012, Streeck 2013) und findet, angestoßen durch Äußerungen Oskar Lafontaines, auch in der Linkspartei Widerhall. So gesehen ist es bemerkenswert, dass das Führungspersonal der AfD fast ausschließlich aus dem liberal-konservativen Lager stammt. Blickt man auf die Mitglieder und Wähler, geht die Unterstützung dagegen quer durch alle Parteien und Schichten. So konnte die Partei bei der Bundestagswahl annähernd soviele Stimmen aus dem linken Lager (von SPD und Linken) zu sich herüberziehen wie aus dem bürgerlichen Lager von Union und FDP (520.000 gegenüber 720.000). Einzig die Grünen waren mit lediglich 90.000 Abwanderern gegen die euroskeptische Stimmung weitgehend immun.

Es bleiben allerdings Zweifel, ob die Kritik am Euro in der Bevölkerung tatsächlich so stark zündet, wie die AfD hofft. Die gemeinsame Währung ist bei den Bürgern ja durchaus geschätzt; dasselbe gilt für die Betriebe, die durch die Vermeidung von Kursschwankungen Planungssicherheit haben. Was die Menschen vor allem umtreibt, ist die Stabilität der Währung und die Sorge, dass Deutschland für die Schulden anderer Mitglieder der Euro-Zone aufkommen muss. Wie die hohen Zustimmungsraten zum Krisenmanagement der Regierung und speziell der Bundeskanzlerin zeigen, fühlen sie sich aber in dieser Frage von der Politik keineswegs schlecht vertreten. Dass sich die Bundesrepublik durch die Anleihekäufe der Europäischen Zentralbank de facto bereits in einer Haftungsunion befindet, mochte die Regierung verständlicherweise nicht offen zugeben. Auch die rot-grüne Opposition hielt sich an dieser Stelle lieber bedeckt, um dem Verdacht vorzubeugen, sie würde eine noch stärkere Vergemeinschaftung der Schulden (etwa durch die Ausgabe von Eurobonds) anstreben.

Bleibt die Frage, ob die neue Partei in der Lage ist, die sich ihr bietenden Gelegenheiten zu nutzen? Das größte Hindernis für den Erfolg rechtspopulistischer Gruppierungen in der Bundesrepublik liegt in der ihnen drohenden Stigmatisierung, die zugleich ihren Zugang zu den meinungsbildenden Medien erschwert. Auch bei der AfD waren die Kritiker mit dem Rechtspopulismusvorwurf schnell bei der Hand. In der Phase unmittelbar nach der Gründung konnte sich die Partei dagegen noch relativ glaubhaft verwahren. Unter dem Strich profitierte sie davon, dass sie eher ein liberal-bürgerliches als ein populistisches Profil pflegt. Zwar verzeichnet die AfD bis jetzt noch keine prominenten Überläufer aus dem Lager von Union und FDP. Allerdings macht sich gerade in der Union die Sorge breit, dass von ihr eine Attraktion auf konservativ eingestellte Teile der Wählerschaft ausgeht, die mit dem unter Merkel eingeschlagenen Modernisierungskurs hadern – von der Schulpolitik über den Atomausstieg bis hin zu Homoehe und Frauenquote. Obwohl diese Themen in der Programmatik der neuen Partei nachrangig sind, könnten sie im Hinterkopf der Wähler eine wichtige Rolle spielen.

Gefahren drohen der AfD vor allem von innen. An der Frage, wie man mit unerwünschten Unterstützern von rechtsaußen umgeht, sind in der Bundesrepublik bisher noch alle Etablierungsversuche einer rechtspopulistischen oder -konservativen Kraft gescheitert. Gerade gemäßigt auftretende Gruppierungen werden von solchen Unterstützern gerne als Trittbrett genutzt, um der Stigmatisierung als rechtsextrem oder -populistisch zu entgehen. Bestrebungen, die Programmatik der AfD für eine breitere populistische Plattform zu öffnen, sind in einigen Landesverbänden bereits erkennbar und haben zu ersten Absetzbewegungen geführt. Die Parteispitze versucht dem durch eine möglichst straffe, zentralistische Führung entgegenzutreten, der allerdings durch die rechtlichen Regelungen (im Parteiengesetz) enge Grenzen gesetzt sind und die zugleich an der Parteibasis auf Widerspruch trifft. Ob der AfD ein kontrollierter Aufbau der Organisation gelingt, ohne dass ihr öffentliches Bild und die notwendige Geschlossenheit im Auftreten nach außen Schaden nimmt, ist also keineswegs ausgemacht.

### d) Der Niedergang der Liberalen

Zu den Ironien des Wahlergebnisses gehört, dass Union und FDP mit einem bequemen Vorsprung durchs Ziel gegangen wären, wenn beide Seiten in der Woche vor der Wahl nicht die Nerven verloren hätten. Ihr Desaster bei der bayerischen Landtagswahl veranlasste die Liberalen zu einer panischen Leihstimmenkampagne, die eine ebenso heftige Gegenwehr der Union provozierte. Diese wollte ihren Fehler bei der Niedersachenwahl im Januar 2013 unter keinen Umständen wiederholen, wo sie das Buhlen um die Zweitstimmen zugelassen hatte und dadurch am Ende ohne Not geschwächt dastand. Merkels Annahme, die Liberalen würden den Einzug aus eigener Kraft schaffen, erwies sich als folgenschwerer Irrtum.

Das Drama der letzten Wahlkampfwoche wirft ein bezeichnendes Licht auf den Umgang, den CDU und CSU mit der FDP über die gesamte Legislaturperiode hinweg pflegten. Weil die Union den Steuersenkungen, die die Liberalen vollmundig angekündigt hatten (und für deren Umsetzung bis zur verlorenen Landtagswahl in Nordrhein-Westfalen ein ausreichendes Zeitfenster bestand), schon in den Koalitionsverhandlungen einen Riegel vorschob (Decker 2013a: 105 ff.), war deren Absturz aus großer Fallhöhe vorprogrammiert. Machtstrategisch handelte es sich dabei nicht gerade um ein kluges Vorgehen, es sei denn, der Umstieg in eine andere Koalition wäre von vornherein intendiert gewesen. Dafür gibt es freilich keine Anhaltspunkte. Umso verwunderlicher ist, wie wenig das Schicksal ihres angeblichen Wunschkoalitionspartners den Unionsparteien am Herz lag.

Die Ursachen der FDP-Misere reichen bis weit vor 2009 zurück, als die Partei mit 14,6 Prozent ihr bestes Ergebnis bei einer Bundestagswahl erreichte (ebd.: 110 ff.). Die Unterscheidung zwischen dem angeblich guten Oppositions- und schlechten Regierungspolitiker Guido Westerwelle hat schon damals nicht gestimmt. Sie verkennt, dass die einseitig marktliberale Ausrichtung der Partei und ihre koalitionspolitische Fixierung auf die Union von ihrem damaligen Vorsitzenden maßgeblich befördert wurden.

Unter Westerwelle tappte die FDP mit ihrer gebetsmühlenhaft vorgetragenen Forderung nach einem „einfacheren, gerechteren und niedrigeren Steuersystem" geradewegs in die Populismusfalle. Als schwerer Fehler erwies sich zudem Westerwelles Entscheidung, statt des Finanzministeriums das vermeintlich prestigeträchtigere Auswärtige Amt für die FDP zu reklamieren (Vorländer 2013: 394 ff.). Während der Vorsitzende dort vergeblich versuchte, an die stolze Tradition seiner FDP-Vorgänger Walter Scheel und Hans-Dietrich Genscher anzuknüpfen, konnte sich die Union im Finanzressort als Gestalterin der Euro-Krisenpolitik wählerwirksam profilieren. Auch in der Rechts- und Gesellschaftspolitik ließen die Liberalen jegliche Akzente vermissen.

Das Ausscheiden aus dem Bundestag stellt die Partei unter ihrem neuen Vorsitzenden Christian Lindner vor eine extrem schwierige Herausforderung. Als außerparlamentarische Opposition wird es ihr an medialer Präsenz schmerzlich fehlen. Wieweit sich dies durch die Arbeit in den Ländern und auf der kommunalen Ebene wettmachen lässt, bleibt abzuwarten. Gefahr droht auch von der veränderten Akteurs- und Wettbewerbssituation. Das Auftreten der AfD führt dazu, dass die Liberalen ihr bisheriges Alleinstellungsmerkmal als einzige bürgerliche Kraft neben der Union einbüßen. Die Versuchung, der FDP mit wirtschaftsliberalen Positionen ihr Terrain streitig zu machen, dürfte für die AfD naheliegen. In der Kombination mit nationalen, gesellschaftspolitisch konservativen und euroskeptischen Positionen würde sie damit eine programmatische „Gewinnerformel" realisieren, die für viele neu entstandene rechtspopulistische oder -bürgerliche Parteien in Europa typisch ist (Hartleb 2011). Dass zumindest die letztgenannten (euroskeptischen) Positionen auch in der FDP weit verbreitet sind, hat das Ergebnis ihres Mitgliederentscheids vom Dezember 2011 gezeigt, als immerhin 44 Prozent der Abstimmenden der von der Parteiführung befürworteten Einrichtung des dauerhaften Europäischen Stabilitätsmechanismus (ESM) widersprachen.

## 4. Die erwartbare Neuauflage der Großen Koalition

Die Neuauflage der Großen Koalition war zu Beginn des Wahlkampfes wahrscheinlicher als an dessen Ende. Dass Schwarz-Gelb nochmals die Chance auf eine klare Mehrheit haben würde, ließ sich kaum vorausahnen (Decker / Jesse 2013a: 22 ff.). Am Wahlabend stand für kurze Zeit sogar die Möglichkeit einer absoluten Mehrheit der Union im Raum. Bei einem Vorsprung von lediglich ein oder zwei Mandaten wäre dies für Merkel freilich ein Horrorszenario gewesen. Auch so entpuppte sich das Ergebnis als „Pyrrhussieg". Die Unionsparteien hatten zwar mit Abstand die meisten Stimmen, waren aber auf einen Koalitionspartner aus dem anderen politischen Lager angewiesen. Weil SPD und Grüne sich zierten, wurden auch Überlegungen in Richtung einer unionsgeführten Minderheitsregierung angestellt oder baldige Neuwahlen erwogen – allerdings mehr von außen als von den Akteuren selbst. Beiden Parteien war bewusst, dass an der Bildung einer stabilen Mehrheitsregierung kein Weg vorbei führte; am Ende musste also eine von ihnen bereit sein, mit Merkels Union zu koalieren.

Die Argumente, die im Vorfeld für die größere Wahrscheinlichkeit einer schwarz-roten (statt schwarz-grünen) Koalition sprachen, sollten sich nach der Wahl bewahrheiten. In Teilen der Union und der konservativen Presse gab es während der Sondierungsphase starke Sympathien für Schwarz-Grün. Diese dürften jedoch hauptsächlich von der Interessenlage der Union diktiert gewesen sein, das heißt der Aussicht, mit den durch ihr schlechtes Wahlergebnis empfindlich getroffenen Grünen einen „leichteren" Partner zu bekommen als mit der SPD. Das Scheitern der schwarz-grünen Sondierung wurde in den meisten Kommentaren folgerichtig primär der grünen Seite angelastet, der im entscheidenden Moment der Mut gefehlt habe, es mit der Union zu probieren. Aus Sicht der Grünen gab es dafür freilich gute Gründe. Die Partei konnte ja ihr Wahlprogramm in möglichen Koalitionsverhandlungen nicht einfach zur Disposition stellen, auch wenn dessen dezidiert linke Ausrichtung zum schwachen Wahlresultat beigetragen hatte. Dasselbe galt für ihr Spitzenpersonal. Ob Schwarz-Grün bei einem besseren

Wahlergebnis der Grünen wahrscheinlicher geworden wäre, bleibt eine müßige Spekulation. Deren Führung hätte es unter diesen Bedingungen sicher leichter gehabt, der Basis eine solche Koalition zu vermitteln. Für die Union wäre es im Gegenzug aber schwieriger geworden: Sie hätte in Verhandlungen mit „starken" Grünen mehr Zugeständnisse machen und am Ende auch einen Jürgen Trittin als Minister akzeptieren müssen.

Bei den Sozialdemokraten war die Bereitschaft, erneut in eine Große Koalition einzutreten, an der Parteispitze stärker ausgeprägt als unter den Funktionären und an der Basis. Dafür gibt es mindestens drei Gründe: Erstens winken die Pfründe einer Regierungsbeteiligung stets nur dem Führungspersonal. Zweitens wog in der Parteispitze die Sorge, bei einer Koalition von Union und Grünen die letzteren als strategischen Partner mittel- und langfristig zu verlieren, schwerer als die Hoffnung auf kurzfristige Wahlerfolge in der Opposition. Und drittens wusste man in der Führung besser als an der Basis, dass die SPD 2009 nicht an ihrer Regierungsbeteiligung in der Großen Koalition gescheitert war, „sondern an ihrer Verfassung außerhalb dieser Regierung" (Stauss 2013: 2).[3]

Empirische Untersuchungen der bisherigen Großen Koalitionen auf Bundes- und Länderebene zeigen, dass diese keineswegs immer nur dem größeren Partner zum Vorteil gereichen. So wie es der SPD im Bund 1969 gelang, von der Juniorrolle in der Großen Koalition in eine kleine Koalition (mit der FDP) unter ihrer Führung umzusteigen, so konnte sie auch in Mecklenburg-Vorpommern (1998) und in Berlin (2001) die CDU als führende Regierungspartei verdrängen – beide Male mithilfe der PDS. Nur wo sie hinter der CDU deutlich zurücklag – wie in Baden-Württemberg (1996), Thüringen (1999) oder Sachsen (2009) –, musste sie nach ihrer Regierungsbeteiligung auf die Oppositionsbänke wechseln.

3 Zwischen 2005 und 2009 verschliss die SPD allein vier (!) Vorsitzende. Fast ein Jahr hielt sie die Republik 2008 mit dem Ypsilanti-Debakel in Atem, das am Ende auch Kurt Beck das Amt kostete. Dieser warf den Vorsitz im September 2008 vor laufenden Kameras hin, nachdem ihn Frank-Walter Steinmeier und Franz Müntefering bei der Entscheidung über die Kanzlerkandidatur desavouiert hatten.

Wie Umfragen zeigen, bewerteten die Anhänger der SPD eine Große Koalition keineswegs negativ; die Zahl der Unterstützer war mit etwa zwei Dritteln genauso groß wie unter den Unionsanhängern. Dies schien zu dem von manchen SPD-Politikern kolportierten Eindruck einer überwiegenden Ablehnung der Großen Koalition an der Basis nicht ganz zu passen und wurde durch das eindrucksvolle Votum der SPD-Mitglieder für den Koalitionsvertrag (76 Prozent Zustimmung bei einer Beteiligung von 78 Prozent) überzeugend widerlegt. Dass die Vorbehalte vor allem aus den Ländern kamen, die von der SPD (mit)regiert werden, dürfte nicht nur mit der Furcht vor Niederlagen bei anstehenden Kommunal- und Landtagswahlen zu tun haben. Es verweist auch auf die unterschiedliche Interessenlage zwischen den dortigen Landesverbänden und der Bundes-SPD. Für die erstgenannten wäre das Verbleiben in der Opposition im Zweifel komfortabler gewesen. Denn dann hätten die SPD-regierten Länder mit ihrer Mehrheit im Bundesrat der unionsgeführten Bundesregierung weiter als geschlossene Phalanx gegenübertreten und sie unter Druck setzen können, die Finanzausstattung der Länder zu verbessern. Nachdem die SPD nun in der Großen Koalition mit regiert, müssen sich die von Hannelore Kraft angeführten Landesfürsten zugleich mit der Bundespartei und den von der SPD gestellten Ministern arrangieren, die qua Amt automatisch stärker dem Bundesinteresse verpflichtet sind.

Wechselt man von der parteilichen oder innerparteilichen zur gesamtstaatlichen Interessenperspektive, spricht gerade mit Blick auf den Föderalismus vieles für die Neuauflage der Großen Koalition. Die Einführung der Schuldenbremse, das Auslaufen des Solidarpakts im Jahre 2019 und die Infragestellung des geltenden Finanzausgleichssystems durch die reichen Bundesländer im Süden machen eine grundlegende Neuordnung der Finanzbeziehungen notwendig. Union und SPD haben zwar keine eigene Mehrheit im Bundesrat, könnten diese aber erreichen, wenn es in zwei weiteren Bundesländern zu schwarz-roten Bündnissen kommt. (Eine schwarz-grüne Regierung hätte demgegenüber nur auf die elf Stimmen Bayerns und Hessens zählen können.) Auch mit Blick auf die europäischen Herausforderungen ist es kein Schaden, das bisherige informelle Zusammenwirken der beiden Volksparteien in eine förmliche Zusammenarbeit zu überführen.

Offenkundig sind dagegen die von einer Großen Koalition ausgehenden Demokratieschäden. Union und SPD kontrollieren im Bundestag zusammen vier Fünftel der Mandate. Wesentliche Kontrollrechte wie die Einsetzung eines Untersuchungsausschusses oder eine Normenkontrollklage sind von den beiden verbliebenen Oppositionsparteien mangels Masse nicht einsetzbar. Letzteres könnte z.B. zur Folge haben, dass das Prüfungsrecht des Bundespräsidenten stärker ins Spiel kommt, wie es bereits bei der vorangegangenen Großen Koalition der Fall war (Decker 2011: 334 f.). Eine solche Entwicklung erscheint nicht unbedingt wünschenswert. Genauso wenig ist es angängig, den Einsatz der Minderheitenrechte allein vom guten Willen der Mehrheit abhängig zu machen. Union und SPD sollten deshalb bereit sein, die Quoren im Rahmen einer förmlichen Verfassungsänderung anzupassen. Die naheliegendste Lösung wäre eine Absenkung auf 20 Prozent. Oder man belässt es beim 25-Prozent-Quorum, sieht aber zusätzlich vor, dass ein Verfahren auch beantragt werden kann, wenn ihm mindestens zwei Fraktionen beitreten. Der letztere Vorschlag erscheint mit Blick auf die möglichen Regierungskonstellationen im Vielparteiensystem zukunftsfester.

## 5. Perspektiven der Parteien- und Koalitionslandschaft mit Blick auf 2017

Aus normativer Sicht sind Große Koalitionen nicht erstrebenswert. In bestimmten politischen Situationen können sie zwar sinnvoll sein. Generell sollten sie aber die Ausnahme bleiben und nur als Übergangslösung dienen, bis das in der parlamentarischen Demokratie übliche Alternierungsprinzip wiederhergestellt ist. Wenn es nach vier Jahren einer (kleinen) schwarz-gelben Koalition 2013 zur Neuauflage der Konstellation von 2005 gekommen ist, zeigt das, dass die Voraussetzungen für eine solche Wiederherstellung im deutschen Parteiensystem noch nicht vorliegen. Schon 2005 war die Mehrzahl der journalistischen und wissenschaftlichen Beobachter davon ausgegangen, dass die Ära des klassischen Volksparteien-Dualismus, die in der Bundesrepublik das Standardmodell der kleinen Zweierkoalition begründet hatte, unwiderruflich ans Ende gelangt sei. Zwei Zukunftsszenarien – ein negatives und ein positives – wurden damals ausgemalt. Entweder – so hieß es – komme es wie in Österreich zu einer Perpetuierung der Großen Koalition. Oder eine multiple Koalitionslandschaft wie in den skandinavischen Ländern würde entstehen, in der lagerübergreifende Dreierbündnisse das Bild prägten (Decker 2009).

Beide Szenarien bewahrheiteten sich nicht. Auf der Bundesebene zeigte das Wahlergebnis 2009, dass Mehrheiten für kleine Zweierkoalitionen weiter möglich waren – allerdings nur im bürgerlichen Lager. Und auf der Länderebene blieb die Koalitionslandschaft zwischen Ost- und Westdeutschland gespalten. Der Hauptgrund dafür liegt in der unterschiedlichen Position der Linken. In den neuen Bundesländern hat deren Stärke einen doppelten Effekt: Einerseits sorgt sie dafür, dass Mehrheiten für kleine Koalitionen schwer zu erlangen sind. Andererseits ließ sie rot-rote Koalitionen bisher nur zu, wo die SPD stärker als die Linke war und in der Regierung den Ministerpräsidenten stellen konnte (Decker / Jesse 2013a: 16 f.).[4] Die letztgenannte Voraussetzung entfiel z.B. in Thüringen (2009) und Sachsen-Anhalt (2011), weshalb in diesen Ländern (genauso wie in Mecklenburg-Vorpommern und Berlin) schwarz-rote[5] Koalitionen ins Amt kamen.

In den alten Ländern bleibt die Linke dagegen zu schwach, um die Bildung schwarz-gelber oder rot-grüner Koalitionen dauerhaft zu vereiteln. Deshalb gibt es hier in der Regel keine Notwendigkeit, Große Koalitionen zu bilden oder andere lagerübergreifende Zweier- beziehungsweise Dreierbündnisse einzugehen. Wo die zuletzt genannten zustande kamen (Ampelkoalition in Brandenburg

4 Erst 2014 – bei der Bildung einer rot-rot-grünen Koalition in Thüringen – sollte sich die SPD erstmals bereit erklären, der Linken als stimmenstärkster Partei das Amt des Regierungschefs zu überlassen.

5 Die Bezeichnung Große Koalition ist diesem Fall falsch, weil es sich nicht um ein Zusammengehen der beiden stärksten Parteien handelt.

1990 und Bremen 1991, Schwarz-Grün in Hamburg 2008, Schwarz-Gelb-Grün im Saarland 2009), zerbrachen sie allesamt vor Ablauf der Legislaturperiode und konnten daher keine Empfehlung für den Bund sein. Eine vergleichbare Situation wie auf Bundesebene Bund gab es bislang nur in Hessen (2008 und 2013) sowie in Nordrhein-Westfalen (2010). Hier konnten beziehungsweise können SPD und Grüne ohne Hilfe der Linken keine Regierungsmehrheit erreichen. Nach dem Debakel in Hessen leitete die SPD 2008 einen Strategiewechsel ein, indem sie sich fortan bereit erklärte, diese Machtoption in den alten Ländern zu nutzen.[6] Im Bund hielt sie jedoch auch 2013 daran fest, jeglicher Zusammenarbeit mit der Linken eine Absage zu erteilen.

Die eigentliche Zäsur der Bundestagswahl besteht so gesehen in der Überwindung der doppelten koalitionspolitischen Segmentierung („Ausschließeritis"), die das 2005 entstandene gesamtdeutsche Fünfparteiensystem kennzeichnete. Auf der einen Seite beeilten sich führende SPD-Politiker schon am Wahlabend mit Erklärungen, es sei das letzte Mal gewesen, dass man eine Koalition mit der Linken förmlich ausgeschlossen habe. Damit wächst der Druck auf die Postkommunisten, die Voraussetzungen für ein Zusammengehen durch eine Revision bisheriger Positionen (insbesondere in der Außen- und Europapolitik) zu schaffen. Gelingt es die Hinder-

6 In Ostdeutschland wurde der Weg dafür schon 1994 freigemacht, als es in Sachsen-Anhalt zum sogenannten „Magdeburger Modell" kam – einer von der damaligen PDS geduldeten rot-grünen Minderheitsregierung. Dem folgte 1998 in Mecklenburg-Vorpommern die erste förmliche „rot-rote" Koalition. Im Westen schloss die SPD eine Zusammenarbeit mit der Linken zunächst kategorisch aus. 2008 verständigte sie sich in Hessen entgegen ihrer vorherigen Ankündigung mit der Linken auf ein Tolerierungsbündnis, das jedoch nicht zustande kam, weil einige Abgeordnete ihre Gefolgschaft verweigerten. Seither sind Koalitionen oder Tolerierungsbündnisse auch in den alten Ländern kein Tabu mehr. In Nordrhein-Westfalen machte die SPD von der neuen Option 2010 erstmals Gebrauch. Die von der Linken unterstützte rot-grüne Minderheitsregierung hielt zwar nur knapp zwei Jahre, sollte sich aber als erfolgreiches Übergangsmodell hin zu einer eigenen rot-grünen Regierungsmehrheit erweisen. In Hessen scheiterten die Sondierungsgespräche zwischen SPD/Grünen und Linken nach der Landtagswahl 2013 dagegen an unüberbrückbaren Differenzen in der Finanz- und Wirtschaftspolitik.

nisse aus dem Weg zu räumen, stünden die Zeichen im deutschen Parteiensystem auf eine Rückkehr zur Bipolarität. Zwei annähernd gleich starke, koalitionspolitisch abgrenzbare Formationen könnten dann um die Regierungsmacht streiten. Die Situation wäre ähnlich wie in den achtziger Jahren, nur sich dass das linke Lager jetzt statt aus zwei aus drei Teilen zusammensetzt (Spier 2013, Tils 2013).

Auf der anderen Seite haben auch die Chancen für ein lagerübergreifendes zentristisches Bündnis zugenommen, nachdem Union und Grüne sich in den Sondierungsgesprächen nach der Bundestagswahl denkbar nahe gekommen sind und gleichzeitig in Hessen zum ersten Mal in einem Flächenland ein schwarz-grünes Bündnis geschmiedet wurde. Für die SPD ist dieses Anbandeln gefährlich, weil sie die Grünen als Koalitionspartner in jedem Fall benötigen, wenn sie erneut führende Regierungspartei werden und den Kanzler stellen wollen. Aus Sicht der Grünen spricht demgegenüber vieles dafür, sich einer Vereinnahmung im linken Lager zu widersetzen. Denn hält man sich den Weg frei, gegebenenfalls auch mit den Unionsparteien zu paktieren, könnte die Partei demnächst eine ähnliche Züngleinrolle im Parteiensystem einnehmen wie früher die FDP. Warum sollte sie auf diesen Vorteil verzichten? Wo sie die Koalitionsfrage offen hielten, hat das den Grünen elektoral in der Regel nicht geschadet. Selbst links eingestellte Delegierte und Mitglieder lassen sich vom Schwenk in das bürgerliche Lager überzeugen, wenn er von der Führung gut vorbereitet und begründet wird. Darüber hinaus könnten die Grünen den schwachen Anklang ihres Wahlprogramms in der eigenen Wählerschaft zum Anlass nehmen, sich auch programmatisch stärker in der Mitte zu positionieren.

Offen ist schließlich die Frage nach der künftigen koalitionspolitischen Ausrichtung der FDP. Die Umstände der Zusammenarbeit in der schwarz-gelben Regierung, die in der harschen Zurückweisung der liberalen Zweitstimmenkampagne durch die Unionsparteien in der letzten Wahlkampfwoche kulminierten, müssten der FDP eigentlich genug Gründe liefern, ihre bisherige einseitige Orientierung auf CDU und CSU aufzugeben und sich für Koalitionen mit Sozialdemokraten und Grünen zu öffnen. Ob die arg gebeutelte Partei in ihrer jetzigen Rolle als außerparlamentarische Opposition die dazu notwendige programmatische Kurskorrektur (weg vom reinen Wirtschaftsliberalismus) hinkriegt, bleibt jedoch zweifelhaft. Die Große Koalition dürfte ihr vielmehr Gelegenheit geben, sich gerade mit marktradikalen Positionen zu profilieren (zumal in der neuen Konkurrenz zur AfD). Dies spricht eher gegen eine Annäherung an Rot-Grün. Die Sozialdemokraten wären deshalb schlecht beraten, bei ihren Kanzlerambitionen (anstelle der Linken) ausschließlich auf die Liberalen zu setzen (Decker / Jesse 2013b: 52 ff.).

Geht man von der Grundstruktur des Fünfparteiensystems aus und unterstellt man, dass die FDP über bessere Chancen verfügt als die AfD, sich als zweite Kraft im bürgerlichen Lager zu behaupten beziehungsweise wieder aufzustellen, dann erscheint mit Blick auf 2017 als Alternative zur Großen Koalition neben einer Linkskoalition und einem schwarz-grünen Bündnis auch eine Neuauflage von Schwarz-Gelb vorstellbar. Welche Variante die wahrscheinlichste ist, lässt sich kurz nach Beginn der Wahlperiode natürlich noch nicht abschätzen. Nur dass die Große Koalition ein Intermezzo bleibt und die Bundesrepublik keine österreichischen Verhältnisse zu befürchten hat, dürfte angesichts der neu hinzutretenden Koalitionsmöglichkeiten schon heute relativ gewiss sein.

## *Literatur*

Bieber, Christoph / Claus Leggewie, Hg. (2012), Unter Piraten. Erkundungen in einer neuen politischen Arena, Bielefeld.

Brandstetter, Marc (2013), Die NPD unter Udo Voigt. Organisation-Ideologie-Strategie, Baden-Baden.

Decker, Frank (2004), Der neue Rechtspopulismus, 2. Aufl., Opladen.

Decker, Frank (2009), Veränderungen in der Parteienlandschaft, in: Der Bürger im Staat 59 (2), S. 74-81.

Decker, Frank (2011), Regieren im „Parteienbundesstaat". Zur Architektur der deutschen Politik, Wiesbaden.

Decker, Frank (2013a), Wenn die Populisten kommen. Beiträge zum Zustand der Demokratie und des Parteiensystems, Wiesbaden.

Decker, Frank (2013b), Das Verhältnis der SPD gegenüber der LINKEN – Die offene Zukunft, in: Gerhard Hirscher / Eckhard Jesse (Hg.), Extremismus in Deutschland, Baden-Baden, S. 549-563.

Decker, Frank (2013c), Die Erfolglosigkeit des parteiförmigen Rechtspopulismus in Deutschland – Bedingungen und Gründe, in: Gerhard Hirscher / Eckhard Jesse (Hg.), Extremismus in Deutschland, Baden-Baden, S. 63-78.

Decker, Frank / Eckhard Jesse (2013a), Koalitionslandschaft im Wandel? Eine Einführung, in: dies. (Hg.), Die deutsche Koalitionsdemokratie vor der Bundestagswahl 2013, Baden-Baden, S. 9-34.

Decker, Frank / Eckhard Jesse (2013b), „Koalitionspolitik" vor und nach der Bundestagswahl 2013, in: Aus Politik und Zeitgeschichte 63 (48-49), S. 47-54.

Hartleb, Florian (2011), A Thorn in the Side of European Elites: The New Euroscepticism, Brüssel (Centre for European Studies).

Hensel, Alexander / Stephan Klecha / Franz Walter (2012), Meuterei auf der Deutschland. Ziele und Chancen der Piratenpartei, Berlin.

Korte, Karl-Rudolf (2010), Präsidentielles Zaudern. Der Regierungsstil von Angela Merkel in der Großen Koalition 2005-2009, in: Sebastian Bukow / Wenke Seemann (Hg.), Die Große Koalition, Wiesbaden, S. 102-122.

Laakso, Markku / Rein Taagepera, „Effective Number" of Parties. A Measure with Application to West Europe, in: Comparative Political Studies 12 (1), S. 3-27.

Meyer, Thomas (2013), SPD – eine neue Strategie tut not, in: Neue Gesellschaft / Frankfurter Hefte 60 (10), S. 10-13.

Neu, Viola (2012), Der gestoppte Aufstieg? Perspektiven der Linken, in: Eckhard Jesse / Roland Sturm (Hg.), „Superwahljahr" 2011 und die Folgen, Baden-Baden, S. 133-151.

Niedermayer, Oskar (2006), Die Wählerschaft der Linkspartei.PDS 2005: Sozialstruktureller Wandel bei gleichbleibender politischer Positionierung, in: Zeitschrift für Parlamentsfragen 37 (3), S. 523-538.

Niedermayer, Oskar (2013a), Die Entwicklung des bundesdeutschen Parteiensystems, in: Frank Decker / Viola Neu (Hg.), Handbuch der deutschen Parteien, 2. Aufl., Wiesbaden, S. 111-132.

Niedermayer, Oskar, Hg. (2013b), Die Piratenpartei, Wiesbaden.

Sarrazin, Thilo (2010), Deutschland schafft sich ab. Wie wir unser Land aufs Spiel setzen, München.

Scharpf, Fritz W. (2012), Rettet Europa vor dem Euro, in: Berliner Republik 14 (2), S. 52-61.

Schwan, Gesine (2013), Angst vor Europa, Süddeutsche Zeitung vom 7. November 2013, S. 2.

Spier, Tim (2013), Realisierbare Koalitionsoption im Zeithorizont 2013 / 2017? Perspektiven von Rot-Rot-Grün, in: Frank Decker / Eckhard Jesse (Hg.), Die deutsche Koalitionsdemokratie vor der Bundestagswahl 2013, Baden-Baden, S. 369-388.

Stauss, Frank (2013), Selber schuld, in: Süddeutsche Zeitung vom 2. Oktober 2013, S. 2.

Streeck, Wolfgang (2013), Gekaufte Zeit. Die vertagte Krise des demokratischen Kapitalismus, Berlin.

Tils, Ralf (2013), Vor der maximalen strategischen Herausforderung, in: Berliner Republik 14 (5), S. 29-31.

Vorländer, Hans (2013), Welche Koalition sichert das Überleben? Bündnisaussichten der FDP, in: Frank Decker / Eckhard Jesse (Hg), Die deutsche Koalitionsdemokratie vor der Bundestagswahl 2013, Baden-Baden, S. 389-404.

# CDU/CSU, SPD, Grüne und Linke: Die Bundestagsparteien im Überblick

## 1. Christlich Demokratische Union Deutschlands (CDU)

### a) Etappen der Parteigeschichte

Keine Partei hat die Geschicke der Bundesrepublik Deutschland so stark beeinflusst wie die Christlich Demokratische Union. Im Verbund mit ihrer bayerischen Schwesterpartei CSU führte sie in 46 von 66 Jahren die Bundesregierung und stellte den Kanzler/die Kanzlerin. Die maßgeblichen Weichenstellungen der außenpolitischen Westbindung und Einführung der Sozialen Marktwirtschaft wurden von der CDU vorgenommen und gegen den Widerstand der oppositionellen Sozialdemokraten durchgesetzt. Auch die Phase von der friedlichen Revolution in der DDR bis zur deutschen Einheit 1989/1990 fiel in ihre Regierungszeit.

Als Kind der zweiten deutschen Demokratie kann die CDU auf keine vergleichbare Kontinuität ihrer Geschichte zurückblicken wie die SPD. Ihr Bundesverband wurde sogar erst im Jahre 1950 gegründet, also nach den ersten Bundestagswahlen und dem Beginn der Kanzlerschaft Konrad Adenauers. Dennoch brauchte die Union nicht bei null anzufangen. Als Sammlungspartei des bürgerlichen Lagers konnte sie insbesondere an die Milieustrukturen der katholischen Zentrumspartei anknüpfen, die im Kaiserreich und der Weimarer Zeit bereits den Charakter einer schicht- und berufsübergreifenden Volkspartei ausgebildet hatte. Das christliche Fundament ermöglichte der neuen Partei einerseits eine konsequente programmatische Abgrenzung von den materialistischen Weltanschauungen des Nationalsozialismus und des Sozialismus, wobei der Antisozialismus auch die Sozialdemokraten als Gegner einbezog. Andererseits schuf es die Voraussetzung für die überkonfessionelle Öffnung der Partei in Richtung der protestantischen Bevölkerung, die im Begriff der „Union“ Ausdruck finden sollte (Walter / Werwath / D’Antonio 2014: 17 ff.).

Letzteres wurde dadurch erleichtert, dass sich die Bundesrepublik zu etwa gleichen Teilen aus Katholiken und Protestanten zusammensetzte. Dennoch war das Zusammenwachsen der kulturell fremden Milieus alles andere als ein Selbstgänger. Es fußte auf einem ausgeklügelten Proporz zwischen den verschiedenen konfessionellen, regionalen und sozialen Gruppen innerhalb der Partei, dessen Herstellung der Union großes organisatorisches Geschick abverlangte (Bösch 2001: 139 ff.). Zusammen mit ihren Erfolgen als Regierungspartei und der 1953 vorgenommenen Wahlrechtsänderung (Einführung der bundesweiten Fünf-Prozent-Sperrklausel) gelang es den Christdemokraten auf dieser Basis rasch, alle verbliebenen Konkurrenten im Mitte-Rechts-Lager aufzusaugen. Davon ausgenommen blieb lediglich die FDP, die sich als kirchenferner Gegenpol zur CDU/CSU auf der gesellschaftspolitisch-kulturellen Konfliktlinie ihre Existenzberechtigung bewahrte.

Adenauers Politik der Westbindung und der Erfolg der Sozialen Marktwirtschaft garantierten der Union bis Ende der sechziger Jahre stabile Wählermehrheiten. Organisatorisch blieb die CDU in dieser Zeit weitgehend eine Honoratiorenpartei, deren Führung in der Regierungspolitik und Wahlkampfplanung relativ freie Hand hatte. Die CDU nahm damit manches von dem vorweg, was die heutigen „professionellen“ Wählerparteien ausmacht. Dennoch wäre es falsch, sie auf die Rolle eines „Kanzlerwahlvereins“ zu reduzieren, weil das Fehlen einer programmatisch fixierten Parteiräson zugleich eine gewisse Unabhängigkeit ihrer Mandatsträger verbürgte. Diese fand in der vergleichsweise starken Stellung der Bundestagsfraktion Ausdruck (Schwarz 2009).

Das Jahr 1969 markiert in der Geschichte der noch jungen Partei eine tiefe Zäsur. Nachdem der lange erwartete Wechsel von Adenauer zu Ludwig Erhard an der Regierungsspitze 1963 vollzogen worden war und dieser die CDU bei der Bundestagswahl 1965 erneut zu einem eindrucksvollen Sieg geführt hatte, begannen die Führungsschwäche des Kanzlers und die erste Konjunkturkrise der Bundesrepublik am Selbstverständnis der erfolgsverwöhnten Regierungspartei zu nagen. Erhards von der Partei erzwungener Rücktritt als Bundeskanzler und die Bildung der ersten Großen Koalition mit der SPD waren Vorstufen des Verlusts der bis dahin ununterbrochenen Regierungsmacht. Nach der Bundestagswahl 1969 war die FDP, der angestammte Koalitionspartner der Christdemokraten, zum ersten Mal bereit, auf der Bundesebene eine Koalition mit den Sozialdemokraten zu bilden. Damit zogen die Liberalen auch die Konsequenz aus der ihrer Ansicht nach unzureichenden Reformbereitschaft der Union in der Außen-, Deutschland- und Gesellschaftspolitik.

Der Weg in die Opposition führte die Christdemokraten zu einer organisatorischen und programmatischen Neuausrichtung. Die einstige Honoratiorenpartei CDU verwandelte sich in den siebziger Jahren in eine moderne Mitglieder- und Programmpartei. Maßgeblich vorangetrieben wurde dieser Prozess, der sich insbesondere im Auf- und Ausbau des Parteiapparats niederschlug, durch Helmut Kohl. Dieser hatte 1973 den glücklosen Rainer Barzel als Vorsitzender abgelöst. Unter Kohl versuchte die Union ihr soziales und liberales Profil zu schärfen. Die innerparteilichen Debatten mündeten 1978 in ihr erstes Grundsatzprogramm. Gleichzeitig gewann die Partei auch dank der profilierten Generalsekretäre Kurt Biedenkopf (ab 1973) und Heiner Geißler (ab 1977) in den Wahlauseinandersetzungen deutlich an Schlagkraft. Nachdem sie bei der Bundestagswahl 1972 gegen Kanzler Willy Brandt chancenlos gewesen war und an Stimmen erstmals hinter der SPD gelegen hatte, brachte die Union die in die Krise geratene sozial-liberale Regierung unter Brandts Nachfolger Helmut Schmidt 1976 an den Rand einer Niederlage.

Der nur knapp verpasste Regierungswechsel mündete in einen heftigen Führungs- und Richtungsstreit mit der von Franz Josef Strauß geführten Schwesterpartei, die in der einseitigen Aufkündigung der gemeinsamen Fraktionsgemeinschaft durch die CSU kulminierte (Kreuther Trennungsbeschluss). Obwohl es dazu nicht kam, geriet Kohl, der 1976 neben dem Partei- auch den Fraktionsvorsitz übernommen hatte, in den eigenen Reihen nun immer stärker in die Kritik, sodass er gezwungen war, die Kanzlerkandidatur

1980 Strauß zu überlassen (Kleinmann 1993: 421 ff.). Strauß' absehbares Scheitern und Kohls erfolgreiches Werben um die FDP führten dann zwei Jahre später zur Bonner „Wende" und Rückkehr der Union an die Macht.

Unter Kohls Kanzlerschaft kam es zu behutsamen, aber keinen grundsätzlichen Kurskorrekturen in der Wirtschafts-, Gesellschafts- und Außenpolitik der Bundesrepublik. Die von der CDU ausgerufene „geistig-moralische Wende" blieb im wesentlichen Rhetorik. 1983 mit einem exzellenten Bundestagswahlergebnis gestartet, verlor die CDU in der Regierungszeit bald an Zustimmung. Dies lag vor allem daran, dass Koalition und Kanzler wenig Glanz verbreiteten und ihr Regierungshandeln von manchen Pannen und Affären überschattet war. Die Kritik an Kohls Führungsstil, die in der Partei unter anderem von Geißler artikuliert wurde, mündete in den „Putschversuch" des Bremer Parteitages von 1989, den Kohl freilich abwehren konnte. Dabei kam ihm der sich abzeichnende Umbruch in Osteuropa und der DDR zu Hilfe (Bösch 2002: 132).

Seine Rolle als Gestalter der deutschen Einheit, die Kohl gerade im Bereich der Außenpolitik glänzend meisterte, sollte ihm und der CDU noch für weitere acht Jahre die Regierungsmacht sichern. Im Osten profitierte die Partei dabei auch von den organisatorischen Ressourcen der gleichnamigen Blockpartei, mit der sie vor der ersten freien Volkskammerwahl ein Wahlbündnis schloss und sich später offiziell vereinigte. Durch die DDR-Vergangenheit vieler Spitzenpolitiker und Funktionäre war der Parteiaufbau in den neuen Ländern von zum Teil chaotischen Zuständen begleitet. Ausgenommen von dieser Entwicklung blieb lediglich die CDU in Sachsen, die unter ihrem ersten Ministerpräsidenten Kurt Biedenkopf Rekordwahlergebnisse einfuhr und seither zum erfolgreichsten Landesverband der Partei überhaupt avanciert ist.

Kohls Nimbus als international geachteter Staatsmann machte seine Position in der CDU ab 1990 unangreifbar. Die starke Konzentration des Kanzlers auf die Außen- und Europapolitik und seine führende Rolle bei der Einführung der gemeinsamen europäischen Währung hatten aber zugleich zur Folge, dass er den innen- und wirtschaftspolitischen Problemen, die sich neben und wegen der Wiedervereinigung aufgestaut hatten, zu wenig Beachtung beimaß. Ging schon der äußerst knappe Wahlsieg der Koalition 1994 in erster Linie auf die Schwäche der SPD und ihres Kanzlerkandidatens Rudolf Scharping zurück, so verpasste es Kohl anschließend, die Macht rechtzeitig vor der nächsten Wahl an Fraktionschef Wolfgang Schäuble abzugeben, den er selbst als Nachfolger aufgebaut hatte. Dies trug maßgeblich zum Regierungsverlust bei.

Nach Kohls Rückzug vom Parteivorsitz wurden die Weichen für den personellen Neuanfang schnell gestellt. Dank des schwachen Starts der rot-grünen Regierung war die Union in der Wählergunst unter dem neuen Vorsitzenden Schäuble wieder auf dem Weg nach oben, bevor sie die Affäre um illegal erlangte Parteispenden in schwere Turbulenzen stieß. Kohls Weigerung, die Namen der Spender offenzulegen, sollte auch Schäuble das Amt kosten. Dessen Rücktritt vom Partei- und Fraktionsvorsitz im Februar 2000 machte den Weg an die Parteispitze für die aus Ostdeutschland stammende Generalsekretärin Angela Merkel frei, die sich in einem Zeitungsartikel kurz zuvor von Kohl losgesagt und die Ära des Altkanzlers damit endgültig beendet hatte. Fraktionsvorsitzender wurde Friedrich Merz.

Unter der neuen Führung schlug die CDU einen marktliberaleren Kurs ein, der nach einschneidenden Reformen in der Sozial- und Wirtschaftspolitik drängte. Die Abkehr von der alten sozialstaatsfreundlichen Linie wurde auf dem Leipziger Parteitag 2003 symbolträchtig vollzogen. Gleichzeitig begann die Partei sich auch in der Gesellschaftspolitik ein liberaleres Profil zuzulegen, indem sie ihr Frauen- und Familienbild modernisierte, in der Migrationspolitik die Notwendigkeit einer konsequenten Integration betonte und die Pluralität individueller Lebensformen respektierte, was sich unter anderem in der Anerkennung gleichgeschlechtlicher Partnerschaften niederschlug (Decker 2008).

Im unionsinternen Rennen um die Kanzlerkandidatur hatte Merkel 2002 gegenüber dem CSU-Vorsitzenden und bayerischen Ministerpräsidenten Edmund Stoiber das Nachsehen, der den erhofften Wahlsieg jedoch knapp verpasste. Merkel sicherte sich daraufhin – wie Kohl 1976 – neben dem Partei- auch den Fraktionsvorsitz, um ihre Anwärterschaft auf das Kanzleramt bei der nächsten Wahl zu untermauern. Obwohl dieses Kalkül letztlich aufging, blieb das Ergebnis 2005 hinter den Erwartungen zurück. Die Union musste, weil es zusammen mit der FDP für eine Mehrheit nicht reichte, die Macht mit der SPD in einer Großen Koalition teilen, womit den radikalen Reformplänen von Leipzig von vornherein ein Riegel vorgeschoben war. Merkel nahm dies zum Anlass für eine programmatische Kurskorrektur, die die CDU wieder stärker auf die Tradition einer Sozialstaatspartei zurückführte. Indem man sich den Positionen der SPD annäherte und diese zum Teil übernahm, sollten der Konkurrenz die Angriffsflächen genommen werden. Gemessen am schwachen Ergebnis der SPD war diese Strategie bei der Bundestagswahl 2009 erfolgreich, doch führte sie zugleich zu einer starken Abwanderung von Unionswählern in Richtung FDP. Die anschließende Koalition mit den Liberalen stand deshalb unter einem schlechten Stern. Weil die Union sich weigerte, der FDP bei deren Kernforderung nach Steuersenkungen entgegenzukommen, trug sie selbst zum Absturz des vorgeblichen Wunschpartners mit bei. Gleichzeitig verfügte sie jetzt aufgrund des gewachsenen Abstands zur SPD erneut über eine hegemoniale Stellung im Parteiensystem, die sie durch die koalitionspolitische Öffnung gegenüber den Grünen zusätzlich absicherte.

Auch unter Merkels Kanzlerschaft trat die CDU als Partei hinter das Regierungshandeln zurück und richtete sich zunehmend auf die Person der Regierungschefin aus (Resing 2013). Da mögliche Rivalen im Zuge von Wahlniederlagen und selbstverschuldeten Skandalen reihum ausschieden oder von Merkel entmachtet wurden, stand diese innerparteilich schon vor dem Wahlsieg 2009 unangefochten da. Merkels Aufstieg zur wichtigsten Staatenlenkerin Europas im Zuge der Finanz-, Euro- und Ukraine-Krisen, ihr als ausgleichend empfundener, „präsidialer" Regierungsstil und die günstige wirtschaftliche Entwicklung in Deutschland sicherten der Kanzlerin kontinuierlich hohe Beliebtheitswerte. Zugleich sorgten sie dafür, dass der pragmatische, von manchen als „beliebig" betrachtete Regierungskurs, der – von der Atomenergie über das dreigliedrige Schulsystem bis hin zum vormals abgelehnten Mindestlohn – vermeintlich festgeklopfte Positionen räumte, von der CDU weitgehend widerstandslos mitgetragen wurde. Folgenlos blieb die ideologische Entkernung allerdings nicht, wie der Ausgang der Bundestagswahl 2013 gezeigt hat. Diese bescherte der Union dank des Merkel-Bonus einerseits zwar das beste Ergebnis seit Kohls Niederlage im Jahre 1998, andererseits brachte sie mit der Alternative für Deutschland einen neuen Konkurrenten hervor, der die Integrationsfähigkeit der CDU/CSU nach rechts in Frage stellte.

Das dramatische Anschwellen der durch die Bürgerkriege im Nahen Osten ausgelösten Flüchtlingswelle seit Mitte 2015 forderte Merkels Führungsanspruch zum ersten Mal ernsthaft heraus. Die Weigerung der Kanzlerin, den Zustrom durch eine nationale Grenzschließung einzudämmen, stieß auf Widerstand seitens der Schwesterpartei CSU und in den eigenen Reihen. Eine offene Revolte blieb zwar aus, doch haben ihre Landtagswahlniederlagen in Baden-Württemberg und Rheinland-Pfalz (März 2016) sowie das Erstarken der AfD die Perspektiven der CDU für das Bundestagswahljahr 2017 seither spürbar eingetrübt.

### b) Wahlergebnisse und Wählerschaft

Aus den 26 nationalen Wahlen seit 1949 (18 Bundestags- und 8 Europawahlen) ist die CDU/CSU 23 Mal als stärkste Partei hervorgegangen. Nur zweimal (1972 und 1998) fiel sie bei einer Bundestagswahl hinter die SPD, 2002 lagen beide Volksparteien gleichauf. Bei den Bundestagswahlen 2009 und 2013 gelang es der Union, die SPD klar zu distanzieren. Damit knüpfte sie an ihre Vormachtstellung in den fünfziger und achtziger Jahren an. Auf der Landesebene ist das Bild gemischter: Bedingt durch den Zwischenwahleffekt, nach dem die Parteien, die auf Bundesebene die Regierung stellen, bei Landtagswahlen häufig mit einem Rückgang ihrer Stimmen zu kämpfen haben, musste die CDU bei den zurückliegenden Wahlen hier zum Teil kräftige Stimmenverluste hinnehmen, sodass sie 2016 in nur noch 5 von 16 Bundesländern den Ministerpräsidenten stellte. Besonders schmerzlich geriet der

Verlust ihres Stammlandes Baden-Württemberg im Jahre 2011, das sie zuvor fast sechs Jahrzehnte ununterbrochen regiert hatte; 2016 fiel die CDU an Stimmen hier sogar hinter die Grünen zurück. Von den 15 größten deutschen Städten wurde Ende 2015 nur eine (Essen) von einem CDU-Oberbürgermeister angeführt.

Betrachtet man das Wahlverhalten nach sozialen Gruppen, so fällt zunächst der überdurchschnittliche Zuspruch zur CDU/CSU in der Gruppe der älteren (über 60-jährigen) Wähler ins Auge. Dieser hat sich zwar seit den neunziger Jahren abgeschwächt, doch wird das durch die wachsende zahlenmäßige Stärke der Über 60-Jährigen aufgewogen. Umgekehrt verhält es sich bei der Kirchenbindung. Mit Stimmenanteilen von bis zu 70 Prozent bilden die praktizierenden Christen bis heute die treueste Wählergruppe der Union, was der Partei aber wenig nutzt, weil diese Gruppe stark geschrumpft ist und nur noch gut 5 Prozent der Gesamtbevölkerung ausmacht. Fragt man nach der Konfessionszugehörigkeit, lässt sich nach wie vor eine Spanne zwischen katholischen und protestantischen Unionswählern ausmachen, allerdings mit abnehmender Tendenz (Walter / Werwath / D'Antonio 2014: 174 ff.). Am schwächsten schneidet die Union bei den konfessionslosen Wählern ab. Hier lag ihr Stimmenteil 2013 um mehr als 10 Prozentpunkte unter dem Gesamtergebnis.

Eine interessante Entwicklung zeigt das Stimmverhalten der Geschlechter. Bis in die neunziger Jahre hinein war der weibliche Anteil unter den Unionswählern stets höher als der männliche, was unter anderem mit der stärkeren Religiosität der Frauen erklärt wird. 2002 kehrte sich das Verhältnis erstmals um, weil vor allem jüngere Frauen wegen der als rückständig empfundenen Positionen in der Familien- und Geschlechterpolitik CDU und CSU ihre Unterstützung versagten. Dass die Partei diesen Kompetenzverlust wettmachen konnte und bei den Frauen 2009 und 2013 wieder deutlich vorne lag, verdankt sie in erster Linie ihren weiblichen Zugpferden Angela Merkel und Ursula von der Leyen. Auch die im Wahlkampf 2013 versprochene Aufstockung der Mütterrente dürfte sich auf die Unterstützungsbereitschaft der weiblichen Wähler positiv ausgewirkt haben.

Bei den Berufsgruppen kann sich die Union allein auf die Loyalität der zahlenmäßig kleinen Gruppe der Landwirte sicher verlassen, die sie bei den vergangenen Bundestagswahlen mit Stimmenanteilen von zumeist über 60 Prozent unterstützten. Auch bei den Selbständigen schneiden die Christdemokraten überdurchschnittlich ab, allerdings rivalisieren sie hier – wie ein Vergleich der Wahlergebnisse 2009 und 2013 zeigt – stark mit der bürgerlichen Konkurrenzpartei FDP. Rentner und Beamte sind in der Wählerschaft leicht über-, die Angestellten leicht unterrepräsentiert. Letzteres gilt seit den achtziger Jahren auch für die Arbeiter, was den Charakter der CDU/CSU als einer schichtübergreifenden Volkspartei unterstreicht. Größere Einbrüche in dieser Gruppe hatte die Union seit der Wiedervereinigung nur bei den Bundestagswahlen 1994 und 1998 zu verzeichnen. 2009 und 2013 lag sie bei den Arbeitern in absoluten Zahlen sogar vor der SPD. Betrachtet man das Bildungsniveau, haben die mittleren oder niedrigeren Abschlüsse in der Unionswählerschaft ein leichtes Übergewicht, während die Hochschulabsolventen unterdurchschnittlich vertreten sind (Daten der Forschungsgruppe Wahlen).

### c) Programmatik

Die CDU hat sich nie im selben Maße als Programmpartei verstanden wie die SPD. Dies lag und liegt zunächst in ihrem pragmatischen, auf den Gewinn und Erhalt der Regierungsmacht ausgerichteten Politikverständnis und den tatsächlichen Erfolgen ihrer Regierungspolitik begründet, die sich mit einer zu starren ideologischen Bindung schlecht verträgt. Es hat aber auch mit dem weiten Spannungsbogen zu tun, den die Union von Beginn an schlagen musste, um die divergierenden Interessen und Werthaltungen der von ihr angesprochenen Wähler zu überbrücken. Intensivere programmatische Debatten und Neupositionierungen kennzeichnen vor allem die beiden Oppositionsphasen, denen jeweils schmerzliche Wahlniederlagen vorausgingen. Zumindest in der letzten Phase hat sich der Reformkurs aber nahtlos in die Regierungszeit hinein verlängert, wo die CDU ab 2005 insbesondere ihre gesellschafts-

und familienpolitischen Positionen an die veränderte Lebenswirklichkeit anpasste.

Ideologisch-weltanschaulich speist sich die CDU aus drei Wurzeln: einer liberalen, einer konservativen und einer sozial-katholischen. Um ihrem Anspruch einer überkonfessionellen Sammlungsbewegung gerecht zu werden, die das christlich-soziale und protestantisch-bürgerliche Lager zu einem breiten Wählerbündnis zusammenführt, musste sie diese gleichermaßen pflegen und programmatisch in die richtige Balance bringen. Der Bezug auf die christlichen Werte, das „hohe C", erwies sich dabei als nützliche Klammer, die an alle drei Elemente anschlussfähig war und zugleich eine klare Abgrenzung zur „anti-christlichen" Sozialdemokratie ermöglichte.

Das konservative Element bestimmte vor allem die Gesellschafts- und Familienpolitik, wo die CDU an traditionellen Geschlechterrollen und einer ständisch-hierarchischen Organisation der Gesellschaft festhielt. Niederschlag fand dies unter anderem in der Förderung der Hausfrauenehe durch das Steuerrecht, dem dreigliedrigen Schulsystem und der zögerlichen Haltung gegenüber einer Liberalisierung des Strafrechts (etwa bei der Strafbarkeit der Abtreibung und des Ehebruchs). Modernität bewiesen die Christdemokraten dagegen in der Wirtschaftspolitik. Das von ihnen vertretene Konzept einer Sozialen Marktwirtschaft stellte eine gelungene Synthese von liberaler Ordnungspolitik und Sozialstaatlichkeit dar. Bis heute hält sich in der öffentlichen Wahrnehmung das Missverständnis, wonach der Sozialstaat in Deutschland eine Erfindung Bismarcks und damit der Konservativen gewesen sei. Tatsächlich gingen jedoch dessen tragende Prinzipien – die Selbstverwaltung und Beitragsfinanzierung – auf den Einfluss der katholischen Zentrumspolitiker zurück (Walter / Werwarth / D'Antonio 2014: 50 f.). Indem Adenauer an diese Tradition anknüpfte (vor allem durch die große Rentenreform 1957), stellte er sich in Gegensatz zu Erhard, der das soziale Element der Marktwirtschaft in erster Linie mit einem funktionierenden Wettbewerb verband. Auch spätere Weiterentwicklungen des Sozialstaats wie die Anerkennung von Erziehungszeiten bei der Rente oder die Einführung einer Pflegeversicherung wurden unter christdemokratischer Regierungsverantwortung vorgenommen.

Weitergehende Vorstellungen eines christlichen Sozialismus, wie sie die CDU der Britischen Zone 1947 noch in ihrem ersten, Ahlener Programm vertreten hatte, waren in der Partei nur für kurze Zeit mehrheitsfähig (Bösch 2002: 17 ff.). Adenauer verfolgte mit ihnen primär taktische Ziele, um die Stimmen der Arbeiter zu gewinnen und den sozialkatholischen Flügel der Partei in die von Erhard entwickelte, auch von ihm selbst favorisierte marktwirtschaftliche Linie einzubinden (Düsseldorfer Leitsätze 1949). Sozial-katholische, liberale und konservative Vorstellungen trafen sich im Subsidiaritätsgedanken, der in seiner konkreten Handhabung freilich für unterschiedliche Interpretationen offen blieb. Die Wirtschafts-, Sozial- und Gesellschaftspolitik der CDU stellt sich deshalb bis heute als Ringen der unterschiedlichen Kräfte und Strömungen der Partei dar, das die Herausbildung einer klar umrissenen programmatischen Identität erschwert.

Im 1978 verabschiedeten ersten Grundsatzprogramm bezeichnete die CDU „Freiheit, Solidarität und Gerechtigkeit" als ihre zentralen Grundwerte. Für deren Herleitung nahm sie ausdrücklich auf das christliche Menschenbild Bezug. Daran sollte sich bei den nachfolgenden Programmen nichts ändern. Das Abschmelzen der katholischen Milieubindung und die fortschreitende gesellschaftliche Säkularisierung führten dazu, dass die Hinweise auf das christliche Wertefundament sogar noch zunahmen, auch wenn dieses sich in der tatsächlichen Politik immer weniger niederschlug (Zolleis / Schmid 2013: 428 f.). Jenseits und unterhalb der Grundwerte kam es in der Programmatik allerdings zu teilweise deutlichen Verschiebungen. Hatte das erste Grundsatzprogramm 1978 durch die Betonung der Chancengerechtigkeit und Verweise auf die sogenannte „Neue Soziale Frage" eher soziale Akzente gesetzt, so traten im 1994 verabschiedeten Grundsatzprogramm „Freiheit in Verantwortung" liberale und ökologische Aspekte stärker in den Vordergrund. Auch beim Familienbild zeichnete sich durch die Anerkennung nichtehelicher Partnerschaften und alleinerziehender

Eltern eine Korrektur ab, die den späteren Modernisierungskurs unter Merkel vorwegnahm.

Das aktuelle Grundsatzprogramm, das unter dem Titel „Freiheit und Sicherheit" 2007 verabschiedet wurde, schlägt an verschiedenen Stellen bewusst konservative Pflöcke ein (Festhalten am Ehegattensplitting, kein Adoptionsrecht für gleichgeschlechtliche Paare, Ausschluss eines EU-Beitritts der Türkei etc.). Dabei handelt es sich aber primär um Zugeständnisse an die Kritiker einer inzwischen weit fortgeschrittenen gesellschafts- und familienpolitischen Liberalisierung, durch die die Programmatik der CDU den letzten 15 Jahren nachhaltiger verändert worden ist als in der Ära Adenauers oder Kohls. Symptomatisch dafür stehen etwa die Einführung des Elterngelds oder die Forderung nach einer gesetzlich vorgeschriebenen Frauenquote in Unternehmen. Die CDU hat sich dadurch auch in kultureller Hinsicht in die Mitte der Gesellschaft und des Parteiensystems hineinbewegt (Lau 2009).

Das Selbstverständnis der CDU als „natürliche" Regierungspartei bedingt eine starke Bindung der programmatischen Entwicklung an das Regierungshandeln. So wurden mit der Abschaffung der Wehrpflicht, dem Ausstieg aus der Kernenergie und der Infragestellung der Hauptschule als Teil des dreigliedrigen Schulsystems seit 2005 bedeutende Kurskorrekturen ohne vorausgehenden innerparteilichen Diskussionsprozess aus der Regierungsverantwortung heraus vorgenommen. Damit sind nicht nur die politikinhaltlichen Differenzen mit den Sozialdemokraten geringer geworden, sondern auch die mit den Grünen.

Deutlicher ausgeprägt bleibt das eigene Profil in der Wirtschafts- und Finanzpolitik, wo die CDU dem Schuldenabbau klare Priorität einräumt. Steuererhöhungen werden in der derzeitigen Situation abgelehnt, um das Wachstum nicht zu gefährden. Im europäischen Rahmen plädieren die Christdemokraten trotz der damit verbundenen Härten für eine Fortsetzung des strikten Sparkurses in den Krisenländern. In der Tarif- und Arbeitsmarktpolitik wenden sie sich gegen eine zu starke Regulierung der Unternehmen und waren deshalb nur widerstrebend bereit, der von der SPD verlangten Einführung eines gesetzlichen Mindestlohns in der Großen Koalition zuzustimmen.

Auch in der Innen- und Rechtspolitik bestehen erkennbare Unterschiede zur politischen Konkurrenz. So sieht die CDU bei der Kriminalitätsbekämpfung und Terrorismusabwehr weitere Überwachungsmaßnahmen (etwa die Einführung einer Vorratsdatenspeicherung) als geboten und rechtlich vertretbar an. Die von der Wirtschaft gewünschten Investitionsschutzklauseln in den Freihandelsabkommen mit den USA und Kanada hält sie für unbedenklich. Bei der Bewältigung der Flüchtlingsströme setzt die CDU nach der von ihr anfänglich propagierten „Willkommenskultur" inzwischen wieder mehr auf Abschreckung. Der Schaffung neuer legaler Zuwanderungsmöglichkeiten steht sie skeptisch gegenüber, um die Aufnahmebereitschaft der deutschen Mehrheitsgesellschaft nicht zu überfordern. Eine doppelte Staatsbürgerschaft soll nur in Ausnahmefällen möglich sein.

### d) Organisation

So wie das katholische Zentrum verstand sich die CDU von Anfang an als „Volkspartei", die die Angehörigen unterschiedlicher sozialer und Berufsgruppen unter einem gemeinsamen christlichen Dach versammeln wollte. Mit der konfessionellen Öffnung wurde dieser Anspruch auf den nicht-katholischen Teil des Bürgertums ausgeweitet. Dabei kamen der CDU mehrere Umstände zugute: Erstens hatte sie durch ihre Regierungsmacht die Möglichkeit, die grundlegenden Weichenstellungen der neugegründeten Bundesrepublik vorzunehmen. Zweitens konnte sie auf ein noch weithin intaktes Vorfeld aus Vereinen und Verbänden des konservativ-katholischen Milieus zurückgreifen, das eine erfolgreiche Wähleransprache auch ohne ausgebaute Parteiorganisation garantierte. Und drittens profitierte sie von der Auflösung der einstmals starren Milieugrenzen im christlich-konservativen Lager, dessen Zusammenwachsen nicht zuletzt durch den gemeinsam geteilten Antisozialismus erleichtert wurde (Walter / Werwarth / D'Antonio 2014: 21 ff.).

Als Milieupartei, die zugleich an den Hebeln der Regierung saß, finanzierte sich die CDU in hohem Maße aus Unternehmensspenden (Bösch 2001: 195 ff.). Um die vom Grundgesetz geforderte Offenlegungspflicht zu umgehen, gelang es ihr, die gesetzliche Regelung der Parteienfinanzierung bis zum Jahre 1967 zu verschleppen. Die unter Adenauer eingeführte Praxis, die Herkunft der steuerbegünstigten Spenden durch eigens dafür eingerichtete Förderungsgesellschaft zu verschleiern, wurde auch nach der Verbreiterung der staatlichen Finanzierungsquellen fortgeführt. Ihre Spätfolgen zeigten sich bei der Spendenaffäre im Jahre 1999/2000, die einen dunklen Schatten auf die Ära Helmut Kohls als Parteivorsitzender warf und die CDU kurzzeitig in eine tiefe Krise stürzte.

Mit dem Abschmelzen der christlichen Milieus begannen die natürlichen Machtressourcen der CDU ab den sechziger Jahren allmählich zu versiegen. Nachdem sie die Bundestagswahlen 1969 und 1972 verloren hatte, reagierte die Partei auf diese gesellschaftlichen Veränderungen mit einer nachholenden Modernisierung ihrer Organisation. Dies schlug sich einerseits im Ausbau des Parteiapparats, andererseits in einem rasanten Anstieg der Mitgliederzahl nieder (von 300.000 Mitglieder ausgangs der Adenauer-Ära bis auf 730.000 Mitglieder nach Kohls Übernahme der Kanzlerschaft im Jahre 1982). Damit einher ging eine Öffnung und Demokratisierung der innerparteilichen Willensbildungsprozesse, die auch in der nachfolgenden Regierungszeit für ein gewisses Gegengewicht zu der ansonsten dominanten Führung der Partei aus dem Kanzleramt heraus sorgte.

Straffe Führung und einheitliches Handeln verbinden sich in der CDU mit einem stark föderativ geprägten und pluralistischen Aufbau der Organisation. Das erstgenannte lässt sich an der hohen Konstanz der Führungsspitze ablesen. In 56 von 65 Jahren ihrer Geschichte wurde die Partei von nur drei Vorsitzenden geführt – Adenauer, Kohl und Merkel. Parteivorsitz und Kanzleramt (beziehungsweise in Oppositionszeiten: der Fraktionsvorsitz) lagen dabei gewöhnlich in einer Hand. 1967 wurde zur Entlastung des Vorsitzenden das Amt des Generalsekretärs eingerichtet. Als eigentliches Führungsgremium der Partei fungiert das 17-köpfige Präsidium, das alle zwei Wochen zusammentritt und die wichtigsten tagespolitischen Fragen und Grundsatzentscheidungen abstimmt. Ihm gehören qua Amt die obersten Funktionsträger in Regierung, Parlament, Partei und Fraktion, weitere 7 vom Parteitag gewählte Mitglieder sowie als kooptierte Mitglieder die von der CDU gestellten Ministerpräsidenten an. Der Bundesvorstand umfasst darüber hinaus weitere 26 gewählte Mitglieder. Er tagt seltener und dient in erster Linie dazu, die Beschlüsse des Präsidiums innerhalb der Partei abzusichern und zu legitimieren. Oberstes Organ ist der in der Regel jährlich zusammentretende Parteitag, der seit der Wiedervereinigung aus 1.001 Delegierten besteht. Ihm obliegen neben der Wahl der Führungsgremien auch die förmliche Beschlussfassung über das Parteiprogramm und die Satzung, deren Inhalte durch die Arbeit der ausführenden Organe allerdings weitgehend vorgegeben sind (Bösch 2013: 214).

Stärker als bei den anderen Parteien ist bei der CDU die föderale Prägung spürbar (Schmid 1990). Ihr sichtbarstes Zeichen ist der „Bund" mit der Schwesterpartei CSU, die als organisatorisch selbständige Partei den nicht vorhandenen CDU-Landesverband in Bayern ersetzt. Gemessen an den Ressourcen überwiegt das Gewicht der Landesverbände und nachgeordneten Gliederungen das der Bundesebene bei weitem. Auf die Bundesebene entfallen nur etwa gut 10 Prozent des hauptamtlichen Personals und 30 Prozent der Parteieinnahmen. Ein zentralistischer Durchgriff von oben ist in der CDU schon dadurch erschwert, dass die Kandidatenaufstellung zum Bundestag ganz in den Händen der Kreis- und Landesverbände liegt. Letztere zeichnen sich traditionell durch ein hohes Maß an Eigenständigkeit aus, das in unterschiedlichen programmatischen Profilen Niederschlag findet. Am größten ist der Einfluss der Landesparteien und Ministerpräsidenten in Oppositionszeiten. Befindet sich die CDU dagegen an der Regierung, tritt er – auch wegen der dann fast automatisch einsetzenden Rückschläge bei den Landtagswahlen – hinter der Macht des/der Parteivorsitzenden und Kanzlers/Kanzlerin zurück.

Auf der horizontalen Ebene weist die CDU eine Vielzahl von Vereinigungen, Sonderorganisationen und weiteren Gruppen auf, die die unterschiedlichen Interessen der Mitglieder und Wähler bündeln. Nach Berufsstand, sonstigen Sozialmerkmalen (Alter, Geschlecht, Religions-/ethnische Zugehörigkeit, sexuelle Orientierung) oder Politikbereichen gegliedert, tragen diese Gruppierungen zugleich dazu bei, die ideologischen Strömungen innerhalb der Partei zu kanalisieren (Dümig / Trefs / Zohlnhöfer 2006). Richtungspolitisch motivierte Vereinigungen wie der 2012 entstandene „Berliner Kreis“, der ein konservatives Gegengewicht zur gesellschaftspolitischen Modernisierung der Partei bilden soll, bleiben die Ausnahme. Der linke Parteiflügel organisiert sich traditionell in der Christlich-Demokratischen Arbeitnehmerschaft (CDA), der marktliberale Flügel in der Mittelstands- und Wirtschaftsvereinigung (MIT). Durch die Pluralisierung der ihnen vorgelagerten Verbändelandschaft haben beide Vereinigungen zuletzt an Bedeutung eingebüßt. Eine größere Rolle spielt die Junge Union (JU), die allein aufgrund ihrer Größe ein wichtiges innerparteiliches Karrieresprungbrett darstellt. Indem sie die Mitglieder der CSU mit einschließen, bilden die meisten Vereinigungen zugleich ein Scharnier zur Schwesterpartei (Bösch 2013: 214 f.).

Die ab 1983 rückläufige Mitgliederentwicklung wurde durch die Vereinigung mit der Ost-CDU kurzzeitig unterbrochen. Gegenüber dem Höchststand von 1990 (790.000) hat die CDU seither mehr als 40 Prozent ihrer Mitglieder verloren (Stand Ende 2015: 444.000). Zusammen mit der CSU liegt sie aber weiter deutlich vor der SPD (588.000 gegenüber 443.000). Der Mitgliederschwund rührt daher, dass die natürlichen Abgänge die Neumitglieder übersteigen. Dies schlägt sich zum einen in einer Überalterung der Mitglieder nieder, von denen mehr als die Hälfte heute über 60 Jahre alt sind; das Durchschnittsalter lag 2015 bei 60 Jahren. Zum anderen entfernt es die Mitgliederstruktur von der soziologischen Zusammensetzung der CDU-Wählerschaft. So hat sich z.B. der Anteil der Hochschulabsolventen und Gutverdienenden unter den Mitgliedern im Vergleich zum Bevölkerungsdurchschnitt seit 1990 stark erhöht. Der Frauenanteil bleibt mit knapp 28 Prozent weiterhin gering. Das auf dem Hannoveraner Parteitag 1996 gegen beträchtlichen Widerstand beschlossene „Quorum“, nach dem ein Drittel aller öffentlichen und Parteiämter mit Frauen zu besetzen sind, hat zwar bewirkt, dass dieser Wert inzwischen auch bei den Kreis-, Landes- und Bundesvorstände sowie Parteitagsdelegierten erreicht wird. In den eigentlichen Führungspositionen bleiben die CDU-Frauen aber nach wie vor unterrepräsentiert.

Deutliche Veränderungen sind unter Merkels Vorsitz und Kanzlerschaft im innerparteilichen Willensbildungs- und Entscheidungsprozess eingetreten. Die Bedeutung der formalen Gremien und des Delegiertensystems wurde an zwei Fronten zurückgedrängt. Zum einen richtete man vermehrt sogenannte „Regionalkonferenzen" ein, um die Parteibasis in den Kurs der Führung einzubinden (Resing 2013: 99 ff.). Diese Steuerung „von oben" korrespondiert mit Merkels Regierungsstil, der auf eine direkte Ansprache der Wähler mithilfe der Medien abzielt. Zum anderen wurde in den Landesverbänden öfter von der Möglichkeit Gebrauch gemacht, Personalentscheidungen (insbesondere über Spitzenkandidaturen) mittels Urwahl zu treffen. Im Dezember 2015 hat der Parteitag ein von Generalsekretär Peter Tauber (seit 2013) entwickeltes Konzept für eine Parteireform beschlossen, das eine Stärkung der Mitgliederrechte auch in der Bundespartei vorsieht. Dies organisatorisch in Einklang mit den Steuerungs- und Kontrollbedürfnissen der Parteieliten zu bringen, verlangt eine schwierige Gratwanderung.

## 2. Christlich-Soziale Union in Bayern (CSU)

### a) Etappen der Parteigeschichte

Der Gründung der CSU in Bayern am 8. Januar 1946 lag der gleiche Gedanke einer Zusammenführung der bürgerlichen Kräfte zugrunde wie den Unionsgründungen in den übrigen deutschen Ländern. Zur Überwindung der konfessionellen Spaltung gesellten sich dabei als Herausforderungen einerseits die Integration der Bauernschaft, um deren Gunst zur Zeit der Weimarer Republik neben der Bayerischen Volkspartei auch der Bayerische Bauernbund rivalisiert hatte. Andererseits konkurrierte man mit dem Bund der

Heimatvertriebenen und Entrechteten (BHE), der FDP und den Sozialdemokraten um die Stimmen der – in Bayern überwiegend sudetendeutschen – Flüchtlinge (Hopp 2012: 76 f.).

Der Weg zu einer breiten Sammlungspartei gestaltete sich schwierig, da es innerhalb der Partei zunächst noch starke Kräfte gab, die die CSU in derselben altbayerisch-katholischen und bayerisch-vaterländischen Tradition sahen wie die Bayerische Volkspartei der Weimarer Republik (Mintzel 1975: 83 ff.). Der Konflikt entzündete sich vor allem an der Frage des Umgangs mit der im Oktober 1946 gegründeten Bayernpartei, die an diese Linie gezielt anknüpfte. Während die Befürworter einer konfessionellen Öffnung und Abkehr vom bayerischen Partikularismus um Josef Müller eine strikte Abgrenzung von der Bayernpartei empfahlen, traten die Traditionalisten um Alois Hundhammer und Fritz Schäffer ebenso leidenschaftlich für eine Zusammenarbeit ein. Wie stark die neue Konkurrenz war, zeigt ein Vergleich der ersten und zweiten bayerischen Landtagswahl. Konnte die CSU die Stimmen im christlich-bürgerlichen Lager 1946 fast geschlossen auf sich vereinigen und über die Hälfte der Wählerstimmen verbuchen (52,3 Prozent), so fiel sie vier Jahre später, als die Bayernpartei (17,9 Prozent) und die Vertriebenenpartei BHE (12,3 Prozent) erstmals antraten, auf die Hälfte dieses Werts zurück (27,4 Prozent).

Dass die Modernisierer letztlich die Oberhand behielten und die CSU den bayerischen „Bruderkampf“ für sich entscheiden konnte, lag im Wesentlichen an zwei Gründen. Zum einen hatte die Gründung der Bundesrepublik den radikal-föderalistischen Kräften den Boden entzogen, was dem Modell einer selbständigen Landespartei innerhalb des Unionsverbundes ebenso in die Hände arbeitete wie der sich abzeichnende wirtschaftliche Aufschwung in Deutschland. Zum anderen setzte die CSU alles daran, den Konkurrenten von der Macht fernzuhalten. Die von Konrad Adenauer ursprünglich beabsichtigte Aufnahme der Bayernpartei in die Bundesregierung scheiterte 1949 am Einspruch von Franz Josef Strauß, der als Landesgeschäftsführer damals die Funktion eines informellen Generalsekretärs und Parteisprechers ausübte. Und nach der Landtagswahl 1950 entschieden sich die Christsozialen, in Bayern mit der SPD zu koalieren – auch um eine weitere Aufwertung der Bayernpartei zu verhindern.

Der Aufstieg der CSU zur bayerischen Hegemonialpartei vollzog sich nicht bruchlos. Einen herben Rückschlag musste die Partei 1954 verkraften, als die Bildung einer Koalition mit der FDP und dem GB/BHE ausgerechnet an einem religionspolitischen Thema scheiterte – ihrem Festhalten an der konfessionellen Lehrerausbildung (Strauß 1989: 530 ff.). Die Niederlage führte zu einer Stärkung des Modernisierungsflügels unter dem neuen Vorsitzenden Hanns Seidel, der den Wandel der CSU von einer Honoratioren- zu einer modernen Massenpartei einleitete und sie nach dem Sturz der Viererkoalition aus SPD, FDP, GB/BHE und Bayernpartei 1957 an die Regierung zurückführte. Bis zur Landtagswahl 1962 bildete sie eine Koalition mit der FDP und dem GB/BHE. 1962 erreichte die CSU zwar erstmals die absolute Mehrheit, bei der Regierungsbildung nahm sie aber die inzwischen deutlich geschrumpfte Bayernpartei dennoch mit ins Boot. Von 1966 bis 2008 sollte sie Bayern dann ununterbrochen alleine regieren.

Die – auch im Vergleich zu anderen Landesverbänden – ungewöhnliche Dominanz lässt sich auf drei miteinander verbundene Faktoren zurückführen. Erstens waren die Christsozialen durch die Konkurrenz der Bayernpartei in stärkerem Maße als die CDU-Landesverbände gezwungen, organisatorische Strukturen aufzubauen, um die Wähler dauerhaft an sich zu binden. Zweitens profitierten sie als Landespartei von ihrer Regierungsbeteiligung auf Bundesebene, wo insbesondere Strauß die von ihm übernommenen Ministerien für Atomfragen (1955/1956) und Verteidigung (1956 bis 1962) nutzte, um die Entwicklung Bayerns zu einem modernen Industrie- und Technologiestandort zu forcieren. Diese Weichenstellungen haben dem Freistaat bis heute einen strukturellen Wettbewerbsvorteil gegenüber anderen Regionen in der Bundesrepublik verschafft. Drittens wurde der bundespolitische Einfluss der CSU durch die personelle Konstellation begünstigt. Strauß, der seit 1961 Parteivorsitzender war, hätte noch vor seinem von der Spiegel-Affäre erzwungenen Rücktritt als Verteidigungsminister 1962 das Amt des Bayerischen Ministerpräsidenten übernehmen können. Er zog es aber auf Drängen der Landesgruppe vor, in Bonn weiterhin die bundespolitische Linie der CSU zu bestimmen, während sich der neue Regierungschef Alfons Goppel im Gegenzug ganz auf die Rolle des Landesvaters beschränkte. Die Rollenteilung gestaltete sich weitgehend konfliktfrei und trug dazu bei, der Wählerschaft das Bild einer geschlossen auftretenden, im Land wie im Bund durchsetzungsstarken Partei zu vermitteln.

Nach dem Wechsel zur sozial-liberalen Koalition in Bonn 1969 musste die CSU ihre bundespolitische Rolle als Vertreterin der bayerischen Interessen erstmals aus der Opposition heraus wahrnehmen. Dies schadete ihrem Wählerzuspruch nicht, brachte sie aber in heftige Auseinandersetzungen mit der Schwesterpartei CDU. Während Strauß gegenüber beiden Regierungsparteien einen harten Konfrontationskurs einschlagen wollte, um die Rückkehr zur Macht zu erreichen, setzten die CDU-Vorsitzenden Rainer Barzel und – ab 1973 – Helmut Kohl auf eine kooperativere Linie, die ein unbedingtes Scheitern der Regierung ausschloss und die FDP als möglichen Koalitionspartner schonte. Die Auseinandersetzung zwischen den Unionsparteien mündete in die Aufkündigung der Fraktionsgemeinschaft durch die CSU nach der Bundestagswahl 1976, bei der CDU und CSU nur äußerst knapp unterlegen waren und die CSU ihr bis dahin bestes Zweitstimmenergebnis erzielt hatte. Der Beschluss wurde von Strauß allerdings zurückgenommen, nachdem sich in der Partei Widerstand regte und Kohl keinen Zweifel daran ließ, dass die CDU eine Bundesausdehnung ihrer Schwester mit der Gründung eines eigenen Landesverbandes in Bayern beantworten würde (Jäger 2009).

1978 nutzte Strauß die Gelegenheit, um nach dem – nicht ganz freiwilligen – Ausscheiden Alfons Goppels in das Amt des Bayerischen Ministerpräsidenten zu wechseln. Da Kohl als Oppositionsführer in Bonn wenig Fortune zeigte, gelang es ihm überdies, seinen Anspruch auf die Kanzlerkandidatur 1980 innerhalb der Union durchzusetzen. In der Wahl selber hatte er gegen Amtsinhaber Helmut Schmidt keine Chance. Kohls Kalkül, den Machwechsel mithilfe der FDP noch während der folgenden Legislaturperiode zu schaffen, ging 1982 auf. Damit musste Strauß auch seine Ambitionen auf das Amt des Außenministers begraben, das bei der FDP und Hans-Dietrich Genscher verblieb. Strauß' offen artikulierter Unzufriedenheit mit der gemeinsamen Regierung wirkte der neue Kanzler geschickt entgegen, indem er den CSU-Chef 1983 bei der Vermittlung eines Milliardenkredits an die DDR unterstützte (Siebenmorgen 2015: 627 ff.). Diese Volte des notorischen Entspannungskritikers löste in Teilen der CSU Empörung aus und war der Anlass für die Abspaltung einer neuen rechtskonservativen Partei, der „Republikaner".

Nach Strauß' Tod 1988 wurden die Ämter des Ministerpräsidenten und Parteivorsitzenden wieder in verschiedene Hände gelegt. Bayerns Finanzminister Max Streibl zog in die Staatskanzlei ein, der Vorsitzende der CSU-Landesgruppe im Bundestag Theo Waigel übernahm den Parteivorsitz. Der Führungswechsel fiel in eine Umbruchsphase des Parteiensystems. 1989 erzielten die Republikaner ihre ersten spektakulären Wahlerfolge. Gleichzeitig konfrontierte die sich anbahnende deutsche Einheit die CSU mit der Perspektive eines dauerhaften bundespolitischen Bedeutungsverlustes. Die Partei versuchte dem mit einer Strategie für die neuen Länder zu begegnen (Kießling 2004: 170 ff.). Anfängliche Überlegungen, die CSU zumindest auf den Süden der DDR auszudehnen, wurden wegen des absehbaren Widerstands der CDU bald aufgegeben. Stattdessen setzte man auf die Gründung einer eigenständigen Ost-CSU. Diese ging als Deutsche Soziale Union (DSU) Anfang 1990 an den Start, konnte die in sie gesetzten Hoffnungen aber nicht erfüllen.

Max Streibl, der als Ministerpräsident an den landesväterlichen Stil Alfons Goppels anknüpfen wollte, geriet wegen seiner Amtsführung frühzeitig in die Kritik. Sein Rücktritt im Zuge der „Amigo-Affäre" warf ein Licht auf die Verquickungen öffentlicher und privater Interessen in der CSU-Politik, die zum Erbe der Ära Strauß gehörten und eine unschöne Begleiterscheinung ihrer ununterbrochenen Regierungsmacht darstellten. In der Streibl-Nachfolge setzte sich Bayerns Innenminister Edmund Stoiber 1993 gegen Waigel durch, der als Parteivorsitzender und Bundesfinanzminister der natürliche Anwärter für das Amt gewesen wäre. Da Waigel

Kohls Regierungspolitik loyal mittrug, herrschten zwischen ihm und Stoiber häufig Spannungen. Die größten Meinungsverschiedenheiten bestanden bei der Einführung des Euro, die Stoiber als übereilt ablehnte. Nach der klaren Niederlage der Union in der Bundestagswahl 1998, für die viele in der CSU auch Waigel verantwortlich machten, gelang es Stoiber, diesen von der Parteispitze zu verdrängen.

In den folgenden Jahren baute Bayern seine wirtschaftliche Vorrangstellung in der Bundesrepublik weiter aus. Stoibers Kanzlerkandidatur bei der Bundestagswahl 2002, die die Union gegen die rot-grüne Regierung unter Kanzler Gerhard Schröder nur knapp verlor, und die Zweidrittelmehrheit der CSU bei der Landtagswahl 2003 markierten die Höhepunkte seiner 14-jährigen Amtszeit als Ministerpräsident. Danach begann ein rasanter und weitgehend selbstverschuldeter Abstieg. Stoibers als zunehmend abgehoben wahrgenommener Führungsstil, seine kurzfristig rückgängig gemachte Ankündigung, 2005 als Minister in die Bundesregierung wechseln zu wollen, und die Bespitzelungsaffäre um die Fürther Landrätin Gabriele Pauli ließen den Rückhalt für den Vorsitzenden schwinden. Stoiber wollte allerdings nicht freiwillig weichen, sondern musste vom neuen Führungsduo Günther Beckstein und Erwin Huber zum Rücktritt „bewegt" werden (Oberreuter 2008).

Der Absturz bei der Landtagswahl 2008 kostete die CSU die absolute Mehrheit und zwang sie zum ersten Mal seit 1966, eine Koalition einzugehen – mit der FDP. Gleichzeitig beendete er die „Ära" des Ministerpräsidenten Beckstein und Parteivorsitzenden Huber nach nur einem Jahr. Nachfolger in beiden Ämtern wurde Horst Seehofer, der Huber bei der Wahl zum Parteivorsitzenden im Jahr zuvor noch unterlegen war. Er führte die CSU bei der Landtagswahl 2013 zur absoluten Mehrheit zurück. Seehofers Führungsstil wird als erratisch und bisweilen populistisch beschrieben. Der bundespolitische Einfluss der Partei ist unter seinem Vorsitz weiter gesunken und bleibt geringer als unter Strauß oder Stoiber, was das gelegentlich obstruktive Auftreten der Partei in der Bundesregierung und gegenüber der CDU erklärt.

Einen vorläufigen Höhepunkt erreichte dieses Agieren in der Flüchtlingskrise, wo die Forderung der CSU nach „nationalen Maßnahmen“ zu einem Zerwürfnis mit Kanzlerin Merkel und einem Großteil der CDU führte. Seehofer nutzte den Streit auch dazu, seine Autorität innerhalb der CSU wiederherzustellen, die er durch die Ankündigung, 2018 nicht mehr als Ministerpräsident antreten zu wollen, ohne Not untergraben hatte. Der Amtsinhaber macht keinen Hehl daraus, dass er Markus Söder, der sich als bayerischer Finanzminister und früherer Generalsekretär der Partei die beste Ausgangsposition im Rennen um die Nachfolge gesichert hat, als künftigen CSU-Vorsitzenden und Ministerpräsidenten gerne verhindern würde.

b) Wahlergebnisse und Wählerschaft

Weil sie bei Wahlen nur in Bayern antritt und ihr politisch-programmatisches Selbstverständnis mit dem Freistaat eng verknüpft ist, handelt es sich bei der CSU aus elektoraler Sicht um eine (bayerische) Regionalpartei. Gleichzeitig kann sie in Bayern als einzige Partei den Charakter einer Volkspartei für sich beanspruchen. Ihre hegemoniale Stellung beruht darauf, dass sie nach der Verdrängung der Bayernpartei und dem Niedergang des GB/BHE auch Teile der liberalen und sozialdemokratischen Wählerschichten vereinnahmt hat. Während die bayerische FDP nur noch über ein geringes Stammwählerpotenzial verfügt und ihr Abschneiden deshalb stark vom Bundestrend abhängt, ist die SPD in Bayern inzwischen auf das Niveau einer 20-Prozent-Partei zurückgefallen; selbst 2008, als die CSU einen Rekordverlust von 17,3 Prozentpunkten gegenüber 2003 zu verkraften hatte, betrug ihr Vorsprung vor der SPD als zweitstärkster Kraft 24,8 Prozentpunkte.

Durch ihre Stärke in Bayern trägt die CSU in erheblichem Maße zum Gesamtergebnis der Union bei den Bundestags- und Europawahlen bei. Ihr Anteil an den Gesamtstimmen von CDU und CSU bewegte sich auch nach der deutschen Einheit im Bereich von etwa 20 Prozent. Am höchsten lag er 1980 und 2002, als die CSU den Kanzlerkandidaten stellte (23,1 beziehungsweise 23,4 Prozent), am niedrigsten bei der ersten gesamtdeutschen Wahl 1990 (16,2 Prozent). Erreichte die CSU in den fünfziger und sechziger Jahren im Bund durchweg bessere Ergebnisse als im Land, so kehrte sich dieser Trend seit den siebziger Jahren um. Am größten war der Abstand 1998, als sie bei der Bundestagswahl um 5,3 Prozentpunkte schlechter abschnitt als zwei Wochen zuvor bei der Landtagswahl (Hirscher 2012).

Dass die Wahlerfolge der CSU inzwischen deutlich labiler geworden sind, zeigt ein Vergleich der Landtags- und Bundestagswahlen 2013 mit den Kommunal- und Europawahlen im Frühjahr 2014, bei denen sie mit Werten um die 40 Prozent sogar noch hinter die schlechten Ergebnisse der Landtagswahl 2008 und Bundestagswahl 2009 zurückfiel. Dabei werden neben ihrer relativen Schwäche in den Städten vor allem die zunehmenden Mobilisierungsprobleme der CSU im ländlichen Raum gegen die aufstrebende Konkurrenz der Freien Wähler sichtbar. Gleichzeitig wird ihre Integrationsfähigkeit nach rechts durch die neu entstandene AfD herausgefordert.

Die geografischen Hochburgen der CSU liegen in den altbayerischen Bezirken, Schwaben sowie den katholisch geprägten Gebieten Frankens; in den protestantischen Gebieten Frankens bleibt sie eher schwach. Dass dieses Muster durchaus durchbrochen werden kann, hat die Landtagswahl 2008 gezeigt. Mit dem evangelischen Franken Günther Beckstein als Ministerpräsident schnitt die CSU hier außerhalb Altbayerns überdurchschnittlich gut ab, während ihr die Wähler im Kernbezirk Oberbayern scharenweise davonliefen. Daran wird deutlich, dass die regionalen Trennlinien in Bayern nach wie vor beträchtlichen Einfluss ausüben (Mintzel 1975: 58 ff.).

Hinsichtlich ihrer Sozialmerkmale sind die typischen CSU-Wähler älter als der Bevölkerungsdurchschnitt, weisen eine größere Nähe zur Kirche auf und leben häufiger auf dem Land (Sebaldt 2013: 226). Weibliche und männliche Wähler halten sich in etwa die Waage; allerdings ist der Unterschied zwischen den Altersgruppen bei den weiblichen Wählern noch stärker ausgeprägt als bei den Männern. Unter den Berufsgruppen ist das Verhältnis ebenfalls relativ ausgeglichen. Dies gilt neuerdings sogar für die Landwirte, deren Unterstützung bei der Landtagswahl 2013 auf knapp 60 Prozent zurückgegangen ist, nachdem sie 2003 noch zu über 90 Prozent für die CSU gestimmt hatten.

### c) Programmatik

Die hegemoniale Stellung der CSU in Bayern gründet programmatisch auf drei Säulen (Strauß 1989: 530 ff.): Erstens versteht sich die Partei als christlich-konservative Sammlungsbewegung des bürgerlichen Lagers. Rechts von ihr soll es nach einem vielzitierten Wort von Franz Josef Strauß keine andere demokratisch legitimierte Kraft geben. Zweitens ist sie in einem überkonfessionellen, nicht-klerikalen Sinne christlich und damit zugleich für liberale Positionen offen. Und drittens betont sie ihre bayerische Identität und verficht die Eigenstaatlichkeit Bayerns innerhalb der Bundesrepublik und im zusammenwachsenden Europa.

Verbunden werden die drei Säulen durch das christliche Wertefundament. Stärker als bei der CDU dient dieses nicht nur als ideelles Bekenntnis, sondern auch als konkrete Handlungsanleitung (Weigl 2013: 478 f.). Niederschlag findet dies unter anderem in der Gesellschafts- und Familienpolitik, wo sie konservativere Positionen vertritt als die CDU. Symbolhaft markiert wurde dies zuletzt durch das von ihr in der Großen Koalition durchgesetzte Betreuungsgeld für zu Hause erziehende Eltern. Dies stieß auch in Teilen der Schwesterpartei auf Kritik – mit dem Argument, durch diese Leistung werde ein überkommenes Familienbildes zementiert. Einer aktiven Gleichstellung durch Quoten- und Antidiskriminierungsregelungen, wie sie sich manche in der CDU heute bei der Frauenförderung oder gegenüber sexuellen Minderheiten vorstellen können, erteilt die CSU eine Absage. In der Zuwanderungspolitik und bei dem von ihr strikt abgelehnten EU-Beitritt der Türkei begründet sie ihre restriktivere Grundhaltung mit Verweis auf die christlich-abendländische Tradition der aufnehmenden Mehrheitsgesellschaft. In der Flüchtlingspolitik ist ihr Beharren auf einer nationalen Obergrenze auch der besonderen Belastung Bayerns als Transitland geschuldet.

Dem steht nicht entgegen, dass die CSU ihre Positionen in der Familien-, Frauen- und Zuwanderungspolitik in den letzten Jahrzehnten schrittweise modernisiert und an die veränderte gesellschaftliche Lebenswirklichkeit angepasst hat. So erkennt sie z.B. in ihrem Grundsatzprogramm von 2007 andere Familienmodelle und Lebensformen ausdrücklich an (Sebaldt 2013: 226 ff.). Historisch entfaltete sich das liberale Element vor allem im Verhältnis zur katholischen Kirche, deren staatlichen Einfluss die Partei beschnitten hat, wodurch sie auch für Protestanten und nicht-praktizierende Christen wählbar wurde. Wie schwierig dieser Prozess lange Zeit war, zeigte die Auseinandersetzung um die Abschaffung der bayerischen Konfessionsschulen Ende der sechziger Jahre.

In der Wirtschafts- und Sozialpolitik orientiert sich die CSU am Konzept der Sozialen Marktwirtschaft. Neben dem freien Markt betont sie dabei auch die aktive Rolle des Staates, der durch ordnungs- und industriepolitische Maßnahmen die Wirtschaftsstruktur mitgestaltet. Letzteres ist bereits durch ihre Regierungsfunktion in Bayern vorgegeben, verweist aber zugleich auf die Schlüsselbedeutung der staatlichen Förderpolitik für die wirtschaftliche Erfolgsgeschichte des Landes. Die christlich-sozialen Wurzeln der CSU manifestieren sich im sozialpolitischen Leitbild der „solidarischen Leistungsgesellschaft“, das die Eigenverantwortung der Bürger mit staatlichen Schutz- und Ausgleichspflichten verbindet. Das im Parteinamen verankerte Selbstverständnis als Sozialstaatspartei, das in der Außenwahrnehmung der CSU hinter ihrer Wirtschaftskompetenz häufig zurücktrat, wurde in der Spätphase der Ära Stoiber wieder stärker hervorgehoben. Damit geriet sie vorübergehend in einen Konflikt mit der CDU, die ihre auf dem Leipziger Parteitag 2003 beschlossenen weitreichenden Reformkonzepte in der Sozial- und Arbeitsmarktpolitik auch auf Drängen der bayerischen Schwester zurücknehmen musste.

In der Umweltpolitik konnten die Christsozialen eine Vorreiterrolle für sich reklamieren, nachdem sie als erste Regierungspartei in Europa 1970 in Bayern ein Umweltschutzministerium eingerichtet hatten. Auch hier leitet sie die staatliche Verpflichtung aus christlichen Grundsätzen ab („Verantwortung für die Schöpfung"). Seit den fünfziger Jahren setzte sich die CSU vehement für die Nutzung der Atomenergie ein, bis sie 2011 der von der schwarz-gelben Bundesregierung abrupt eingeleiteten „Energiewende" zustimmte. Deren Umsetzung bereitet ihr heute jedoch in Bayern erhebliche Probleme, z.B. beim Bau neuer Stromtrassen.

Zu den Kernmerkmalen des programmatischen Selbstverständnisses der CSU gehört das Eintreten für die bayerische Eigenstaatlichkeit (Weigl 2013: 480 f.). Ihr Föderalismusverständnis ist dem aus der katholischen Soziallehre stammenden Subsidiaritätsprinzip verpflichtet. Danach sollen so viele Aufgaben als möglich bei den unteren staatlichen Ebenen verbleiben. Im Rahmen der 2003 eingesetzten Föderalismuskommission hat sich Bayern in diesem Sinne für eine Rückgabe von Gesetzgebungskompetenzen an die Länder stark gemacht. Aktuell richten sich seine Bemühungen auf eine Reform des als ungerecht kritisierten Finanzausgleichssystems. Um den innerbayerischen Zusammenhalt zu stärken, wurde 2013 ein neues Heimatministerium geschaffen, das seinen Sitz in Nürnberg hat. In der Europapolitik fordert die CSU schon seit 1993 offiziell keinen europäischen Bundesstaat mehr, sondern plädiert für ein „Europa der Nationen". Einer weiteren Vertiefung und Erweiterung der Europäischen Union steht sie skeptisch gegenüber. Gleichzeitig setzt sich auch hier für ein institutionalisiertes Mitspracherecht der unteren staatlichen Ebenen an den Entscheidungsprozessen ein („Europa der Regionen").

Inzwischen arbeitet die CSU an ihrem siebten Grundsatzprogramm. Aus den anfänglich knapp gehaltenen Dokumenten sind im Laufe der Zeit immer umfangreichere Handlungskataloge für alle wichtigen Politikfelder geworden (Schäfer 2010). Die rasche Abfolge der Programme verweist auf die Kontinuität der bayerischen Regierungsmacht. Sie hat die Partei allerdings nicht davon abgehalten, bei Bedarf kurzfristige Positionsveränderungen vorzunehmen, wie sich gerade jüngst an mehreren Beispielen belegen lässt (Wehrpflicht, Energiepolitik, Studiengebühren). Zum Erfolgsrezept der CSU gehört neben ihrem Regierungspragmatismus die

Fähigkeit zur populistischen Wähleransprache. Themen wie die Einführung einer PKW-Maut für Ausländer, Bayerns übermäßige Belastung im Finanzausgleich, der Austritt Griechenlands aus dem Euro oder die Begrenzung der Zuwanderung sollen das „Wir-Gefühl" des bayerischen Volkes stärken. Sie stellen zugleich eine Reaktion auf die neu entstandene Partei „Alternative für Deutschland" dar. Volksnähe demonstrieren will die CSU auch durch ihre Aufgeschlossenheit gegenüber der direkten Demokratie, was einen weiteren Unterschied zur CDU markiert.

### d) Organisation

Die symbiotische Verbundenheit der CSU mit Bayern fußt organisatorisch auf ihrer Doppelrolle als Landes- und Bundespartei. Einerseits bildet sie mit der CDU im Bundestag eine gemeinsame Fraktion, was möglich ist, weil beide Parteien bei Wahlen nicht gegeneinander antreten. Andererseits unterhält sie jenseits der Fraktionsgemeinschaft eine von der CDU getrennte Parteiorganisation und pocht auch innerhalb der gemeinsamen Fraktion auf ihre formale Eigenständigkeit. Ihre privilegierte Stellung lässt sich daran ablesen, dass der Vorsitzende der CSU-Landesgruppe qua Amt stellvertretender Vorsitzender der Gesamtfraktion ist und auch die übrigen Ämter nach einem vorgegebenen Schlüssel zwischen beiden Parteien aufgeteilt werden. Des Weiteren bedürfen alle Anträge und Beschlüsse der Fraktion der Gegenzeichnung durch den Landesgruppenchef, was auf ein faktisches Vetorecht des bayerischen Unionsteils hinausläuft. Dies gibt der CSU die Möglichkeit, ihre Interessen gegebenenfalls auch gegen eine Mehrheit der größeren Schwesterpartei durchzusetzen (Buchstab 2009).

Die Gleichzeitigkeit von Landes- und Bundespartei bedingt eine komplizierte Machtarchitektur, die sich um vier Zentren gruppiert: die Landesleitung mit dem Parteivorsitzenden, die bayerische Staatsregierung mit dem Ministerpräsidenten, die Landesgruppe – in Regierungszeiten zusammen mit den CSU-Bundesministern – und die CSU-Landtagsfraktion. Zu diesen gesellt sich als „Nebenzentrum" die CSU-Gruppe im Europäischen Parlament (Sebaldt

2013: 229). Blieb der Einfluss der Staatsregierung und CSU-Landtagsfraktion auf die Landesgruppe bis zur Übernahme des Ministerpräsidentenamtes durch Franz Josef Strauß eher gering, so haben sich die Gewichte seither nach München verlagert. Dies geht soweit, dass die bayerischen Ministerien und die Staatskanzlei sogar an der Ausarbeitung von Gesetzentwürfen der CSU-Bundesminister beteiligt sind. Am stärksten ist die Dominanz der Staatsregierung, wenn der Ministerpräsident zugleich Parteivorsitzender ist.

Die Konkurrenz der Machtzentren wird durch die hegemoniale Stellung der CSU in Bayern befördert, die sie zwingt, den Widerspruchsgeist einer Oppositionspartei bis zu einem gewissen Grade mit zu übernehmen. Wenn die dadurch erzeugte Dynamik und Erneuerungsfähigkeit bisher nicht zu Lasten ihrer Geschlossenheit ging, rührt das einerseits daher, dass man eben diese Stellung verteidigen möchte; andererseits verweist es auf eine disziplinierende Organisationskultur, die das innerparteiliche Wetteifern dem Gesamterfolg unterordnet und abweichendes egoistisches Verhalten entsprechend hart sanktioniert (Kießling 2004: 346 ff.).

Der früh eingeleitete Ausbau des Parteiapparates und einer flächendeckenden Mitgliederorganisation sowie ihre eng geknüpften Netzwerke im „vorpolitischen" Raum tragen zur starken strukturellen Verankerung der CSU in Bayern bei. Neben die territoriale Gliederung in Bezirks-, Kreis- und Ortsverbände tritt dabei die sektorale Gliederung in Arbeitsgemeinschaften und Arbeitskreise, die auch Nicht-Mitgliedern offen stehen. Dem Vorstand der Partei gehören 54, dem häufiger tagenden Präsidium – als engstem Führungszirkel – 18 Mitglieder an. In der Geschäftsstelle der Landesleitung, die demnächst in den Münchener Norden verlegt wird, arbeiten rund 70 Personen. Höchstes Organ ist der aus Delegierten der Bezirks- und Kreisverbände bestehende Parteitag, der einmal im Jahr zusammentritt.

Bezogen auf die Zahl ihrer Wähler ist die CSU nicht nur die mitgliederstärkste Partei Bayerns, sondern der ganzen Bundesrepublik. Die Mitgliederentwicklung ist allerdings seit dem Höchststand 1990 (186.000) rückläufig (auf 144.000 Ende 2015), wenn auch nicht so stark wie bei der CDU. Sie geht mit einer zunehmenden Überalterung der Mitglieder einher (Durchschnittsalter 2015: 59 Jahre). Ein offenkundiges Rekrutierungsproblem hat die CSU bei den Frauen, deren Anteil unter den Mitgliedern in den letzten Jahren nur marginal (auf knapp 20 Prozent) gesteigert werden konnte, was dem Anteil der Frauen unter den Landtags- und Bundestagsabgeordneten ziemlich genau entspricht. Für die Besetzung der Parteiämter gilt seit 2010 eine Frauenquote von 40 Prozent.

Mit der abnehmenden Mitgliederdichte verlieren auch die Verbindungen in den vorpolitischen Raum an Durchschlagskraft, wenngleich die CSU im Rahmen der Staatsregierung weiter enge Beziehungen zu den Interessenverbänden unterhält (Weigl 2013: 481 ff.). Dem drohenden Verlust ihrer bis dahin unangefochtenen Stellung hat sie sich nach dem Wahlschock von 2008 durch eine organisatorische Neuaufstellung entgegenzustellen versucht, die unter anderem folgende Ziele erreichen will: mehr jüngere Wähler und Mitglieder, Erhöhung der weiblichen Präsenz in der Partei, Modernisierung der Inhalte und Darstellungsformen (durch „grünere" Themen, professionellere Internetkommunikation, Abrufung externer Expertise etc.) und bessere Einbindung der Bürger in die politischen Diskurse und Entscheidungsprozesse (durch Online-Dialoge und Zukunftsforen, Mitgliederbefragungen in Personal- und Sachfragen sowie mehr direktdemokratische Beteiligungsformen auf Landes- wie Bundesebene).

## 3. Sozialdemokratische Partei Deutschlands (SPD)

### a) Etappen der Parteigeschichte

Als älteste und traditionsreichste Partei Deutschlands hat die SPD vier politische Systeme überdauert. Im Kaiserreich ist sie 1875 als Zusammenschluss des von Ferdinand Lassalle 1863 begründeten Allgemeinen Deutschen Arbeitervereins (ADAV) mit der sechs Jahre später gebildeten, von August Bebel und Wilhelm Liebknecht angeführten Sozialdemokratischen Arbeiterpartei (SDAP) entstanden. Ihren heutigen Namen „Sozialdemokratische Partei Deutschlands" (SPD) trägt sie seit 1890.

Bezogen auf ihre gesellschaftliche Basis war die SPD bis in die fünfziger Jahre eine Milieu- oder Klassenpartei; zugleich stellte sie den Prototyp einer nach demokratischen Prinzipen aufgebauten Massenpartei dar. Beides hing eng miteinander zusammen. Um ihre fehlende Macht im Staat auszugleichen, mussten die Sozialdemokraten erst eine gesellschaftliche Macht werden, die ihre Anhänger aus der Arbeiterschaft umfassend integrierte und so eine klar unterscheidbare Identität ausbildete. Die marxistische Ideologie bestärkte sie in dem Glauben, dass das Recht auf ihrer Seite war und die Geschichte sich naturgesetzlich in Richtung Sozialismus entwickeln würde. Die daraus erwachsende moralische Stärke förderte den raschen Aufbau einer schlagkräftigen Organisation; gleichzeitig half sie der SPD über die Diskriminierungen hinweg, die sie durch das Sozialistengesetz und die sie stark benachteiligenden Wahlrechtsregelungen im Kaiserreich erfuhr.

Dennoch gab es in der Partei ideologische Gegensätze und Streit über den richtigen Kurs (Walter 2002: 18 ff.). Während der revolutionäre Flügel um Karl Kautsky auf Klassenkampf setzte und im Einklang mit Marx und Engels die Überwindung der kapitalistischen Ordnung und Errichtung einer sozialistischen Gesellschaft beschwor, wollten die von Eduard Bernstein angeführten „Revisionisten" die Lage der Arbeiterschaft durch soziale Reformen schrittweise verbessern, was eine möglichst effektive Arbeit in den Parlamenten voraussetzte. Beginnend mit dem Erfurter Programm von 1891 gelang es der SPD, diese konträren Vorstellungen so erfolgreich in sich zu vereinen, dass sie bis 1912 zur stärksten politischen Kraft aufstieg und ihre Mitgliederzahl 1914 erstmals die Millionenmarke überschritt.

1917 kam es in der Auseinandersetzung um die Kriegskredite zur Spaltung der Partei. Während sich die radikalen Kräfte in der Unabhängigen Sozialdemokratischen Partei Deutschlands (USPD) sammelten, aus der später die Kommunistische Partei Deutschlands (KPD) hervorging, wurden die Mehrheitssozialdemokraten zur staatstragenden Partei der Weimarer Republik, deren ersten

Reichspräsidenten sie mit Friedrich Ebert stellten. Anders als in Preußen, das sie von 1919 bis 1932 ununterbrochen regierte, konnte die SPD ihre Vormachtstellung auf der Reichsebene aber nur für kurze Zeit verteidigen. Nachdem die von ihr angeführte „Weimarer Koalition“ mit dem Zentrum und der Deutschen Demokratischen Partei (DDP) die Mehrheit bereits 1920 verloren hatte, ging sie ab 1922 zurück in der Opposition. Die von ihrem letzten Reichskanzler Hermann Müller gebildete „Große Koalition“ mit der konservativen Deutschen Volkspartei (DVP) zerbrach 1930 nach zwei Jahren. Das anschließende Präsidialkabinett unter dem Zentrum-Politiker Heinrich Brüning duldeten die Sozialdemokraten gegen heftigen Widerstand aus den eigenen Reihen, um das größere Übel des Nationalsozialismus zu verhindern (Walter 2002: 81 ff.).

Im Unterschied zu den bürgerlichen Abgeordneten stimmte die SPD am 23. März 1933 geschlossen gegen das Ermächtigungsgesetz; drei Monate später wurde sie verboten. Der Parteivorstand ging Anfang 1934 ins Exil. Aktivisten und Funktionäre wurden von den Nazis verfolgt, viele starben in Konzentrationslagern und Zuchthäusern. Aus dem Untergrund beteiligte sich eine Minderheit am aktiven Widerstand gegen das Hitler-Regime. Auch die übrigen Mitglieder blieben gegen die NS-Ideologie größtenteils resistent.

Die Spaltung der Arbeiterbewegung, die Hitler in die Hände gespielt hatte, wurde im geteilten Deutschland nach 1945 überwunden. Während es in der Sowjetischen Besatzungszone zur Zwangsvereinigung von KPD und SPD unter kommunistischer Führung kam, war die KPD im Westen marginalisiert, bis das Bundesverfassungsgericht sie 1956 ganz verbot. Auch die ihr 1968 nachfolgende Deutsche Kommunistische Partei (DKP) und sonstige linksextremistische Gruppierungen kamen in der Bundesrepublik über den Status von unbedeutenden Kleinparteien nie hinaus. Die SPD blieb daher bis zum Aufkommen der Grünen die einzige relevante Repräsentantin des linken Lagers.

Nach ihrer Wiedergründung in den Westzonen knüpfte die SPD an die Traditionen der Klassenpartei an. Die Bedingungen dafür waren jedoch erschwert. Zum einen hatten die Nationalsozialisten die Milieustrukturen der Arbeiterbewegung zum Teil zerstört, zum anderen führte das Wirtschaftswunder dazu, dass der Sozialstaat seit den fünfziger Jahren rasch ausgebaut werden konnte und wachsende Bevölkerungsteile am Wohlstand partizipierten. Die von Kurt Schumacher auf einen harten Oppositionskurs eingeschworene Partei weigerte sich trotz ihrer Wahlniederlagen beharrlich, den Erfolg der Sozialen Marktwirtschaft zur Kenntnis zu nehmen. Erst als sie ihren marxistischen Ideen im Godesberger Programm (1959) entsagten und die von Adenauer durchgesetzte Westbindung der Bundesrepublik akzeptierten, konnten die Sozialdemokraten zum bürgerlichen Lager aufschließen (Jun 2013: 388 f.). Maßgeblich vorangetrieben wurde ihr Wandel zur Volkspartei durch den späteren Fraktionsvorsitzenden Herbert Wehner. 1966 musste sich die SPD als Regierungspartei noch mit der Rolle des Juniorpartners in einer Großen Koalition begnügen, 1969 bildete sie eine kleine Koalition mit der FDP unter Kanzler Willy Brandt.

In den ersten Jahren der sozial-liberalen Regierung veränderte sich die innere Struktur der Partei nachhaltig. Die Aufbruchstimmung, die von der neuen Ostpolitik und den innenpolitischen Reformplänen der Koalition ausging, ließ viele neue, zumeist akademisch gebildete Mitglieder zur SPD hinzustoßen, die sich dadurch verjüngte, aber auch radikalisierte. Der überragende Sieg bei der Bundestagswahl 1972, als die SPD zum ersten Mal vor der Union stärkste Partei wurde, täuschte darüber hinweg, dass die von Brandt erfolgreich umworbene „neue Mitte" seither wieder bröckelte (Walter 2002: 188 ff.). Unter der Kanzlerschaft Helmut Schmidts (1974 bis 1982) erforderte die Integration der Parteibasis und Zusammenführung der Wählerschaft einen immer breiteren Spagat: Auf der rechten Seite geriet die Sozialdemokratie durch die sich verschlechternde Wirtschaftslage unter Druck, auf der linken Seite setzte ihr der gesellschaftliche Protest gegen die Atomenergie und Sicherheitspolitik (NATO-Doppelbeschluss) zu, der zur Entstehung einer neuen Partei – der Grünen – führte. Damit war der Regierungsverlust vorprogrammiert.

In den achtziger Jahren orientierte sich die SPD zunächst stärker in Richtung der postmaterialistischen Wählerschichten. Das

1989 beschlossene Berliner Programm nahm vom alten Wachstumsdenken Abstand. Durch die Bildung von Koalitionen mit den Grünen in den Ländern zeichnete sich zu dieser Zeit die Möglichkeit einer Wiedergewinnung der Mehrheit auch auf Bundesebene ab. Dass es dazu erst 1998 kam, hing nicht nur mit der deutschen Vereinigung zusammen, die die SPD gegenüber der Union und ihrem „Kanzler der Einheit" Helmut Kohl ins Abseits stellte. Die Partei litt zugleich unter personellen Problemen. Die Troika Wehner – Brandt – Schmidt war in den sechziger und siebziger Jahren ein Glücksfall gewesen. Die Generation der „Brandt-Enkel", die in den achtziger Jahren nach der Macht griff, rivalisierte dagegen offen um die Führungsposition. In der 16 Jahre währenden Ära Kohl verschliss die SPD insgesamt fünf Parteivorsitzende und ebenso viele Kanzlerkandidaten. Eine Klärung trat erst nach dem Regierungswechsel 1998 ein, als sich der neue Kanzler Gerhard Schröder im innerparteilichen Machtkampf gegen den Parteivorsitzenden Oskar Lafontaine durchsetzte.

Die deutsche Einheit brachte die SPD auch in struktureller Hinsicht ins Hintertreffen. Die Erwartung der im Osten als Sozialdemokratische Partei in der DDR (SDP) im Oktober 1989 wiedererstandenen Partei, das einstige Stammland der Sozialdemokratie in Mitteldeutschland im Selbstlauf zurückerobern zu können, entpuppte sich als Trugschluss. Die Traditionen, auf die sie dabei abstellte, kehrten sich sogar gegen die SPD, indem dieser für den gescheiterten Sozialismus der DDR eine Mitschuld gegeben wurde. Die Sozialdemokraten waren gegenüber der Konkurrenz überdies organisatorisch im Nachteil. Während CDU und FDP auf die Ressourcen der Blockparteien zurückgreifen konnten, kam für sie eine Zusammenarbeit mit den SED-Nachfolgern schon aus historischen Gründen nicht in Frage. Spätestens seit dem Wiedererstarken der Postkommunisten entwickelten sich die neuen Bundesländer für die SPD zu ausgesprochenen Problemgebieten. Nur bei einer Bundestagswahl (2002) gelang es ihr hier, ein besseres Ergebnis als im Westen zu erzielen.

So nützlich die Arbeitsteilung zwischen dem „Modernisierer" Schröder und „Traditionalisten" Lafontaine für die Erringung des

Wahlsiegs 1998 war, so wenig hilfreich erwies sie sich für die anschließende Arbeit der Regierung. Der nach Lafontaines Rücktritt als Finanzminister und Parteivorsitzender (März 1999) eingeleitete Strategiewechsel hin zu einer stabilitätsorientierten Konsolidierungspolitik wurde durch die hohe Arbeitslosigkeit durchkreuzt, die zu steigenden Kostenbelastungen für die öffentlichen Haushalte und Sozialversicherungen führte. Auf der Habenseite der Koalition standen ihre gesellschaftspolitischen Reformen (Zuwanderungs- und Lebenspartnerschaftsgesetz) und der Atomausstieg, die die schwache wirtschaftspolitische Bilanz aber nicht aufwiegen konnten (Wolfrum 2013). Dass die Regierung die Bundestagswahl 2002 knapp gewann, verdankte sie zwei glücklichen Zufällen – der Oderflut in Ostdeutschland, die es dem Regierungschef ermöglichte, sich als tatkräftiger Krisenmanager zu inszenieren, und der Diskussion über den von den USA geplanten Irakkrieg. Dass Schröder dessen Ablehnung zum zentralen Bestandteil seiner Kampagne machte, war insofern bemerkenswert, als Rot-Grün mit der Zustimmung zu den Militäreinsätzen im Kosovo (1999) und in Afghanistan (2001) zuvor selbst eine Zäsur in der deutschen Außenpolitik herbeigeführt hatte (Fischer 2005: 110 ff.).

In Schröders zweiter Amtszeit wurde das Ruder in der Sozial- und Arbeitsmarktpolitik um 180 Grad herumgerissen. Die im März 2003 verkündete „Agenda 2010", die das Kanzleramt ohne Einbeziehung der Partei entwickelt hatte, stieß in der SPD auf erhebliche Vorbehalte (Spier / Alemann 2013: 445). Ihre umstrittensten Elemente waren die Verschmelzung von Arbeitslosen- und Sozialhilfe auf dem geringeren Niveau der Sozialhilfe und die Schaffung eines Niedriglohnsektors zum Abbau der Langzeitarbeitslosigkeit. Ähnlich unpopulär geriet die unter sozialdemokratischer Federführung durchgesetzte Anhebung des Renteneintrittsalters auf 67 Jahre in der Regierungszeit der Großen Koalition, über die die SPD ihre Wähler im Wahlkampf ebenso im Unklaren gelassen hatte wie über die von ihr ursprünglich kategorisch abgelehnte Mehrwertsteuererhöhung. Die Reformmaßnahmen zogen eine Serie von Landtagswahlniederlagen und – langfristig bedeutsamer – die Abspaltung einer gewerkschaftsnahen Konkurrenzpartei nach sich

(Arbeit & soziale Gerechtigkeit – Die Wahlalternative, WASG), deren späterer Zusammenschluss mit der ostdeutschen PDS ausgerechnet vom ehemaligen SPD-Vorsitzenden Lafontaine betrieben wurde. Um dem innerparteilichen Widerstand die Spitze zu nehmen, gab Schröder den Parteivorsitz 2004 an Franz Müntefering ab. Nach der Abwahl der letzten verbliebenen rot-grünen Landesregierung in Nordrhein-Westfalen (Mai 2005) trat der Kanzler die Flucht nach vorne an, indem er den Weg für vorgezogene Neuwahlen freimachte (Sturm 2009: 207 ff.).

Mit der Bundestagswahl 2005 endeten Schröders Kanzlerschaft und die rot-grüne Regierung, nicht jedoch die sozialdemokratische Regierungsbeteiligung. Dass die SPD wesentlich besser abgeschnitten hatte als erwartet, versetzte sie am Wahlabend in Euphorie, obwohl die Gründe dafür primär in der missglückten Kampagne der Union lagen. Tatsächlich markierte die Wahl mit der Etablierung der gesamtdeutschen Linkspartei einen tiefen Einschnitt, dessen Folgen die SPD erst 2009 und 2013 richtig zu spüren bekommen sollte. Die SPD arbeitete in der Regierung professionell, zeigte sich aber ansonsten zerstritten. Nicht nur, dass die Parteivorsitzenden bis 2009 in noch kürzerer Folge wechselten. Es fehlte auch an einer klaren programmatischen Alternative zur Union und realistischen Machtperspektive. Das Debakel bei der Bundestagswahl 2009, bei der ein großer Teil der vormaligen Stammwähler der SPD den Rücken kehrte und sie mit ihrem Kanzlerkandidaten Frank-Walter Steinmeier ihr schlechtestes Ergebnis in der Nachkriegszeit erzielte, war unter diesen Bedingungen vorgezeichnet.

Die Rückkehr der SPD in die Opposition nach elfjähriger Regierungszeit zog einen abermaligen Wechsel an der Parteispitze nach sich. Sigmar Gabriel löste Müntefering ab. Unter seiner Führung vermittelte die Partei nach außen hin wieder ein attraktiveres Bild, das sich in den Landtagswahlergebnissen niederschlug. In Nordrhein-Westfalen, Hamburg, Baden-Württemberg, Schleswig-Holstein und Niedersachsen gelang es der SPD allein oder zusammen mit den Grünen, CDU-geführte Regierungen abzulösen. Auf der Bundesebene blieb ihre Ausgangslage 2013 dagegen genauso ungünstig wie 2009 und wurde durch die unvorbereitet wirkende

Kanzlerkandidatur Peer Steinbrücks nicht gerade verbessert, dessen betont wirtschaftsfreundliche Positionen sich mit der Mehrheitsmeinung der Partei nur zum Teil deckten. Das enttäuschende Wahlergebnis (25,7 Prozent) stellte die SPD vor die schwierige Frage, ob sie erneut als Juniorpartner in eine Große Koalition eintreten sollte. Gabriel fing die Bedenken dadurch auf, dass er die Zustimmung zum Koalitionsvertrag von einem Mitgliederentscheid abhängig machte. Dessen klares Ergebnis – bei einer überraschend hohen Beteiligung von 78 Prozent stimmten 76 Prozent mit Ja – stärkte die Machtbasis des Vorsitzenden, der mit der gleichzeitigen Übernahme der Ämter des Vizekanzlers und Wirtschaftsministers jetzt zur unbestrittenen Führungsfigur der SPD aufstieg (Spier / Alemann 2015: 64 ff.).

Obwohl die SPD in der Koalition zentrale Vorhaben wie die Rente nach 45 Beitragsjahren und den gesetzlichen Mindestlohn durchsetzen konnte, färbten diese Erfolge auf ihre öffentliche Wahrnehmung nicht ab. In der Euro- und Flüchtlingspolitik agierte sie nach außen hin zwar geschlossener als die Union, zeigte sich innerlich aber genauso zerrissen. Gabriels Neigung zu kurzfristigen Positionswechseln, die die Stimmung an der Parteibasis in sensiblen Fragen wie der Freihandelspolitik oder Vorratsdatenspeicherung überging, enttäuschte die vom Vorsitzenden geweckten Hoffnungen auf einen integrativeren Führungsstil. Der Parteitag quittierte dies bei der Wiederwahl des Vorsitzenden Ende 2015 mit einem Denkzettel, der Gabriels lange Zeit sicher geglaubte Übernahme der Kanzlerkandidatur bei der Bundestagswahl 2017 inzwischen fraglich macht.

### b) Wahlergebnisse und Wählerschaft

Auf der nationalen Ebene ist es der SPD nur zweimal gelungen, der Union die führende Position im Parteiensystem streitig zu machen. Ihren stetigen, als „Genosse Trend" umschriebenen Zuwächsen bis zum Jahre 1972 folgten zunächst eine Stagnations- und – nach dem Regierungsverlust 1982 – eine bis 1994 anhaltende Abstiegsphase. Dasselbe Muster zeigte sich während der rot-grünen

Regierungszeit. Lag die SPD 2002 und 2005 etwa gleichauf mit der Union, stürzte sie seither auf ihre schlechtesten Ergebnisse seit 1949 ab. In ihren beiden Regierungsphasen entstanden neue Parteien am linken Rand. Beförderte die Vernachlässigung des Umweltthemas während der Kanzlerschaft Helmut Schmidts das Aufkommen der Grünen, so stellte der Erfolg der gesamtdeutschen Linkspartei im Westen eine unmittelbare Folge der Schröderschen Reformen dar, die dem Gerechtigkeitsempfinden vieler sozialdemokratischer Traditionswähler widersprachen (Jun 2013: 394). Die Stellung der SPD in den Ländern verhält sich zu ihren kürzeren Stärke- und längeren Schwächephasen auf Bundesebene spiegelbildlich; die Diskrepanz zwischen den jeweiligen Wahlergebnissen hat dabei seit der deutschen Einheit zugenommen.

Die Hochburgen der Sozialdemokraten befinden sich in den protestantischen Gebieten der alten Bundesrepublik, insbesondere in Hessen, Niedersachsen und den Stadtstaaten, sowie den stärker katholisch geprägten Industrieregionen Nordrhein-Westfalens, wo sie den Durchbruch zur Mehrheitspartei aber erst in den sechziger Jahren schafften. In Bayern und Baden-Württemberg bleibt die Partei schwach. Auch in den neuen Ländern hat sich seit den Gründungswahlen 1990 ein Nord-Süd-Gefälle eingestellt. Am schlechtesten schneidet die SPD in Sachsen und in Thüringen ab, wo sie die PDS schon Ende der neunziger Jahre überholte (Spier / Alemann 2013: 456). In Sachsen-Anhalt fiel sie 2016 hinter AfD und Linke sogar auf den vierten Platz im Parteiensystem zurück.

Am erfolgreichsten war die SPD immer dann, wenn sie ihre Stammklientel aus der gewerkschaftsnahen Industriearbeiterschaft mit den aufstiegsorientierten Angehörigen der neuen Mittelschichten zu einer breiten Wählerkoalition verbinden konnte. Am besten gelang ihr dies am Beginn der beiden Phasen, in denen sie den Kanzler stellte (von 1969 bis 1972 und 1998 bis 2002). Eine reine Klassenpartei waren die Sozialdemokraten auch vor „Godesberg" nie gewesen. Einerseits blieb die Arbeiterschaft im katholischen Bevölkerungsteil für sie lange Zeit unerreichbar, andererseits begann sich die SPD schon in der Weimarer Republik für die rasch wachsenden Angestelltenberufe zu öffnen, in deren Gruppe sie bald besser abschnitt als unter den Arbeitern (Lösche / Walter 1992: 21 ff.).

Erreichte die SPD von 1994 bis 2008 unter den gewerkschaftlich organisierten Arbeitern stets absolute Mehrheiten, fiel sie 2009 in dieser Gruppe auf 34 Prozent zurück. Bei den Arbeitslosen lag der Anteil mit 19 Prozent jetzt sogar unter ihrem Gesamtergebnis. In absoluten Zahlen hatte die SPD 2009 gegenüber 1998 rund zehn Millionen Wähler verloren. Knapp ein Viertel davon (2,4 Millionen) blieben der Wahl fern, während mehr als ein Fünftel (2,1 Millionen) zur Linkspartei überliefen (Zahlen von Infratest dimap). Durch den Rückzug der Traditionsklientel gibt es in der Berufsstruktur der sozialdemokratischen Wählerschaft heute keine nennenswerte Schwerpunkte mehr, nur bei den Selbständigen und Landwirten schneidet die Partei weiterhin stark unterdurchschnittlich ab (Spier / Alemann 2013: 458 f.).

Auch nach Alter und Geschlecht ist die Wählerstruktur seit den neunziger Jahren relativ ausgeglichen. Nur bei den Bundestagswahlen 2002 und 2005 konnte die SPD bei den Frauen ein deutlich besseres Ergebnis verbuchen als den Männern. 2009 erlitt sie vor allem in der jüngsten Wählergruppe (der 18- bis 29-Jährigen) einen Einbruch, den sie aber durch Rückgewinne 2013 größtenteils wieder wettmachen konnte. Bei den Über 60-Jährigen schneidet die SPD genauso wie die Union überdurchschnittlich ab, dasselbe gilt für die Wähler mit niedrigem formalen Bildungsgrad. Unter den Protestanten und kirchlich ungebundenen Wählern findet die Partei weiterhin mehr Zuspruch als unter Katholiken; allerdings haben sich die Unterschiede hier im Laufe der Zeit abgeschliffen (Daten der Forschungsgruppe Wahlen).

### c) Programmatik

Programmatische Debatten haben für die SPD, die mit einen reformerisch-progressiven oder – vor allem in ihrer Frühgeschichte – sogar sozialrevolutionären Anspruch aufgetreten ist, immer eine große Rolle gespielt. Die Zäsuren ihrer Programmentwicklung lassen sich an den drei Grundsatzprogrammen festmachen, die sie sich in der Bundesrepublik nach dem aus der Weimarer Zeit übernommenen Heidelberger Programm (1925) gegeben hat; gleichzeitig stehen sie mit ihren Regierungs- und Oppositionsphasen in Zusammenhang.

Den wichtigsten Einschnitt markierte das 1959 beschlossene Godesberger Programm. Dessen Bedeutung lag nicht nur in der Abkehr von marxistischen Bezügen und Versöhnung der SPD mit der marktwirtschaftlichen Ordnung. Indem es dem Staat die Rolle zuschrieb, das Funktionieren des Marktes durch regulatorische und planerische Maßnahmen sicherzustellen, entwickelte es zugleich Ansätze zur Bekämpfung möglicher Wachstumskrisen, die die erfolgreiche keynesianische Politik des sozialdemokratischen Wirtschaftsministers Karl Schiller in der späteren Großen Koalition vorwegnahmen. Der Regierungswechsel von 1969 ging auch darauf zurück, dass es der SPD so gelang, die Union in der Wirtschaftskompetenz zu überflügeln.

Dasselbe galt für die im Godesberger Programm weitgehend ausgesparte Außenpolitik, deren von der Adenauer-Regierung geschaffene Grundlagen (der Westintegration und NATO-Mitgliedschaft) Herbert Wehner in einer berühmt gewordenen Bundestagsrede 1960 für die SPD ausdrücklich anerkannte. Damit schuf er die Voraussetzung für die Entwicklung neuer Konzepte in der Ost- und Deutschlandpolitik, die mit der Tutzinger Rede Egon Bahrs 1963 („Wandel durch Annäherung“) ihren Anfang nahmen. Die Umsetzung dieser Politik in der sozial-liberalen Regierungszeit traf auf harten Widerstand der CDU/CSU-Opposition, wurde aber von den Wählern mehrheitlich unterstützt. Auch innerparteilich blieb der Entspannungskurs von wenigen kritischen Stimmen aus dem rechten Flügel abgesehen unumstritten. Zu einer Zerreißprobe kam es erst über den von Kanzler Schmidt initiierten NATO-Doppelbeschluss, den große Teile der Partei Ende der siebziger und Anfang der achtziger Jahre nicht mittragen wollten. Als der Kölner Parteitag die Nachrüstung 1983 mit überwältigender Mehrheit ablehnte, befand sich die SPD bereits wieder in der Opposition.

Galt das Godesberger Programm 30 Jahre, so sollte das ihm nachfolgende Berliner Grundsatzprogramm nur 18 Jahre Bestand haben. Von der deutschen Vereinigung und dem Ende der Blockkonfrontation überrollt, spielte es nach seiner Verabschiedung 1989 in der weiteren innerparteilichen Debatte keine große Rolle mehr (Jun 2013: 396 f.). Mit dem Berliner Programm wollte die SPD Anschluss an die Themen der „Neuen“ Politik gewinnen. Das Fortschrittsverständnis wurde vom traditionellen Wachstumsbegriff abgekoppelt und um immaterielle Ziele wie Demokratie, Selbstbestimmung und Frieden ergänzt. Neben den ökologischen Fragen nahmen jetzt auch gesellschaftspolitische Forderungen breiten Raum ein, etwa die Gleichstellung der Frau. In der Wirtschafts- und Sozialpolitik trat das Programm dagegen auf der Stelle. Der Keynesianismus hatte ausgedient, doch wusste man nicht, welches neue und bessere Konzept ihn ersetzten sollte. Und bei der Diskussion um die Erneuerung des Sozialstaates blockierten sich „Modernisierer“ und „Traditionalisten“.

In der rot-grünen Regierungszeit hinkten die programmatischen Diskussionen dem Regierungshandeln hinterher. Mit dem im Juni 1999 veröffentlichten „Schröder-Blair-Papier“, das eigentlich als Papier der europäischen Sozialdemokratie (unter Einschluss der französischen Sozialisten) geplant war, versuchte der Kanzler die SPD für den „Dritte Weg“-Diskurs zu öffnen. Die Sozialdemokratie sollte danach nicht nur eine Alternative zum Marktliberalismus à la Thatcher und Reagan beschreiben, sondern auch von ihren eigenen staatszentrierten Konzepten der Vergangenheit Abschied nehmen. In den Passagen zur Sozial- und Arbeitsmarktpolitik nahm das Schröder-Blair-Papier Teile der späteren Agenda 2010 vorweg (Fischer 2005: 74 f.). Da der Entwurf in der Partei heftige Kritik auslöste, verzichtete Schröder jedoch darauf, ihn zum Ausgangspunkt einer breiter angelegten Debatte zu machen. Damit fehlte es dem 2003 eingeleiteten Reformkurs an einem ideenpolitischen Fundament.

Das 2007 verabschiedete Hamburger Programm kann als Versuch betrachtet werden, diesen Fehler zu korrigieren (Spier / Alemann 2013: 453). Mit der Formel des „vorsorgenden Sozialstaates“ löste sich die SPD darin vom bisherigen Verständnis einer überwiegend nachträglich tätig werdenden, reparierenden Sozialpolitik. Damit verbindet sich zugleich ein erweiterter Gerechtigkeitsbegriff, der statt auf Umverteilung im Sinne von Ergebnisgleichheit stärker auf die Herstellung gleicher Lebenschancen und Stärkung der Eigenverantwortung des einzelnen abzielt. Ein elementares Prinzip dieses Ansatzes ist, dass die Förderung so früh wie möglich einsetzt. Bildungs- und Familienpolitik werden so neben der Integration in den Arbeitsmarkt zu Schlüsselfeldern, die die Schutzfunktion des klassischen Sozialstaates ergänzen. Um diese in Zukunft weiter gewährleisten zu können, bekennt sich die SPD im Hamburger Programm zu einer nachhaltigen, die Staatsverschuldung langfristig reduzierenden Finanzpolitik und den Strukturreformen der Arbeitslosen- und Rentenversicherung. In der Gesundheitspolitik tritt sie für die Einführung einer „solidarischen Bürgerversicherung" ein, die das heutige System gesetzlicher und privater Krankenkassen ablösen soll.

Um den Kritikern der Agenda-Politik entgegenzukommen, wurden die modernisierenden Elemente des ursprünglichen Programmentwurfs in der Schlussfassung abgeschwächt. Als symbolträchtiges Zugeständnis an die Parteilinke ist der Begriff des „demokratischen Sozialismus" erhalten geblieben, über den es im Vorfeld lange Diskussionen gegeben hatte. Vorschläge, ihn durch das unverfänglichere Konzept der „sozialen Demokratie" (Meyer 2005) zu ersetzen und damit zugleich in größere Nähe zur 125 Jahre alten Selbstbezeichnung der Partei als „sozialdemokratisch" zu rücken, drangen nicht durch – im Programm stehen jetzt beide Begriffe nebeneinander. Unverändert übernommen wurden dagegen die bereits im Godesberger Programm eingeführten Grundwerte Freiheit, Gerechtigkeit und Solidarität, die für die Sozialdemokratie gleichrangig sind und eine Einheit bilden. Ihnen nachgeordnet werden als weitere Prinzipien der Primat der Politik vor der Ökonomie und die Nachhaltigkeit.

Eine wesentliche Neuerung des Hamburger Programms liegt in der konsequenten Ausrichtung der Grundwerte auf die veränderten politischen Bedingungen der globalisierten Welt. Die Globalisierung wird dabei nicht als ein Politikfeld unter vielen betrachtet, sondern „als Strukturprinzip moderner Gesellschaften, das Auswirkungen auf fast alle Bereiche des Lebens hat und das es zu gestalten gilt, das aber auch gestaltet werden kann" (Krell / Woyke 2015: 134). Als Kernbotschaft und wichtigste Antwort auf die Globalisierung gilt der SPD das Eintreten für ein „soziales Europa".

Nach der Rückkehr in die Opposition 2009 versuchte die SPD verloren gegangenen Kredit zurückzugewinnen, indem sie Fragen der sozialen Gerechtigkeit wieder stärker in den Vordergrund rückte. Neben kleinen (Hartz IV) und größeren (Rente mit 67) Korrekturen bisheriger Positionen nahm dabei die Forderung nach Einführung eines allgemeinen gesetzlichen Mindestlohns breiten Raum ein. Darüber hinaus versprach die SPD eine bessere Regulierung der ausufernden Zeit- und Leiharbeit. In der Steuerpolitik setzte sie sich vor der Bundestagswahl 2013 für eine Reform des Ehegattensplittings sowie Steuerhöhungen für Besserverdienende ein (Erhöhung des Spitzensteuersatzes, Wiedereinführung der Vermögenssteuer, Besteuerung von Kapitalerträgen als Einkommen, Reduzierung von Steuerprivilegien), die in der Großen Koalition gegen die Union allerdings nicht durchsetzbar waren. Inzwischen hat sie sich auch die Forderung nach einem Abbau der sogenannten kalten Progression zu eigen gemacht, wovon vor allem mittlere Einkommensbezieher profitieren würden.

In der Europa- und Außenpolitik, die durch die krisenhaften Entwicklungen der letzten Jahre die innenpolitische Agenda stark dominieren, findet die SPD wenige Möglichkeiten, sich inhaltlich von der Union abzusetzen. Den Austeritätskurs in der Euro-Rettungspolitik trägt sie ebenso mit wie die Sanktionen gegenüber dem Putin-Regime im Zuge des Ukraine-Konflikts oder die Maßnahmen zur Beseitigung der Fluchtgründe aus dem Nahen Osten und Afrika. In der Auseinandersetzung um das Freihandelsabkommen mit den USA lehnt sie die Einrichtung privater Schiedsgerichte ab. Innerparteilich umstritten bleibt ihre Zustimmung zur Vorratsdatenspeicherung, mit der sie von früheren Positionen abgerückt ist.

Größere Unterschiede zur Union bestehen in der Gesellschaftspolitik, wo die SPD unter anderem für die völlige Gleichstellung der gleichgeschlechtlichen Partnerschaften und die Besserstellung von Alleinerziehenden eintritt. In der Umweltpolitik kann sie ihre ministerielle Zuständigkeit für die Energiewende nutzen, um sich als Vorkämpferin des Klimaschutzes zu empfehlen. Ihre programmatischen Positionen dienen hier zugleich dem strategischen Zweck, die Grünen als Partner im eigenen Lager zu halten.

In der Asyl- und Flüchtlingspolitik verfolgt die SPD einen Mittelweg zwischen humanitär gebotener Öffnung und Lastenbegrenzung der aufnehmenden Gesellschaft, indem sie einerseits für konsequente Integrationsmaßnahmen und eine Beibehaltung des individuellen Asylanspruchs eintritt, andererseits aber auch eine Verbesserung der Lebensbedingungen der sozial schwächeren einheimischen Bevölkerung anstrebt. Um mehr legale Migrationsmöglichkeiten zu schaffen, möchte sie das bestehende Einwanderungsrecht modernisieren.

### d) Organisation

In ihrer Aufstiegs- und Etablierungsphase stellte die SPD den Prototyp einer Massen- oder Massenintegrationspartei dar, die ihre Anhänger über ein dichtes Netz an Vereinen und gesellschaftlichen Organisationen an sich band. Dazu gehörten auch eine eigene Parteischule und -presse – am Ende des Kaiserreichs gab sie rund 70 Zeitungen heraus (Walter 2002: 29). Die Auflösung der Milieustrukturen, mit der sich die SPD im Laufe der Zeit zur „professionellen Wählerpartei“ entwickelte, setzte bereits in der Weimarer Republik ein und beschleunigte sich in den fünfziger und sechziger Jahren. Die Sozialdemokraten wuchsen in den staatlichen Machtapparat hinein und nutzten ihn, um ihre Ideen einer sozialen Zähmung des Kapitalismus zu verwirklichen. Dadurch wurden die gesellschaftlichen Netzwerke, die die jetzt dem Staat obliegenden Funktionen der Daseinsvorsorge vorher mit übernommen hatten, zum Teil überflüssig. Die Milieupartei wurde zum Opfer des eigenen Erfolgs.

Der Begriff der „professionellen“ Wählerpartei ist insofern irreführend, als die SPD schon zu Zeiten der Massenpartei über einen hauptamtlichen Parteiapparat verfügte, der sich damals allerdings noch nicht mehrheitlich aus Akademikern zusammensetzte (Grunden 2012: 100 ff.). Die Lenkung der Massen durch die Führung sollte dabei der strikten demokratischen Kontrolle unterliegen. Wie verschieden die beiden Prinzipien – Lenkung von oben und Kontrolle von unten – in der SPD bis heute harmonieren, lässt sich an der Struktur und Amtsdauer ihrer Führungsspitzen ablesen. Kam die Partei von 1946 bis 1987 mit drei Vorsitzenden aus (Kurt Schumacher, Erich Ollenhauer und Willy Brandt), wechselte der Vorsitz danach zehn Mal, wobei die Vorsitzenden mit einer Ausnahme (Hans-Jochen Vogel) alle unfreiwillig aus dem Amt schieden. Unterschiedliche Erfahrungen hat die SPD in ihren beiden Regierungsphasen mit der Trennung beziehungsweise Verbindung der Ämter des Parteivorsitzenden und Regierungschefs gemacht. Für Helmut Schmidt war es vermutlich eher von Nutzen, dass der Vorsitz während seiner Kanzlerschaft bei Brandt blieb. Die Doppelspitze Schröder – Lafontaine hielt nach dem Wahlsieg 1998 dagegen nicht einmal ein halbes Jahr.

Bis 1958 wurde die Partei von einem „Büro“ aus besoldeten Vorstandsmitgliedern geführt, die nicht gleichzeitig Bundestagsabgeordnete sein durften. Seither wird das Präsidium, das wöchentlich tagt und dem heute 13 Personen angehören (der Vorsitzende, seine sechs Stellvertreter, die Generalsekretärin, der Schatzmeister, der Verantwortliche für die Europäische Union und drei Beisitzer), vom Vorstand gewählt, was zu einer Machtverlagerung in Richtung der Bundestagsfraktion geführt hat (Spier / Alemann 2013: 447). Der Vorstand, der satzungsgemäß 35 Mitglieder umfassen kann, wurde inzwischen auf 25 Mitglieder verkleinert, um ihn als eigentliches Leitungsorgan gegenüber dem Präsidium aufzuwerten. Über das Amt eines Generalsekretärs verfügt die Partei erst seit 1999; dessen politische Aufgaben wurden vorher vom Bundesgeschäftsführer wahrgenommen. Oberstes Organ der SPD ist der alle zwei Jahre stattfindende Bundesparteitag, der den Vorstand wählt und über Satzungen und Programme beschließt. Ihm gehören 600 gewählte Delegierte und die Vorstandsmitglieder an. Zwischen den Parteitagen entscheidet der jährlich zusammentretende Parteikonvent, der aus 200 stimmberechtigten Mitgliedern besteht.

Die territoriale Gliederung weicht von derjenigen der anderen Parteien durch die Sonderstellung der Bezirke ab, die lange Zeit die zentrale Organisationseinheit zwischen dem Bundesverband und den Ortsverbänden bildeten. Ihre Bedeutung ist seit der Einführung der Landesverbände im Jahre 1971 zurückgegangen. Dasselbe gilt auf der horizontalen Ebene für die wichtigen Arbeitsgemeinschaften und Vereinigungen (Arbeitsgemeinschaft Sozialdemokratischer Frauen, Arbeitsgemeinschaft für Arbeitnehmerfragen und Jungsozialisten), deren Einfluss in den siebziger Jahren ihren Höhepunkt erreichte (Lösche / Walter 1992: 238 ff.). Von den Einnahmen der Partei entfallen jeweils ein Drittel auf die Bundespartei, die Landesverbände und die nachgeordneten Gebietsverbände. Im Willy-Brandt-Haus, der Berliner Parteizentrale, waren 2015 ca. 200 Personen hauptamtlich beschäftigt.

Eine größere Rolle als die sektoralen Gliederungen spielen in der Sozialdemokratie die politischen Strömungen oder Faktionen, die institutionell in der Bundestagsfraktion verankert sind und von dort Ableger in der Parteiorganisation bilden. Über die längste Tradition verfügt der Zusammenschluss der Parteirechten im „Seeheimer Kreis“, der Mitte der siebziger Jahre als Reaktion auf den wachsenden Einfluss der Neuen Linken in der SPD entstand. Der linke Flügel organisiert sich in der „Parlamentarischen Linken“. Ein Kreis jüngerer Abgeordneter schloss sich 1998 im „Netzwerk Berlin“ zusammen. Diese Gruppierung verortet sich selbst in der Mitte, liegt in ihren inhaltlichen Positionen aber relativ nahe bei den „Seeheimern“. Der soziologische Hintergrund der Strömungen hat sich im Zuge des Generationenwechsels seit den siebziger Jahren stark gewandelt. Rekrutierte sich der rechte Flügel damals vorwiegend aus dem Gewerkschaftslager, zählen dessen Vertreter heute meist zum linken Flügel. Unter den liberalen Modernisierern befinden sich umgekehrt nicht wenige Angehörige der früheren Neuen Linken (Grunden 2012: 112 f.).

Der hohe Mitgliederbestand, der ein Kennzeichen der Massenpartei war, blieb der SPD auch nach ihrem Wandel zur Volkspartei erhalten. Durch den starken Zustrom neuer Mitglieder seit Ende der sechziger Jahre wurde 1976 erneut die Millionenmarke überschritten, seither ist die Mitgliederentwicklung rückläufig, wobei sich der Abwärtstrend seit Beginn der neunziger Jahre rapide beschleunigte. Ende 2015 lag die SPD mit 443.000 Mitgliedern in etwa gleichauf mit der CDU; rechnet man die CSU mit ein, wurde sie von den Unionsparteien in der Mitgliederstärke schon seit Mitte der achtziger Jahre überflügelt. Der Rückgang ist vor allem auf den fehlenden Nachwuchs zurückzuführen, was sich zugleich im gestiegenen Durchschnittsalter der Mitglieder (auf 60 Jahre) widerspiegelt. Politisch motivierte Austritte spielen demgegenüber eine untergeordnete Rolle. Besonders markant fällt die Organisationsschwäche der SPD in den neuen Ländern ins Auge, wo sie über eine viereinhalbmal geringere Mitgliederdichte verfügt als in der alten Bundesrepublik (einschließlich Berlins) und deshalb immer größere Probleme hat, genügend Kandidaten für Vorstandsposten und kommunale Wahlämter zu finden. Die Sozialstruktur ihrer Mitglieder weist die SPD als „Partei des öffentlichen Dienstes" aus; 42 Prozent arbeiten hier (im Vergleich zu 7 Prozent der Gesamtbevölkerung), was ansonsten nur von den Grünen übertroffen wird (Spier / Alemann 2013: 452). Der Frauenanteil liegt mit 34 Prozent knapp unter der seit 1988 geltenden 40-Prozent-Geschlechterquote für Funktionäre und Mandatsträger.

Nachdem die in den neunziger Jahren unternommenen Organisationsreformen über Ansätze nicht hinausgekommen waren (Machnig / Bartels 2001), bot die Wahlniederlage 2009 den Anlass für eine umfassend angelegte Parteireform, deren Ziel eine „neue organisatorische, sozialstrukturelle und programmatische Verankerung [der SPD] in der Gesellschaft" sein sollte. Die von Gabriel und der damaligen Generalsekretärin Andrea Nahles intendierte Öffnung der Partei für Nichtmitglieder (bis hin zur Einführung offener Vorwahlen) musste dabei aber rasch verworfen werden, da die dazu befragten Mitglieder sie mit deutlicher Mehrheit ablehnten (Bukow 2014). Ob die behutsame Weiterentwicklung der Entscheidungsrechte der Mitglieder (durch niedrigere Quoren und die Einführung der Briefwahl) und der Erfolg des Mitgliederentscheids zur Großen Koalition eine Trendwende hin zu mehr direkter Beteiligung einleiten, scheint ebenfalls eher fraglich. Ihre Wirkung dürfte vor allem darin bestehen, dass sie den Handlungsspielraum der Parteiführung gegenüber der mittleren Funktionärsebene vergrößern und die öffentliche Wahrnehmung der SPD verbessern. Deren Organisationsstruktur entfernt sich damit von dem in der wissenschaftlichen Literatur zu Beginn der neunziger Jahre gezeichneten Bild einer „lose verkoppelten Anarchie“ (Lösche / Walter 1992: 197 ff.), ohne das Grundmodell einer mitgliederbasierten Gremienpartei zu verlassen.

## 4. Bündnis 90 / Die Grünen

### a) Etappen der Parteigeschichte

Die Grünen (seit dem Zusammenschluss mit dem ostdeutschen Bündnis 90 1993 offiziell: Bündnis 90/Die Grünen) sind die einzige Partei in der Bundesrepublik, die es geschafft hat, sich als Neugründung dauerhaft zu etablieren. In ihrer Entstehungsphase ausgangs der siebziger Jahre noch eine radikale Protestpartei, wurden sie durch die Bereitschaft zur Regierungsbeteiligung ab Mitte der achtziger Jahre in die Machtstrukturen des Staates rasch integriert. Im Parteiensystem sind die Grünen seit den neunziger Jahren zunehmend in die Mitte gerückt, womit ihnen eine Schlüsselrolle bei der Koalitionsbildung zukommt.

Entstanden sind die Grünen nicht als Abspaltung oder Neuformierung von bestehenden Parteien, sondern aus der Gesellschaft heraus. Nimmt man den ostdeutschen Zweig des Bündnis 90 hinzu, gehen sie im Wesentlichen auf drei Bewegungen zurück: die Studentenbewegung, die sich ab Mitte der sechziger Jahre als „Außerparlamentarische Opposition“ gegen die etablierten Parteien und das parlamentarische System formiert hatte, die unter dem Begriff „Neue Soziale Bewegungen“ zusammengefassten Umwelt-, Anti-Atomkraft-, Friedens- und Frauenbewegungen der siebziger und beginnenden achtziger Jahre und die DDR-Bürgerrechtsbewegung im „Wendejahr“ 1989/1990. Als wichtigste dieser Wurzeln bildeten die Neuen Sozialen Bewegungen ein Konglomerat ganz unterschiedlicher Gruppen, Organisationen und Einzelpersönlichkeiten, die sich unter dem Motto „Nicht links, nicht rechts, sondern vorn“ im Gründungsprozess bündelten (Mende 2011).

Die unmittelbare Entstehungsursache wurde durch das Umweltthema und hier vor allem durch den Widerstand gegen die Atomkraft gesetzt. Mit dem 1972 veröffentlichten Bericht des *Club of Rome*, einer informellen Vereinigung von Politikern, Wirtschaftsführern und Wissenschaftlern, traten die ökologischen Folgen der industriellen Wachstumspolitik erstmals ins Bewusstsein einer breiteren Öffentlichkeit. Gleichzeitig bildeten sich auf lokaler Ebene Bürgerinitiativen gegen den Bau neuer Kernkraftwerke, die maßgeblich von Bauern und der ländlichen Bevölkerung getragen wurden. Seit Mitte der siebziger Jahre entstanden in vielen Bundesländern sogenannte bunte und alternative Listen. Während die erstgenannten eine große ideologische Bandbreite aufwiesen, die von radikal linken bis hin zu völkisch-nationalen Tendenzen reichte, und sich durch eine geringe Formalität auszeichneten, dominierten in den letztgenannten die Vertreter der größtenteils maoistisch geprägten K-Gruppen, deren Wurzeln in der Studentenbewegung lagen. Die Listen schlossen sich 1979 vor der Europawahl zum gemeinsamen Wahlbündnis „Sonstige Politischen Vereinigung DIE GRÜNEN“ zusammen.

Auch bürgerlich-konservative Positionen waren im Gründungsspektrum der Grünen anfangs prominent vertreten (Walter 2010: 71 ff.). Als einer der wichtigsten Vordenker der Ökologiebewegung galt der Bundestagsabgeordnete Herbert Gruhl, der nach seinem Austritt aus der CDU 1978 die „Grüne Aktion Zukunft“ gegründet hatte. Gruhl gehörte 1979 zum gleichberechtigten Sprecherteam der „Sonstigen Politischen Vereinigung DIE GRÜNEN“.

Die durch die ideologisch-programmatische Heterogenität bedingten harten innerparteilichen Konflikte prägten das Erscheinungsbild der Grünen über mehr als ein Jahrzehnt. Sie führten dazu, dass sich die Partei nach ihrer offiziellen Gründung im Januar 1980 zuerst von ihren bürgerlich-konservativen Teilen und später von den linksradikalen Vertretern löste. Gruhl kehrte den Grünen Anfang 1981 den Rücken und überführte den zu dieser Zeit von der linken Mehrheit bereits stark marginalisierten bürgerlich-konservativen Flügel in die Ökologisch-Demokratische Partei (ÖDP). Diese besteht bis heute fort, konnte aber selbst in ihrer Hochburg Bayern, wo sie eine annähernd flächendeckende Organisation unterhält, über das Stadium einer etablierten Kleinstpartei nie hinausgelangen.

Langwieriger gestaltete sich die Abspaltung der linksradikalen Kräfte. Die Auseinandersetzung drehte sich hier vordergründig um die Bereitschaft zur Übernahme von Regierungsverantwortung. Nach der hessischen Landtagswahl 1983 hatte der Landesverband in Hessen einen entsprechenden Beschluss gefasst, der über den Umweg einer Tolerierung der SPD-Regierung 1985 in die Bildung der ersten rot-grünen Landesregierung mündete. Die Anhänger des radikalen Flügels betrachteten dies als Verrat an grünen Grundsätzen. Ihrem fundamentaloppositionellen Verständnis gemäß standen die Grünen in prinzipieller Gegnerschaft zur etablierten Politik und deren Spielregeln – Parlamentarismus, Mehrheitsentscheidungen, Reform in kleinen Schritten, staatliches Gewaltmonopol. Den systemkritischen Fundamentalisten („Fundis") standen die Realpolitiker („Realos") entgegen, die Veränderungen aus dem Inneren heraus bewirken wollten. Die Gegensätze prallten so hart aufeinander, dass die Bundespartei mehrfach am Rande einer Spaltung stand. Erst als die führenden Vertreter des radikalen Flügels um Rainer Trampert, Thomas Ebermann und Jutta Ditfurth die Grünen ab Ende der achtziger Jahre verließen, normalisierte sich die Auseinandersetzung (Kleinert 1992: 110 ff.).

Ungeachtet der Turbulenzen schafften es die Grünen in den achtziger Jahren schnell, sich als neue Kraft im Parteiensystem festzusetzen (Klein / Falter 2003: 41 ff.). Ihr Ergebnis bei der Bundestagswahl 1980 war mit 1,5 Prozent zwar enttäuschend, nachdem eine grüne Liste bereits 1979 in Bremen erstmals in ein Landesparlament eingezogen war. Die vorgezogene Bundestagswahl 1983 brachte dann aber mit einem Ergebnis von 5,6 Prozent den erhofften Durchbruch. Darüber hinaus gelang es der Partei nach dieser Wahl, in insgesamt acht Bundesländern über die Fünfprozenthürde zu kommen. Lediglich in Nordrhein-Westfalen, Schleswig-Holstein und im Saarland ließ der Einzug in die Landtage bis in die neunziger Jahre auf sich warten. Bei der Bundestagswahl im Januar 1987 legten die Grünen weiter zu. Auch aus der kurz darauf stattfindenden hessischen Landtagswahl ging die Partei gestärkt hervor, obwohl die Koalition mit der SPD zuvor am Streit über die Atompolitik zerbrochen war. Zur Bildung der zweiten rot-grünen Koalition kam es Anfang 1989 in (West-)Berlin.

Ihrem basisdemokratischen Ansatz und Verständnis als „Anti-Parteien-Partei" versuchten die Grünen gerecht zu werden, indem sie den Aufbau der eigenen Organisation konsequent am Prinzip der Machtteilung ausrichteten (Klein / Falter 2003: 87 ff.). Beispielsweise führten sie ein Rotationsprinzip ein, das die Amtszeit ihrer Landtags- und Bundestagsabgeordneten auf zwei Jahre begrenzte, bevor sie durch Nachrücker ersetzt würden. Da dies den Bedürfnissen einer kontinuierlichen parlamentarischen Arbeit im Wege stand, wurde das Rotationsprinzip von Beginn an unterlaufen, womit seine Abschaffung nur noch eine Frage der Zeit war. Beibehalten wurden dagegen die ebenfalls umstrittene Trennung von Amt und Mandat (Abgeordnete und Minister dürfen keine Parteiämter bekleiden) und das Prinzip der kollektiven Führung. Letzteres sollte zugleich dazu dienen, die unterschiedlichen Strömungen in der Partei abzubilden und eine paritätische Vertretung der Geschlechter sicherzustellen. Die institutionellen Regelungen bedingen bis heute ein hohes Maß an Personalfluktuation in den Spitzenämtern. Sie verhinderten nicht, dass auch bei den Grünen informelle Machthierarchien entstanden und einzelne Personen als Identifikationsfiguren hervortraten. In der Gründungsphase galt das z.B. für Petra Kelly, deren innerparteilicher Einfluss hinter ihrer Strahlkraft nach außen allerdings deutlich zurückblieb, und ab den neunziger Jahren bis zu seinem Ausscheiden 2005 für Joschka Fischer.

Dessen Aufstieg zur „heimlichen Nummer eins" wurde durch die Krise begünstigt, in die die Partei 1990 mit der deutschen Einheit geriet. Während Fischer in Hessen 1991 erneut das Amt des Umweltministers übernahm, waren die Grünen bei der ersten gesamtdeutschen Wahl Ende 1990 im Wahlgebiet West überraschend an der Fünfprozenthürde gescheitert. Neben ihren internen Streitigkeiten war dies auch der verfehlten Wahlkampfstrategie geschuldet, die an der historischen Umbruchsituation vorbeiging (Probst 2013: 515). In anderer Hinsicht stellte die deutsche Einheit eine positive Zäsur dar, gab sie den Grünen doch die Möglichkeit, einen Teil der DDR-Bürgerrechtsbewegung zu integrieren. Die Listenverbindung der Grünen mit den Bürgerbewegungen des Bündnis 90 im Wahlgebiet Ost, die ihr ab 1990 die parlamentarische Präsenz von acht ostdeutschen Abgeordneten sicherte, nahm die drei Jahre später vollzogene Vereinigung von Westgrünen und Bündnis 90 vorweg.

Das Zusammenwachsen der beiden Teile gestaltete sich schwierig. Die Bürgerrechtler fühlten sich in der gemeinsamen Partei an den Rand gedrängt. Dies wirkte sich auch in den Wahlen aus. Gelangten die Grünen 1990 bis auf Mecklenburg-Vorpommern in allen ostdeutschen Ländern in die Parlamente, war ihnen dies 1994 nur noch in Sachsen-Anhalt vergönnt. Erst ab Mitte der 2000er Jahre verzeichneten sie auch im Osten wieder einen größeren Stimmenzuwachs. In den alten Ländern zeigte die Erfolgskurve in den neunziger Jahren unterdessen nach oben. Hier profitierten die Grünen zum einen von ihrer Entradikalisierung, zum anderen von der wachsenden Unzufriedenheit mit der Kohl-Regierung. Neben Hessen kamen nun auch in Niedersachsen, Nordrhein-Westfalen, Schleswig-Holstein und Hamburg rot-grüne Regierungsbündnisse zustande, die von der Parteibasis mit großen Mehrheiten unterstützt wurden.

Dass das Ergebnis der Bundestagswahl 1998 unter den Erwartungen blieb, lag an der unglücklich geführten Wahlkampagne, die die Grünen mit ihrer Forderung nach einer schrittweisen Benzinpreiserhöhung auf fünf DM belastet hatten. Dennoch reichte es zur Bildung der ersten Koalition mit der SPD auf Bundesebene. Joschka Fischer besetzte darin das Amt des Außenministers und Vizekanzlers, Jürgen Trittin übernahm das Umweltressort, Andrea Fischer bis 2001 das Gesundheitsministerium und Renate Künast das Ministerium für Landwirtschaft und Verbraucherschutz. Die Regierungszeit war von heftigen Turbulenzen begleitet. Die Beteiligungen der Bundeswehr an den Militäreinsätzen im Kosovo-

(1999) und im Afghanistan-Krieg (2001) konnten in der Partei gegen den Widerstand der pazifistischen Kräfte nur mühsam durchgesetzt werden; sie stellten die Regierungsfähigkeit der Grünen in Frage. Auch in der Innen-, Wirtschafts- und Umweltpolitik blieb die Bilanz ernüchternd. Die Folge war eine Serie von Wahlniederlagen, die die Abwahl der Regierung nach nur einer Legislaturperiode bis wenige Monate vor der Bundestagswahl 2002 fast sicher erscheinen ließ. Im Wahlkampf gelang es Rot-Grün das Blatt doch noch zu wenden. Die knappe Bestätigung der Koalition war dabei vor allem dem guten Ergebnis der Grünen (8,7 Prozent) zu verdanken.

Die zweite Amtszeit stand unter gänzlich anderen Vorzeichen. Die Kehrtwende in der Sozial- und Arbeitsmarktpolitik, die die Regierung 2003 unter dem Druck der schlechten Wirtschaftslage einleitete, schadete der SPD bei den Wahlen massiv und brachte mit der WASG einen neuen Konkurrenten im Parteiensystem hervor, der sich später mit der ostdeutschen PDS zur gesamtdeutschen Linkspartei vereinigte. Die Grünen konnten sich von diesem Negativtrend absetzen und verbuchten bei den Landtagswahlen sogar Zuwächse. Die von Kanzler Schröder nach der Abwahl der letzten rot-grünen Landesregierung in Nordrhein-Westfalen durch eine absichtlich verlorene Vertrauensfrage herbeigeführten Neuwahlen erfolgten deshalb gegen ihren Willen. Sie beendeten die rot-grüne Zusammenarbeit im Bund vorzeitig und führten die Grünen ab 2005 zurück in die Opposition.

Die Wahl markierte mit dem Rückzug von Joschka Fischer nicht nur in personeller Hinsicht einen tiefen Einschnitt. Sie veranlasste die Grünen auch zu einer koalitionspolitischen Öffnung, um sich aus der bisherigen Fixierung auf Rot-Grün zu lösen. In Hamburg bildeten sie nach der Bürgerschaftswahl 2008 erstmals eine Koalition mit der CDU, die aber genauso wie das 2009 geschlossene Jamaika-Bündnis mit CDU und FDP im Saarland vor Ablauf der Legislaturperiode zerbrach. Zweistellige Ergebnisse in Baden-Württemberg (2006), Berlin (2006), Bremen (2007) und Hessen (2008) gingen dem guten Abschneiden bei der Bundestagswahl 2009 (10,7 Prozent) voraus beziehungsweise begleiteten dieses

(Schleswig-Holstein 2009). Dass sie 2010 und 2011 nochmals übertroffen wurden, lag zum einem am negativen Erscheinungsbild der seit 2009 regierenden schwarz-gelben Koalition. Zum anderen spielte der Reaktorunfall im japanischen Fukushima der Antiatomkraft-Partei in die Hände. In Baden-Württemberg, wo die Landtagswahl im März 2011 unmittelbar unter dem Eindruck der Katastrophe stattfand, gelang es den Grünen erstmals, als stärkerer Partner in einer rot-grünen Regierung das Amt des Ministerpräsidenten zu besetzen (mit Winfried Kretschmann). Im Quartett der Fraktions- und Parteispitzen war mittlerweile Jürgen Trittin zur wichtigsten Führungsfigur avanciert.

Das Ergebnis der Bundestagswahl 2013 (8,4 Prozent) bedeutete vor diesem Hintergrund einen herben Rückschlag. Der Absturz lag vor allem in den Themenschwerpunkten begründet. Die Konzentration auf die Steuer- und Sozialpolitik ging an den Bedürfnissen einer breiten Wählerschaft vorbei und aus dem Energiethema zog man nach der Festschreibung des Atomausstiegs kaum noch Nutzen. Weil eine Mehrheit für Rot-Grün laut Umfragen in weiter Ferne stand, sahen sich die Grünen überdies erneut mit der Koalitionsfrage konfrontiert (Probst 2015). Nach der Wahl machten Jürgen Trittin, Renate Künast und Claudia Roth den Weg für einen personellen Neuanfang an der Partei- und Fraktionsspitze frei, der allerdings das Machtvakuum nicht füllte. Die Schwäche der Bundespartei steht einer kraftvollen Oppositionspolitik seither im Wege. Sie kontrastiert mit der starken Präsenz in den Ländern, wo die Grünen inzwischen über die Rekordzahl von zehn Regierungsbeteiligungen verfügen und durch ihre Koalitionen mit der CDU in Hessen und Baden-Württemberg das Tor für ein schwarz-grünes Bündnis auf Bundesebene weiter geöffnet haben (Kronenberg / Weckenbrock 2011).

### b) Wahlergebnisse und Wählerschaft

Gemessen an Wahlerfolgen und Regierungsbeteiligungen ist es den Grünen schon in den neunziger Jahren gelungen, der FDP die Position als dritte Kraft im deutschen Parteiensystem streitig zu machen. Diese Stellung konnten sie auch in der Konkurrenz mit der 2007 entstandenen gesamtdeutschen Linken behaupten. Die Hochburgen der Partei liegen in den urbanen Zentren der alten Bundesrepublik, vor allem in den Universitätsstädten. In Baden-Württemberg, wo sie mit Winfried Kretschmann seit 2011 ihren bisher einzigen Ministerpräsidenten stellen, avancierten die Grünen 2016 erstmals in einem Bundesland zu stärksten Kraft. In den neuen Ländern schneiden sie trotz des Aufwärtstrends seit Mitte der 2000er Jahre deutlich schlechter ab. Bei der Bundestagswahl 2013 lagen ihre Ergebnisse hier lediglich zwischen 4,0 und 4,9 Prozent.

Sozialwissenschaftler haben die Entstehung der Grünen auf die Herausbildung einer neuen Konfliktlinie in den westlichen Gesellschaften zurückgeführt, die durch den Gegensatz zwischen Ökonomie und Ökologie und einen Bedeutungsanstieg nicht-materieller („post-materialistischer“) Werthaltungen bestimmt sei. Im Unterschied zu ihren später entstandenen und weniger erfolgreichen Schwesterparteien in anderen Ländern konnten die deutschen Grünen dabei auf dem Fundament eines durch die Studenten- und Alternativbewegungen formierten Milieus aufbauen, dessen Kern die geburtenstarken Jahrgänge der Babyboomer-Generation bildeten (Walter 2010: 73 ff.).

Vergleicht man die heutige Wählerzusammensetzung der Grünen mit ihrer Wählerschaft in der Entstehungs- und Etablierungsphase, so fällt zuerst der Altersanstieg ins Auge. Waren im Jahre 1980 fast 80 Prozent der Grünen-Wähler jünger als 35, so liegt deren Anteil heute unter 10 Prozent. Wahlforscher sprechen mit Blick auf diese Entwicklung vom „Ergrauen“ der Grünen. Viele Wähler, die die Partei in ihrer Entstehungsphase unterstützten, hielten ihr auch später die Treue. Dieser Generationeneffekt wird allerdings durch ein lebenszyklisches Muster überlagert, das den Grünen in den nachwachsenden Alterskohorten der Jungwähler bis heute überdurchschnittliche Ergebnisse sichert (Klein / Falter 2003: 144 ff.).

Infolge des Generationeneffekts hat sich die Wählerstruktur der Grünen auch in sozialer Hinsicht stark verändert. Die Jungwähler aus den achtziger Jahren sind heute beruflich, familiär und gesellschaftlich arriviert. Die „Verbürgerlichung“ der Grünen ist daran ablesbar, dass ihre Wähler nicht nur über die höchsten Bildungsabschlüsse verfügen, sondern auch überdurchschnittlich verdienen. Vornehmlich im Dienstleistungs- und Bildungsbereich beschäftigt, lassen sie sich sozialstrukturell den neuen Mittelschichten zuordnen. Unter Arbeitern, Arbeitslosen und gering Qualifizierten konnte die Partei dagegen bisher nur wenig Unterstützung verbuchen. Am schwächsten bleibt ihr Zuspruch bei den Über-60-Jährigen (Probst 2013: 530 f.).

Die Grünen werden häufiger von Frauen gewählt als von Männern. Die Spreizung, die sich im Osten genauso zeigt wie im Westen, hat bei den Bundestagswahlen 2009 und 2013 sogar noch zugenommen. In ihr spiegelt sich die feministische Ausrichtung der Partei wider, die den Kampf für die Gleichberechtigung von Anfang an auf ihre Fahnen geschrieben hatte.

Fragt man nach Einstellungen und politischen Positionen, so haben sich die Grünen von der Homogenität der einstigen Milieupartei weit entfernt. Ihre Wähler stehen heute nur noch in gesellschaftspolitischen Fragen klar links, nicht mehr dagegen in der Sozial- und Wirtschaftspolitik. Die im Wahlprogramm 2013 geforderten Steuererhöhungen lehnten sie z.B. mehrheitlich ab. Ein überraschend hoher Anteil der Wähler versteht sich sogar als unpolitisch und präferiert die Partei vor allem aus Lifestyle-Gründen (etwa beim Kauf von Bio-Lebensmitteln). Die Zusammenführung dieser unterschiedlichen Wählersegmente birgt für die Grünen eine große Herausforderung, die ihre Programmdiskussion in den nächsten Jahren bestimmen dürfte (Walter 2010: 80 ff.).

### c) Programmatik

Die Grünen teilen mit den beiden anderen linken Parteien in der Bundesrepublik – SPD und Linken – den Anspruch einer Programmpartei. In ihrer Gründungsphase verstanden sie sich als „Anti-System“- und „Anti-Parteien-Partei“, was in der Vermeidung des Parteienbegriffs im Namen bis heute zum Ausdruck kommt. Ihre Gegnerschaft bezog sich dabei sowohl auf das politische System der parlamentarischen Demokratie und westlichen Bündniszugehörigkeit der Bundesrepublik als auch auf das Wirtschafts- und Gesellschaftssystem des Industriekapitalismus.

In ihrem ersten Bundesprogramm 1980 formulierten die Grünen ihr alternatives Selbstverständnis mit den Adjektiven „ökologisch, sozial, basisdemokratisch und gewaltfrei". Die daran anschließenden Forderungen umfassten unter anderem die sofortige Stilllegung aller Atomanlagen, die Entmilitarisierung der Bundesrepublik und ihren Austritt aus der NATO (Probst 2013: 526). In den kapitalismuskritischen Teilen trug das Programm überwiegend die Handschrift der K-Gruppen und Ökosozialisten, während die basisdemokratischen Vorstellungen auf die Neuen Sozialen Bewegungen zurückgingen. Weil die Basisdemokratie auch für die eigene Organisation leitend war, wurde sie zur wichtigsten Nagelprobe der Reformfähigkeit der Grünen.

Die achtziger Jahre waren von der Auseinandersetzung zwischen den realpolitischen und fundamentalistischen Kräften in der Partei geprägt. Endgültig durchsetzen konnte sich der „Realo"-Flügel erst nach der deutschen Einheit, wobei der Parteitag von Neumünster im April 1991 in der Rückschau die entscheidende Wendemarke darstellte. Im 1993 festgehaltenen „Grundkonsens" mit Bündnis 90 nahmen die Grünen von ihrer systemkritischen Haltung Abstand und erkannten die Funktionsprinzipien der parlamentarischen Demokratie vorbehaltlos an. In der Parteiorganisation wurden die basisdemokratischen Elemente zurückgestuft und den professionellen Strukturen der anderen Parteien angepasst. Und in der Ökologiefrage entwickelten sie Konzepte für den schrittweisen Umbau der Industriegesellschaft innerhalb der bestehenden marktwirtschaftlichen Ordnung, statt deren Überwindung zu fordern.

Die letzte Bastion der „Fundis" war das Prinzip der Gewaltfreiheit. Sie wurde mit der Zustimmung der Partei zu den Militäreinsätzen im Kosovo und in Afghanistan aufgegeben. Das Grundsatzprogramm von 2002 fixierte den neuen Konsens, indem es die Anwendung militärischer Gewalt unter UN-Mandat im Einzelfall erlaubte. Als ihre Grundwerte bezeichneten die Grünen jetzt in veränderter Reihenfolge und Diktion „Ökologie, Selbstbestimmung, erweiterte Gerechtigkeit und lebendige Demokratie“, dahinter folgte das Eintreten für „Gewaltfreiheit und Menschenrechte“. Der erweiterte Gerechtigkeitsbegriff wird im Prinzip der Nachhaltigkeit konkretisiert. Als „zukunftsfähige Verbindung von ökologischer, sozialer und wirtschaftlicher Entwicklung“ betont diese die Verantwortung der heutigen Politik für die Lebenschancen künftiger Generationen. Neben dem Umweltschutz rückten damit auch die Wirtschafts-, Finanz-, Sozial- und Bildungspolitik in den Fokus der Grünen, die bereits in den Bundestagswahlprogrammen von 1994 und 1998 zur Erweiterung ihres Profils beigetragen hatten (Klein / Falter 2003: 79 ff.).

Eine grundlegende Neubewertung erfährt die Marktwirtschaft. Sie wird nicht nur als Ordnungsrahmen ausdrücklich akzeptiert, sondern bewusst in den Dienst der ökologischen Sache gestellt. Das Grundsatzprogramm konnte hier ebenfalls auf Vorarbeiten aus den neunziger Jahren zurückgreifen, in denen man konkrete Pläne für eine ökologische Steuerreform, den stufenweisen Atomausstieg und die staatliche Förderung erneuerbarer Energien entwickelt hatte. Alle diese Vorhaben wurden in der rot-grünen Regierungszeit realisiert beziehungsweise eingeleitet. Ein Glücksfall war das der Partei nach einer Kabinettsumbildung 2001 eher zufällig in den Schoß gefallene Landwirtschaftsressort, das von Renate Künast genutzt wurde, um die Grünen als Vorkämpfer einer ökologischen Agrarwende zu profilieren. Auf der Länderebene erweist sich dieser Bereich heute als eines der wichtigsten Themen, mit denen die Partei herausstechen kann.

Nach der Rückkehr in die Opposition versuchten die Grünen ihren Markenkern weiter zu schärfen. Deutlicher als zuvor wurden nun die wirtschaftlichen Chancen einer ökologischen Modernisierungsstrategie herausgestellt, z.B. im 2008 vorgelegten Plan eines „New Green Deal“. Ob die ökologischen Ziele mit dem Wachstumsdenken vereinbar sind, bleibt in der Partei umstritten (Fücks 2013). Die von der schwarz-gelben Bundesregierung abrupt eingeleitete Energiewende konnten die Grünen einerseits als Bestätigung ihres Kurses auffassen, andererseits verschwand mit dem

Atomausstieg ein wichtiges Mobilisierungsthema. Letzteres trug zu der wenig erfolgreichen Prioritätensetzung im Wahlprogramm 2013 bei, das den Hauptakzent auf die Sozial- und Steuerpolitik legte und mit dezidiert linken Positionen aufwartete. Das Scheitern dieses Kurses lässt erwarten, dass sich die Grünen in der Wirtschafts- und Sozialpolitik künftig stärker in der Mitte positionieren.

Gesellschaftspolitisch besetzen die Grünen im Parteiensystem den linken Pol. Während sie als Verteidiger der klassischen Bürgerrechte mit der FDP (und zum Teil der SPD und der Linken) rivalisieren, bildeten sie beim Eintreten für die Gleichberechtigung benachteiligter Gruppen von Beginn an die Avantgarde. In den achtziger Jahren standen dabei die Frauen im Vordergrund, später die sexuellen Minderheiten und Zuwanderer. Verdienste erwarb sich die Partei, indem sie die Geschlechterparität selbst konsequent umsetzte und den Wandel der Bundesrepublik zu einer „multikulturellen“ Gesellschaft früh beim Namen nannte. Beim Thema Sexualität wurde sie dagegen durch die 2013 aufkommende Pädophilie-Debatte von den Irrtümern ihrer Vergangenheit eingeholt (Walter / Klecha / Hensel 2015). Auf der internationalen Ebene kommt die Werteorientierung der Grünen darin zum Ausdruck, dass sie sich seit ihrer Abkehr vom Pazifismus heute unter allen deutschen Parteien am entschiedensten für die Menschenrechte einsetzen.

So wie in der Wirtschafts- und Sozialpolitik gibt es in der Gesellschaftspolitik innerhalb der Partei Akzentunterschiede. Am sichtbarsten aufgebrochen sind diese zuletzt im Zuge der Flüchtlingskrise, wo der am liberalen Öffnungskurs festhaltenden Parteimehrheit eine Minderheit gegenübersteht, die für mehr Realismus plädiert. Konflikte entzünden sich hier zum einen an Maßnahmen der Zuwanderungsbegrenzung wie etwa die Ausweitung sicherer Herkunftsländer, zum anderen an Zielkonflikten der Integrationspolitik, die sich z.B. mit Blick auf die Rechte von Frauen ergeben. Dem letztgenannten Problem können auch die Grünen seit den massiven sexuellen Übergriffen am Silvesterabend 2016 in Köln nicht mehr ausweichen.

## d) Organisation

So wie die Grünen den anti-bürgerlichen Habitus in ihren Gründerjahren äußerlich kultivierten, so wollten sie sich auch in der Organisation von den „Altparteien" abheben. Von den zum Teil sehr rigiden basisdemokratischen Prinzipien haben viele nur kurze Zeit überdauert, weil sie sich als wenig praktikabel herausstellten oder bei den Betroffenen auf Widerstand stießen. Dazu zählten z.B. die Rotationsregeln, die öffentliche Abhaltung von Fraktionssitzungen, die Abführung eines Teils der Diäten als „Parteisteuern" oder die Ausübung der Parteitätigkeit als Ehrenamt. Bei den verbliebenen Alleinstellungsmerkmalen fällt die Bilanz gemischt aus. Während die Frauenquote später von den anderen Parteien übernommen wurde, blieben die Trennung von Amt und Mandat, die Forderung nach einem Primat der Partei vor der Fraktion / Regierung und die Doppelspitze in der Bewertung umstritten, weil sie die Herausbildung eines strategischen Führungszentrums erschwerten (Raschke 2001). Die Trennung von Amt und Mandat wurde durch einen Mitgliederentscheid 2003 abgeschwächt und gilt seither nur noch für zwei Drittel der Vorstandsmitglieder.

Eine Vorreiterrolle spielen die Grünen weiterhin bei der Geschlechterparität. So wie die Doppelspitzen in Partei und Fraktion mit mindestens einer Frau besetzt sein müssen, so gelten für alle übrigen Ämter und Gremien strikte Quotenregeln. Beschlüsse der Bundesdelegiertenkonferenz kommen nur zustande, wenn ihnen auch eine Mehrheit der anwesenden Frauen zustimmt. Zur Koordination der frauenpolitischen Themen unterhält die Partei einen Frauenrat, der zwei Mal im Jahr tagt. Darüber hinaus findet einmal jährlich eine Bundesfrauenkonferenz statt (Probst 2013: 520).

Sieht man von diesen Besonderheiten und den teilweise abweichenden Begrifflichkeiten ab, entspricht der Parteiaufbau der Grünen dem üblichen Rahmen (Switek 2012: 124 ff.). Oberstes Organ ist die jährlich oder zweijährlich stattfindende Bundesdelegiertenkonferenz, die den Parteivorstand und den aus maximal 16 Mitgliedern bestehenden Parteirat wählt. Dem Vorstand obliegt die operative Leitung der Partei. Ihm gehören neben den beiden gleichberechtigten Vorsitzenden der/die Geschäftsführer/in, der/die Schatzmeister/in sowie zwei weitere Mitglieder an. Der Parteirat wurde 1998 eingerichtet, um die Arbeit von Partei, Fraktion und Regierung besser zu koordinieren. Der Länderrat, der als höchstes Organ zwischen den Parteitagen vier Mal im Jahr zusammentritt, besteht aus den Mitgliedern des Bundesvorstands und delegierten Vertretern der Landesverbände, Fraktionen und Bundesarbeitsgemeinschaften. Die „Grüne Jugend", in der man bis zum Alter von 28 Jahren Mitglied werden kann, ist von der Partei formal unabhängig, aber eng mit ihr liiert.

Auffällig ist, dass die Grünen trotz ihres basisdemokratischen Anspruchs am Delegiertenprinzip weitgehend festgehalten haben. Erst in jüngster Zeit deutet sich hier ein Wandel an. So wurden die Spitzenkandidaten für die Bundestagswahl 2013 erstmals in einer Urwahl bestimmt. Auf dem Parteitag im November 2015 haben die Grünen beschlossen, dass 2017 neben der Urwahl auch eine online-Mitgliederbefragung über das Wahlprogramm stattfinden soll. Darüber hinaus sei die Zustimmung der Basis bei einer eventuellen Koalitionsentscheidung einzuholen (allerdings erst nach Abschluss von Koalitionsverhandlungen).

Über relativ große Eigenständigkeit verfügen innerhalb der Parteiorganisation die Landesverbände. Durch die hohe Zahl der Regierungsbeteiligungen ist deren Gewicht zuletzt sogar noch gestiegen, sodass die von den Grünen gestellten Minister heute neben dem Bundesvorstand und ihrer Bundestagsfraktion eine weitere Machtsäule der Partei bilden.

An Bedeutung verloren haben dagegen die Strömungen, deren Systematisierung in den achtziger Jahren eine wissenschaftliche Herausforderung darstellte (Raschke 1993: 43). Die relative Geschlossenheit der Partei lässt sich daran erkennen, dass die Gegenüberstellung von „Realos" und „Fundis" aus dem Sprachgebrauch praktisch verschwunden ist. Die heutigen Flügel der Grünen streiten nicht mehr über die Notwendigkeit eines pragmatischen Reformansatzes, sondern nur noch darüber, wie und mit welchen Schwerpunkten dieser zu verfolgen sei. Die „Rechten" stehen dabei Bündnissen mit Union und FDP aufgeschlossener gegenüber als die „Linken", die überwiegend auf Koalitionen mit der SPD (und falls nötig: mit der Partei Die Linke) setzen.

Die Mitgliederzahl der Grünen stieg bis Mitte der achtziger Jahre und erneut ab 1992 stetig an. Anfang der neunziger Jahre und nach dem Regierungseintritt 1998 hatte die Partei durch die Loslösung des radikal-fundamentalistischen beziehungsweise pazifistischen Flügels zwei größere Austrittswellen zu verkraften. Von 1999 bis 2008 pendelte sich die Mitgliederzahl bei etwa 45.000 ein, seither sind wieder deutliche Zuwächse zu verzeichnen (auf 59.000 bis Ende 2015). Sozialstrukturell weisen die Mitglieder starke Ähnlichkeiten mit der grünen Wählerschaft auf, lediglich der Frauenanteil liegt mit 38 Prozent deutlich darunter. Das Durchschnittsalter der Grünen-Mitglieder ist mit knapp 50 Jahren das niedrigste unter allen Parteien.

## 5. Die Linke

### a) Etappen der Parteigeschichte

Die Linke (offizielle Schreibweise: DIE LINKE) ist eine linkssozialistische Partei, die das Vierparteiensystem der alten Bundesrepublik nach der deutschen Vereinigung zu einem Fünfparteiensystem erweitert hat. Weil sie aus der Sozialistischen Einheitspartei Deutschlands (SED), der kommunistischen Staatspartei der untergegangenen DDR, hervorgegangen ist, wird sie häufig als „postkommunistische" Partei apostrophiert.

Die Geschichte der Linken ist eine Geschichte von Abspaltungen und Zusammenschlüssen. Sie lässt sich in drei Etappen einteilen: (1) die Vorgeschichte von 1917 bis 1989, die wiederum in zwei Phasen unterteilt werden kann: die Zeit von der Gründung der Unabhängigen Sozialdemokratischen Partei Deutschlands (USPD) im Kaiserreich 1917 bis zum Ende der NS-Herrschaft 1945 und die Zeit der Sowjetischen Besatzungszone (SBZ) und DDR von 1945 bis 1989, (2) die Geschichte der SED/PDS beziehungsweise nachfolgend der PDS, die als faktische ostdeutsche Regionalpartei von 1989/1990 bis 2007 bestand, und (3) die Geschichte der gesamtdeutschen Linken. Diese wurde nach der Fusion mit der WASG (Arbeit & soziale Gerechtigkeit – Die Wahlalternative), einer ab 2004 in den alten Bundesländern entstandenen Abspaltung von der SPD, 2007 offiziell aus der Taufe gehoben, war aber als informeller Zusammenschluss schon 2005 an den Start gegangen (Spier u.a. 2007).

Die Linke stellt sich selbst in die Traditionslinie der historischen SPD-Abspaltungen, die im Kaiserreich zunächst zur Gründung der USPD und dann zur Entstehung der Kommunistischen Partei Deutschlands (KPD) geführt hatten. Ausdruck findet das bis heute im jährlichen Gedenken an die Ermordung Karl Liebknechts und Rosa Luxemburgs am 15. Januar 1919 sowie in der Namensgebung der Berliner Parteizentrale (Karl-Liebknecht-Haus) und parteinahen Rosa-Luxemburg-Stiftung. Weil die KPD die erste deutsche Demokratie bekämpfte und durch ihre unerbittliche Gegnerschaft zur „sozialfaschistischen" Sozialdemokratie am Untergang der Weimarer Republik Mitschuld trug, wird sie in der Erinnerungskultur der Linken heute weitgehend ausgeblendet, während die aus der gemeinsamen Leidensgeschichte in der NS-Zeit resultierenden Bemühungen, die Spaltung der Arbeiterbewegung zu überwinden, zum positiven Erbe zählen. Diese wurden zu Beginn auch von vielen Sozialdemokraten geteilt. Deren Stimmung schlug erst um, als der Zusammenschluss ab dem Herbst 1945 den Charakter einer unter Druck der sowjetischen Besatzungsmacht herbeigeführten „Zwangsvereinigung" annahm, die der KPD in der künftigen Einheitspartei die Oberhand sichern sollte. Die Linke tut sich bis heute schwer, das den Sozialdemokraten dabei widerfahrene Unrecht, mit dem die Weichen für den Aufbau der Diktatur im „anderen" Teil Deutschlands gestellt wurden, klar beim Namen zu nennen (Oppelland / Träger 2014: 33 ff.).

Die Geschichte der Partei des Demokratischen Sozialismus (PDS) beginnt mit dem Rücktritt der SED-Parteiführung und der auf dem Parteitag am 8. und 9. Dezember 1989 getroffenen Entscheidung, die Partei nicht aufzulösen, sondern sie unter neuem Namen (SED/PDS, ab Februar 1990 PDS) fortbestehen zu lassen. Die Bezeichnung SED-Nachfolgepartei trifft auf die PDS nur in einem formal-rechtlichen, nicht aber politischen Sinne zu, da sich die Partei schon bei ihrer Gründung vom zentralen Dogma der früheren Staatspartei – dem Wahrheitsanspruch der marxistisch-leninistischen Ideologie – gelöst hatte (Neu 2013: 317). Als linkssozialistische Partei stand sie jedoch in größerer Kontinuität zu ihrer Vorgängerin als die Nachfolger der kommunistischen Parteien in den übrigen neuen Demokratien Mittelosteuropas. Anders als dort musste das aus der alten Bundesrepublik übernommene Parteiensystem in Ostdeutschland ja nicht komplett neu aufgebaut werden. Daher war vorgezeichnet, dass die Postkommunisten in Deutschland getrennte Wege von der Sozialdemokratie gehen würden, während sie in den anderen Ländern – mit Ausnahme Tschechiens – zu quasi-sozialdemokratischen Parteien mutierten, die nach ihrer Rückkehr an die Regierungen harte marktwirtschaftliche Reformen durchführen mussten. Der PDS konnte so in der vereinigten Bundesrepublik als nicht-orthodoxe, aber doch quasi-kommunistische Partei weiter bestehen und – zumindest auf der gesamtstaatlichen Ebene – in die Rolle einer fundamentaloppositionellen Kraft hineinschlüpfen (Decker 2013: 549 ff.).

Hatten die meisten Beobachter 1990 noch ein baldiges Verschwinden der Postkommunisten vorausgesagt, konnten diese schon schon in der zweiten Runde der Landtagswahlen (1994/1995) ihr Comeback feiern und in den neuen Ländern kräftige Zugewinne verbuchen (Jesse 2015). Bis dahin hatte die PDS vor allem diejenigen Neubundesbürger um sich geschart, die eine positiv-beschwichtigende Haltung zum untergegangenen SED-Regime vertraten. Jetzt sprachen ihr auch Wähler zu, die sich durch die Negativfolgen des Transformationsprozesses in ihrem Selbstwertgefühl getroffen und gegenüber den „Wessis" zurückgesetzt fühlten. Die PDS positionierte sich in diesem Konflikt als so konsequente Fürsprecherin des Ostens, dass sie bis 2005 eine reine Regionalpartei blieb, deren Wahlergebnisse im Westen selten über ein Prozent hinausreichten (Meuche-Mäker 2005). Die Bedeutung des „Ost-Faktors" ließ sich auch an der Sozialstruktur der Wähler ablesen, unter denen Arbeitslose und schlechter Verdienende, also die materiellen Verlierer der Vereinigung, keineswegs überrepräsentiert waren.

Der Streit zwischen Fundamentalisten und Reformern in der Partei wurde durch die Wahlerfolge verschärft. Er entzündete sich vor allem an der Frage möglicher Regierungsbeteiligungen. Bereits 1994 entschied sich die PDS in Sachsen-Anhalt zur Duldung einer rot-grünen Minderheitsregierung („Magdeburger Modell"). Nachdem die Bildung einer förmlichen Koalition mit den Sozialdemokraten in Mecklenburg-Vorpommern im selben Jahr am Einspruch der Bundes-SPD gescheitert war, gelang sie vier Jahre später im Windschatten des SPD-Wahlsiegs im Bund. Bei der Bundestagswahl 1998 übersprang die PDS mit 5,1 Prozent zum ersten Mal die Fünfprozenthürde. Im Januar 2002 bildete sie zusammen mit der SPD eine weitere Koalition im Land Berlin. In Sachsen-Anhalt konnte sie dagegen das mit den Sozialdemokraten 1998 geschlossene Tolerierungsbündnis nicht fortsetzen, nachdem diese von ihren Wählern abgestraft worden waren, und musste auf die Oppositionsbänke zurückkehren.

Der zu den Reformern zählende Parteivorsitzende Lothar Bisky, der Gregor Gysi 1993 in diesem Amt gefolgt war, trat 2000 zurück, nachdem der Parteitag in Münster die von der Führung erbetene Zustimmung zu Bundeswehr-Auslandseinsätzen unter UN-Mandat verweigert hatte. Ihm folgte Gabriele Zimmer, der es jedoch nicht gelang, die personellen und Richtungsstreitigkeiten in der Partei einzudämmen. Zu einem herben Rückschlag geriet die Bundestagswahl 2002, als die PDS mit 4,0 Prozent an der Fünfprozenthürde scheiterte und so nur noch mit zwei direkt gewählten Abgeordneten im Parlament vertreten war. Dass die Partei aus der tiefen Krise anschließend rasch wieder herausfand, lag zum einen am 2003 als Vorsitzender zurückgekehrten Bisky, dessen geschickte Führung sich vor allem bei der zuvor immer wieder verschobenen Verabschiedung des Grundsatzprogramms bewährte. Zum anderen profitierte die PDS vom Protest gegen die Arbeitsmarkt- und Sozialreformen der rot-grünen Bundesregierung unter Gerhard Schröder. Dieser bescherte ihr 2004 wieder bessere Wahlergebnisse und markierte zugleich den Ausgangspunkt für die Entstehung der gesamtdeutschen Linken (Jesse / Lang 2012: 95 ff.).

Als Glücksfall für die PDS erwies sich der Übertritt Oskar Lafontaines zur WASG, die 2004 als SPD-Abspaltung in den alten Ländern gebildet worden war. Der frühere SPD-Vorsitzende knüpfte seinen Schritt an die Bereitschaft der WASG, mit der PDS ein Wahlbündnis für die von Kanzler Schröder auf 2005 vorgezogenen Neuwahlen zum Bundestag zu schließen (Vollmer 2013: 153 f.). Sollte Schröders Coup dazu dienen, die Bildung eines Linksbündnisses hinauszuzögern, so bewirkte er das genaue Gegenteil, entsprach doch das Zusammengehen einer klassischen „win-win"-Situation: Die Kandidaten der WASG konnten so auf den Landeslisten der Linkspartei.PDS in den Bundestag gelangen, während diese ihr lang ersehntes Ziel erreichte, auch in den alten Ländern Fuß zu fassen. Tatsächlich verdankte die Linkspartei.PDS ihr Ergebnis bei der Bundestagswahl 2005 vor allem dem guten Abschneiden im Westen (4,9 Prozent gegenüber 1,1 Prozent bei der Bundestagswahl 2002).

Die anschließende Erfolgsserie, die die Linke ab 2007 in sieben der zehn westdeutschen Landesparlamente katapultierte und ihr bei der Bundestagswahl 2009 nochmals einen deutlichen Zuwachs einbrachte (auf 11,9 Prozent, von denen 28,5 auf den Osten und 8,3 auf den Westen entfielen), währte bis 2011. Sie war maßgeblich auf die Ausstrahlungskraft Lafontaines zurückzuführen, der zusammen mit dem rhetorisch nicht minder begabten Fraktionsvorsitzenden Gregor Gysi das öffentliche Bild der Linken prägte. Ideologisch und in der Wähleransprache nahm die Partei unter Lafontaines Führung verstärkt populistische Züge an. Die Erfolge täuschten über die beträchtlichen Schwierigkeiten des am 16. Juni 2007 förmlich vollzogenen Zusammenschlusses hinweg. Zu den alten Konflikten innerhalb der PDS gesellten sich nun Konflikte zwischen den ideologisch radikalen Kräften der West-Linken und der überwiegend pragmatisch agierenden Partei im Osten, die sich freilich erst nach Lafontaines krankheitsbedingten Rückzug unter dem von Gesine Lötzsch und Klaus Ernst gebildeten neuen Führungsduo richtig entluden. Lötzsch und Ernst wurden bereits 2012 durch Katja Kipping und Bernd Riexinger ersetzt, nachdem Lafontaines Versuch, den Parteivorsitz erneut zu übernehmen, zuvor am Widerstand der ostdeutschen Delegierten – einschließlich Gregor Gysis – gescheitert war (Oppelland / Träger 2014: 87 ff.).

Unter Kipping und Riexinger trat in der Außendarstellung eine gewisse Beruhigung ein. Die Rückentwicklung der Linken zur Regionalpartei des Ostens, die sich seit 2012 mit dem Ausscheiden aus mehreren westdeutschen Landesparlamenten ankündigt hatte, wurde auch dadurch gebremst, dass sie in Gregor Gysi und Sahra Wagenknecht über zwei wählerwirksame Aushängeschilder verfügte. Obwohl die Linke bei der Bundestagswahl 2013 gegenüber 2009 3,3 Prozentpunkte einbüßte und 12 von ihren 16 in Ostdeutschland errungenen Direktmandaten wieder verlor, lag sie nun als stärkste Oppositionspartei sogar vor den Grünen. Auf der Landesebene gelang es ihr in Thüringen 2014 zum ersten Mal, mit Bodo Ramelow den Ministerpräsidenten in einer rot-rot-grünen Koalition zu stellen. Und in Hessen (2013), Hamburg (2015) und Bremen (2015) konnte sie den Wiedereinzug in die Landtage entgegen dem vorherigen Trend sicherstellen.

Auf der Bundesebene schwelte die Auseinandersetzung um den strategischen Kurs der Partei unterdessen weiter. Die von Lafontaine angeführten Fundamentalisten, die auf radikalen Populismus und eine strikte Abgrenzung von der Sozialdemokratie setzten, behielten dabei gegenüber den Reformern die Oberhand und sahen sich in ihrem Kurs gerade durch die Wahlschlappen bestärkt. Dass der innerparteiliche Burgfriede trotz aller Konflikte hielt, lag an der politischen Konstellation. Weil die SPD eine Zusammenarbeit mit der Linken im Vorfeld der Bundestagswahl 2013 erneut kategorisch ausschloss, entging diese der Verlegenheit, von ihren Maximalpositionen in der Außen-, Europa- und Sozialpolitik abrücken zu müssen. Das pro-russische Auftreten der Postkommunisten in der Ukraine-Krise hat die Gräben zu Rot-Grün seither noch mehr vertieft.

### b) Wahlergebnisse und Wählerschaft

Die Linke konnte sich im deutschen Parteiensystem erst mit ihrer faktischen Westausdehnung sicher etablieren. Ihre Wähleranteile liegen in den fünf neuen Ländern und Ost-Berlin zwar rund viermal so hoch wie in den alten. Berücksichtigt man die Bevölkerungsrelationen, halten sich die absoluten Stimmen seit der Fusion mit der WASG aber in etwa die Waage. Entfielen bei der Bundestagswahl 2005 45,5 Prozent der Stimmen der Partei auf den Westen (einschließlich West-Berlins), waren es beim Rekordergebnis 2009 bereits 57,7 Prozent. Auch 2013 ging mehr als die Hälfte der Stimmen (53,3 Prozent) auf das Konto der alten Bundesländer.

In allen Landtagen der neuen Länder und Berlin seit 1990 ständig vertreten, gelang der Linken 2007 in Bremen erstmals der Sprung in ein westdeutsches Landesparlament. Dort, in Hamburg, in Hessen und im Saarland ist sie seit dem Zusammenschluss mit der WASG in der Landespolitik eine feste Größe, während sie in Nordrhein-Westfalen, Schleswig-Holstein und Niedersachsen 2012 beziehungsweise 2013 den Wiedereinzug in die Parlamente verfehlte. Nur in Bayern, Baden-Württemberg und Rheinland-Pfalz blieb die Linke bisher stets unterhalb der Fünfprozenthürde.

In den neuen Ländern, wo sich die Stimmenanteile der vormaligen PDS bei den „Gründungswahlen“ 1990 noch zwischen 10 (Landtagswahlen in Thüringen, Volkskammerwahl) und etwas über 15 Prozent (Landtagswahl in Mecklenburg-Vorpommern) bewegt hatten, machte sie ab 1994 einen großen Sprung nach vorne. Dabei kam es zu einer Zweiteilung zwischen dem Norden und Süden. In Mecklenburg-Vorpommern, Berlin und Brandenburg, wo die SPD als stärkste Partei zu Koalitionen mit der Linken bereit war, führte deren Regierungsbeteiligung zu deutlichen Einbußen in der Wählergunst, sodass die Postkommunisten hier hinter der CDU nur drittstärkste Kraft blieben. In den CDU-dominierten Ländern Sachsen, Thüringen und Sachsen-Anhalt gelang es ihnen dagegen schon 1999 beziehungsweise 2002, als Oppositionspartei die SPD zu überflügeln und seither den zweiten Platz im Parteiensystem einzunehmen. Auch bei den Wahlen auf nationaler Ebene (Bundestags- und Europawahlen) liegt die Linke seit 2009 in Ostdeutschland vor den Sozialdemokraten.

Gefährdet wird ihre bisher stabile Position seit 2013 durch die Konkurrenz der rechtspopulistischen AfD. Konnten der Wahlerfolg und die Übernahme des Ministerpräsidentenamtes in Thüringen die Abwanderung eigener Wähler zur AfD bei den Landtagswahlen in Osten 2014 noch überdecken, erlebte die Partei 2016 in Sachsen-Anhalt ein Debakel, als die Rechtspopulisten sie aus dem Stand als zweitstärkste Kraft verdrängten. Damit erledigten sich auch die vor Beginn der Flüchtlingskrise durchaus berechtigten Hoffnungen auf einen weiteren rot-rot-grünen Machtwechsel.

Der Aufstieg der PDS zur ostdeutschen Volkspartei spiegelt sich in der veränderten Zusammensetzung ihrer Wähler (Zettl 2014). Waren Gutverdiener und Träger höherer Bildungsabschlüsse bis 1994 deutlich überrepräsentiert, so näherte sich die Wählerstruktur dem Bevölkerungsdurchschnitt danach an; die PDS blieb dabei die bevorzugte Partei der früheren DDR-Eliten. Erst mit dem Zusammenschluss zur gesamtdeutschen Linken trat auch in den neuen Ländern eine Verschiebung in Richtung der Arbeiter und der – nach Einkommen, Bildung und Schicht – schwächer Gestellten ein, die im Westen den Kern der neu hinzugekommenen Wähler ausmachten (Niedermayer 2006); diese Wähler drohen ihr jetzt durch die AfD zum Teil wieder abhanden zu kommen. Nach Geschlecht und Alter ist die Wählerschaft relativ ausgeglichen, allerdings auch hier mit Akzentunterschieden zwischen West und Ost: In den alten Bundesländern gibt es einen stärkeren Überhang männlicher, in den neuen einen Überhang älterer Wähler.

Über die Einstellungen der Linken-Wähler liegen nur wenige Daten vor. Nach diesen halten sich Protest beziehungsweise Enttäuschung und Überzeugung als Wahlmotive in etwa die Waage, wobei in Ostdeutschland die Überzeugungswähler und in Westdeutschland die Protestwähler überwiegen. Trotz ihrer eher pragmatischen Ausrichtung und Bereitschaft zur Regierungsbeteiligung in den neuen Ländern setzen die Wähler geringe Hoffnungen in die Problemlösungsfähigkeit der Linken. Die größte Kompetenz wird der Partei im Bereich der sozialen Gerechtigkeit zugeschrieben; allerdings ist der Wert hier seit 2009 zurückgegangen. Zu SPD und Grünen stehen die Linken-Wähler in mentaler Distanz; dennoch befürworten drei Viertel unter ihnen eine rot-rot-grüne Koalition (Neugebauer / Stöss 2015: 164).

c) Programmatik

Die ideologische Einordnung der Linken ist umstritten. Manche wissenschaftlichen und journalistischen Beobachter halten die Partei nach wie vor für extremistisch und werten ihr Bekenntnis zu Verfassung und Demokratie als primär instrumentell. Andere betonen, dass es der Linken vor allem um die Überwindung der kapitalistischen Wirtschaftsordnung gehe, die kein zwingender Bestandteil des demokratischen Verfassungsstaates und parlamentarischen Systems sei (Pfahl-Traughber 2013: 548 ff.). Die Unklarheit rührt aus der ideologischen Gemengelage der Partei selbst, in der gemäßigte und radikale Strömungen miteinander rivalisieren. Erstere wollen nicht das kapitalistische System generell, sondern nur dessen „neoliberale" Auswüchse beseitigen. Eine solche Reform, die auf eine stärkere Regulierung der Marktkräfte und Umverteilung des erwirtschafteten Wohlstands ziele, sei im Rahmen der vorhandenen demokratischen Institutionen durchaus möglich. Letztere sehen dagegen in der liberalen Demokratie einen Garanten und Stabilisator des kapitalistischen Systems. Ihr Ziel ist die sozialrevolutionäre Überwindung der politischen und wirtschaftlichen Ordnung im Sinne einer umfassenden gesellschaftlichen Demokratisierung, was die Einstufung von zumindest Teilen der Partei als „verfassungsfeindlich" rechtfertigt. Die Linke wird aus diesem Grund bis heute in mehreren westdeutschen Ländern und im Bund vom Verfassungsschutz beobachtet – allerdings mit rückläufiger Tendenz (Jesse / Lang 2012: 297 ff.).

Symptomatisch für den Ideologiestreit ist die rasche Abfolge der seit 1990 verabschiedeten Programme. Waren die in der Wendezeit aufgestellten Grundsätze noch vom Zutrauen in die gerade eingeführte Marktwirtschaft bestimmt, lebte die antikapitalistische Herrschaftskritik schon im Berliner Programm von 1993 wieder auf. Der Aufstieg der PDS zur Volkspartei, der sie in den ostdeutschen Ländern zur mitgestaltenden Kraft machte, gab den Reformern in der Folgezeit Rückenwind. Höhepunkt dieser Entwicklung war das 2003 verabschiedete Chemnitzer Programm, das sich zur Freiheit als „Bezugspunkt sozialistischer Politik" bekannte und die rigorosen Positionen der Partei in der Eigentumsfrage abschwächte. Landesverbände wie Sachsen-Anhalt oder Mecklenburg-Vorpommern gingen in der „Entdämonisierung" des Kapitalismus sogar noch weiter (Jesse / Lang 2012: 279 ff.).

Das aktuelle Grundsatzprogramm, das nach langem Ringen 2011 auf dem Erfurter Parteitag beschlossen wurde, spiegelt die seit der Fusion mit der West-Linken eingetretene Radikalisierung. In marxistischer Diktion wird die kapitalistische Ordnung nun erneut als „Ausbeutungssystem" angeprangert und für die „Krisen der Zivilisation" verantwortlich gemacht. Wirkliche Demokratie könne es nur unter sozialistischen Vorzeichen geben. Voraussetzung dafür sei die Überwindung der bestehenden Eigentumsverhältnisse und staatliche Steuerung der Wirtschaft. Daseinsvorsorge, gesellschaftliche Infrastruktur, Finanzinstitutionen und Energiewirtschaft gehörten in öffentliche Hand und müssten demokratisch kontrolliert werden (Neu 2013: 327 f.).

Stehen die antikapitalistischen Positionen in der Kontinuität der früheren PDS, so tragen die Forderungen der Linken in der Sozial- und Steuerpolitik zugleich die Handschrift der gewerkschaftsnahen Vertreter aus den westdeutschen Landesverbänden. Sie umfassen unter anderem die schrittweise Verkürzung der Wochenarbeitszeit, die Rückgängigmachung der seit 2002 eingeleiteten Sozial- und Arbeitsmarktreformen (Hartz IV, Rente mit 67), eine deutliche Erhöhung des gesetzlichen Mindestlohns sowie umfangreiche öffentliche Investitionen in Bildung und Infrastruktur. Finanziert werden sollen diese Maßnahmen aus zusätzlichen Staatseinnahmen durch eine gerechtere Besteuerung (Wiedereinführung der Vermögenssteuer, deutliche Anhebung der Erbschaftssteuer und des Spitzensteuersatzes der Einkommenssteuer sowie höhere Körperschafts- und Kapitalsteuern).

Neben der sozialen nimmt die ökologische Frage in der Programmatik breiten Raum ein. Die Positionen der Linken muten hier mittlerweile entschiedener an als jene der Grünen, weil sie auf direkte staatliche Eingriffe setzen und mit dem Ziel einer umfassenden gesellschaftlichen Demokratisierung eng verknüpft sind. Der Erhalt der natürlichen Lebensgrundlagen wird damit zu einem weiteren Feld ihrer Kapitalismuskritik.

Ein programmatisches Alleinstellungsmerkmal kann die Linke in der Außen- und Sicherheitspolitik für sich reklamieren, wo sie als „internationalistische Friedenspartei" konsequent für das Prinzip der Gewaltfreiheit eintritt. Militäreinsätze der Bundeswehr, selbst unter UN-Mandat, lehnt die Partei ab. Die Linke fordert den Austritt der Bundesrepublik aus dem militärischen Teil der NATO. Diese soll langfristig aufgelöst und durch ein kollektives Sicherheitssystem unter Einschluss Russlands ersetzt werden. Das Verteidigungsbudget möchte die Partei in ein ziviles Hilfskorps für humanitäre Maßnahmen und Katastrophenschutz umwidmen. Auf internationaler Ebene mahnt sie eine Reform der UN-Institutionen und Verstärkung der Entwicklungszusammenarbeit an.

In der Flüchtlingspolitik verficht die Linke einen noch liberaleren Öffnungskurs als die Grünen. Dieser verfängt in der Anhängerschaft vor allem, wenn es um die kriegsbedingten Ursachen der Krise geht: hier kann die Partei die anti-militaristischen, anti-kapitalistischen und anti-amerikanischen Positionen ihrer Ideologie voll ausspielen. Bei der Aufnahme und Integration der Zuwanderer besteht dagegen speziell in Ostdeutschland eine unübersehbare mentale und inhaltliche Distanz zu den eigenen Wählern, von denen bei den 2014 und 2016 stattgefundenen Landtagswahlen nicht wenige zur rechtspopulistischen AfD übergelaufen sind.

Wo die Linke für Demokratie und Rechtsstaatlichkeit eintritt, stehen in der Regel Wirtschaft und Gesellschaft im Vordergrund. Mit einem uneingeschränkten Bekenntnis zur Werteordnung des Grundgesetzes und zu den Institutionen des freiheitlich-demokratischen Staates tut sie sich schwer. Symptomatisch dafür ist ihre Abwertung der individuellen Freiheitsrechte als lediglich „formal" – im Gegensatz zur umfassender verstandenen, substanziellen Freiheit, die es nur in einer Gesellschaft ohne Ausbeutung und Unterdrückung geben könne. Dem oppositionellen Selbstverständnis der Partei ist es mitgeschuldet, dass sie sich im Rahmen des politischen Systems für eine Stärkung der Parlamentsrechte sowie die Einführung bzw. Ausweitung direktdemokratischer Verfahren stark macht. Darüber hinaus tritt sie für eine bessere demokratische Kontrolle des Justizwesens, der Sicherheitsdienste sowie der klassischen und digitalen Medien ein, um Machtanballungen in Staat und Gesellschaft zu verhindern.

Die Distanz der Linken zum bestehenden demokratischen Verfassungsstaat findet in ihrer vergangenheitspolitischen Haltung Niederschlag (Jesse / Lang 2012: 285 ff.). Hier grenzt sie sich zwar einerseits deutlich von der marxistisch-leninistischen Ideologie und diktatorischen Herrschaftspraxis der realsozialistischen Systeme ab. Andererseits vermeidet sie es jedoch, die DDR als „Unrechtsstaat“ zu bezeichnen, und stellt sich bewusst in die sozialrevolutionäre Tradition Rosa Luxemburgs, für die Freiheit und Pluralismus nur innerhalb der sozialistischen Ordnung möglich waren. Kritiker sehen darin auch eine moralische Entlastungsabsicht des Kommunismus, die durch den demonstrativ hervorgekehrten Antifaschismus der Linken zusätzlich verstärkt werde. Die mehrheitlich pro-russische Position der Partei im Ukraine-Konflikt ist vor diesem Hintergrund erklärbar.

### d) Organisation

Stärker als bei den anderen Parteien ist die Organisation der Partei Die Linke durch ein Nebeneinander von formellen und informellen Strukturen geprägt. Zugleich ergeben sich Besonderheiten durch den unterschiedlichen Stand des Parteiaufbaus in den alten und neuen Ländern.

Die formale Gliederung der Partei in Landes-, Kreis- und Ortsverbände folgt dem vom Parteiengesetz vorgegebenen territorialen Organisationsprinzip. Aufgrund der im Vergleich zum Osten deutlich geringeren Mitgliederdichte im Westen lässt sich eine annähernd flächendeckende Präsenz hier nur in den Hochburgen gewährleisten (insbesondere den Stadtstaaten Hamburg und Bremen). Das formal höchste Organ ist der Bundesparteitag, der den Vorstand wählt und über grundsätzliche politische und organisatorische Fragen beschließt. Neben dem zurzeit aus 44 Mitgliedern bestehenden Vorstand unterhält die Partei einen kleineren geschäftsführenden Vorstand, der das eigentliche Führungszentrum bildet; ihm gehören 12 Personen an. Die Bedeutung des 80-köpfigen Bundesausschusses ist demgegenüber geringer.

In der Partei dominiert das Delegiertenprinzip, das allerdings in jüngster Zeit vermehrt durch Urwahlen und Mitgliederentscheide angereichert wird. Um ihr Zusammenwachsen nach der Fusion mit der WASG zu erleichtern, wurden die westdeutschen Verbände im Delegiertenschlüssel zunächst stark bevorzugt, was den von Lafontaine angeführten fundamentaloppositionellen Kräften in die Hände spielte. Diese Sonderregelungen liefen mit dem 4. Parteitag 2014 aus (Oppelland / Träger 2014: 101 ff.). Die in der Satzung vorgesehenen basisdemokratischen Verfahren kamen unter anderem bei der Entscheidung über den Fortbestand der Doppelspitze (mit mindestens einer Frau) im Vorfeld des Rostocker Parteitages 2010 und der Bestätigung des 2011 auf dem Erfurter Parteitag beschlossenen Grundsatzprogramms zum Tragen. Auch der Zusammenschluss von PDS und WASG wurde durch eine Urabstimmung in beiden Verbänden besiegelt.

Eine Besonderheit der Linken, die sie von der PDS übernommen hat, ist die Bedeutung der verschiedenen ideologischen Strömungen in der Partei. Deren Bandbreite reicht von reformorientiert-pragmatischen über klassisch-sozialistische bis hin zu orthodox-kommunistischen Positionen, die untereinander nochmals verschiedene Richtungen und Querverbindungen aufweisen. Die Linke gewinnt dadurch den Charakter einer sozialistischen Sammlungspartei. Organisatorisch schlägt sich das in der großen Zahl von förmlichen und informellen Zusammenschlüssen nieder, die laut Satzung frei gegründet werden können und – ab einer bestimmten Mindestgröße – berechtigt sind, Delegierte zu den Parteitagen zu entsenden. Als wichtigste Gruppierungen zu nennen sind im Lager der Reformer das Netzwerk Reformlinke und das Forum

Demokratischer Sozialismus, im Lager der Orthodoxen die Kommunistische Plattform, die Antikapitalistische Linke und die Sozialistische Linke. Eine Mittelstellung zwischen beiden Lagern nimmt die Emanzipatorische Linke ein. Darüber hinaus verfügt die Bundespartei über rund 40 Arbeitsgemeinschaften (Jesse / Lang 2012: 246 ff.).

Die Vielfalt der ideologischen Strömungen bildet sich in der Führungsstruktur ab. Seit der Fusion mit der WASG wird die Linke von einer Doppelspitze angeführt. In der Bundestagsfraktion galt das nur für die Übergangszeit von 2005 bis 2009, als Lafontaine und Gysi gleichberechtigte Vorsitzende waren. Die größer gewordene Bundestagsfraktion hat seit dieser Zeit als zweites Machtzentrum der Partei an Gewicht gewonnen, was die Parteiführung naturgemäß kritisch beäugt. Ob mit dem ersten von der Linken gestellten Ministerpräsidenten Bodo Ramelow eine „Regierungslinke" im Osten als weiteres Machtzentrum hinzutritt, bleibt ebenso abzuwarten wie das Harmonieren des seit Oktober 2015 amtierenden neuen Führungsduos an der Fraktionsspitze – Sahra Wagenknecht und Dietmar Bartsch – nach dem Ausscheiden Gregor Gysis.

Konsequente Durchsetzung erfährt innerhalb der Linken das Prinzip der Geschlechterdemokratie. Nach der Satzung sollen alle Gremien der Partei und ihre parlamentarischen Vertretungen mindestens zur Hälfte weiblich besetzt sein. Im Bundestag sind die Frauen unter den Fraktionsmitgliedern mit 55 Prozent heute in der Überzahl. Unter den Mitgliedern ist ihr Anteil seit der Fusion mit der WASG von 45 auf 37 Prozent zurückgegangen, womit er aber immer noch ähnlich hoch liegt wie bei den Grünen.

Hatte die PDS 1990 170.000 Mitglieder von der SED geerbt, so sank deren Zahl im Osten bis 2005 auf 57.000. Nach dem Zusammengehen mit der WASG erreichte die Mitgliederzahl 2009 mit 78.000 ein Zwischenhoch, bevor sie erneut stark zurückging. Ende 2015 lag der Bestand bei 59.000 Mitgliedern, von denen knapp 40 Prozent auf die westdeutschen Landesverbände entfielen. Da die Mitgliederschaft im Osten stark überaltert ist, muss sich die Partei auf einen weiteren Schwund in den kommenden Jahren einstellen, der ihre Rekrutierungs- und Kampagnenfähigkeit bedroht. Auch in den alten Bundesländern ist der Organisationsaufbau seit 2009 rückläufig (Neugebauer / Stöss 2015: 171 f.).

## *Literatur*

Bösch, Frank (2001), Die Adenauer-CDU. Gründung, Aufstieg und Krise einer Volkspartei 1945-1969, Stuttgart / München.

Bösch, Frank (2002), Macht und Machtverlust. Die Geschichte der CDU, Stuttgart / München.

Bösch, Frank (2013), Christlich Demokratische Union Deutschlands (CDU), in: Frank Decker / Viola Neu (Hg.), Handbuch der deutschen Parteien, 2. Aufl., Wiesbaden, S. 203-218.

Buchstab, Günter (2009), Ein parlamentarisches Unikum: die CDU/CSU-Fraktionsgemeinschaft, in: Hans-Peter Schwarz (Hg.), Die Fraktion als Machtfaktor, Bonn, S. 255-274.

Bukow, Sebastian (2014), Die SPD-Parteiorganisationsreform 2009-2011. Mit Primaries und verstärkter Basisbeteiligung auf dem Weg zur „modernsten Partei Europas"?, in: Ursula Münch / Uwe Kranenpohl / Henrik Gast (Hg.), Parteien und Demokratie, Baden-Baden, S. 133-150.

Decker, Frank (2008), Wo wir sind, ist die Mitte. Zum Standort der CDU im deutschen Parteiensystem, in: Neue Gesellschaft / Frankfurter Hefte 55 (1/2), S. 12-15.

Decker, Frank (2013), Das Verhältnis der SPD gegenüber der LINKEN – Die offene Zukunft, in: Gerhard Hirscher / Eckhard Jesse (Hg.), Extremismus in Deutschland, Baden-Baden, S. 549-563.

Dümig, Kathrin / Matthias Trefs / Reimut Zohlnhöfer (2006), Die Faktionen der CDU. Bändigung durch institutionalisierte Einbindung, in: Patrick Köllner / Matthias Basedau / Gero Erdmann (Hg.), Innerparteiliche Machtgruppen, Frankfurt a.M., S. 99-129.

Fischer, Sebastian (2005), Gerhard Schröder und die SPD. Das Management des programmatischen Wandels als Machtfaktor, München.

Fücks, Ralf (2013), Intelligent wachsen. Die grüne Revolution, München.

Grunden, Timo (2012), Die SPD. Zyklen der Organisationsgeschichte und Strukturmerkmale innerparteilicher Entscheidungsprozessen, in: Karl-Rudolf Korte / Jan Treibel (Hg.), Wie entscheiden Parteien? (ZPol-Sonderband), Baden-Baden, S. 93-119.

Hirscher, Gerhard (2012), Die Wahlergebnisse der CSU. Analysen und Interpretationen, München.

Hopp, Gerhard (2012), Die Volkspartei CSU in Bayern. Rahmenbedingungen, Strukturmerkmale und aktuelle Zukunftsperspektiven eines Erfolgsmodells auf dem Prüfstand, in: Ralf Thomas Baus (Hg.), Parteiensystem im Wandel, Sankt Augustin / Berlin, S. 73-98.

Jäger, Wolfgang (2009), Helmut Kohl setzt sich durch, 1976-1982, in: Hans-Peter Schwarz (Hg.), Die Fraktion als Machtfaktor, Bonn, S. 141-159.

Jesse, Eckhard (2015), Auf dem Weg ins Establishment? Das Abschneiden der PDS/Die Linke bei den Wahlen seit 1990, in: Recht und Politik 50 (2), S. 98-106.

Jesse, Eckhard / Jürgen P. Lang (2012), DIE LINKE – eine gescheiterte Partei?, München.

Jun, Uwe (2013), Sozialdemokratische Partei Deutschlands (SPD), in: Frank Decker / Viola Neu (Hg.), Handbuch der deutschen Parteien, 2. Aufl., Bonn, S. 387-403.

Kießling, Andreas (2004), Die CSU. Macherhalt und Machterneuerung, Wiesbaden.

Klein, Markus / Jürgen W. Falter (2003), Der lange Weg der Grünen. Eine Partei zwischen Protest und Regierung, München.

Kleinert, Hubert (1992), Vom Protest zur Regierungspartei. Die Geschichte der Grünen, Frankfurt a.M.

Kleinmann, Hans-Otto (1993), Geschichte der CDU 1945–1982, Stuttgart.

Krell, Christian / Meik Woyke (2015), Die Grundwerte der Sozialdemokratie. Historische Ursprünge und politische Bedeutung, in: Christian Krell / Tobias Mörschel (Hg.), Werte und Politik, Wiesbaden, S. 93-137.

Kronenberg, Volker / Christoph Weckenbrock, Hg. (2011), Schwarz-Grün. Die Debatte, Wiesbaden.

Lau, Mariam (2009), Die letzte Volkspartei. Angela Merkel und die Modernisierung der CDU, München.

Lösche, Peter / Franz Walter (1992), Die SPD. Klassenpartei – Volkspartei – Quotenpartei. Zur Entwicklung der Sozialdemokratie von Weimar bis zur deutschen Vereinigung, Darmstadt.

Machnig, Matthias / Hans-Peter Bartels, Hg. (2001), Der rasende Tanker. Analysen und Konzepte zur Modernisierung der sozialdemokratischen Organisation, Göttingen.

Mende, Silke (2011), „Nicht links, nicht rechts, sondern vorn". Eine Geschichte der Gründungsgrünen, München.

Meuche-Mäker, Meinhard (2005), Die PDS im Westen 1990-2005. Schlussfolgerungen für eine neue Linke, Berlin.

Meyer, Thomas (2005), Theorie der Sozialen Demokratie, Wiesbaden.

Mintzel, Alf (1975), Die CSU. Anatomie einer konservativen Partei 1945-1972, Opladen.

Neu, Viola (2013), Die Linke, in: Frank Decker / dies. (Hg.), Handbuch der deutschen Parteien, 2. Aufl., S. 316-331.

Neugebauer, Gero / Richard Stöss (2015), Den Zenit überschritten. Die Linkspartei nach der Bundestagswahl 2013, in: Oskar Niedermayer (Hg.), Die Parteien nach der Bundestagswahl 2013, Wiesbaden, S. 159-173.

Niedermayer, Oskar (2006), Die Wählerschaft der Linkspartei.PDS 2005: sozialstruktureller Wandel bei gleichbleibender politischer Positionierung, in: Zeitschrift für Parlamentsfragen 37 (3), S. 523-538.

Oberreuter, Heinrich (2008), Stoibers Sturz. Ein Beispiel für die Selbstgefährdung politischer Macht, in: Zeitschrift für Parlamentsfragen 39 (1), S. 112-118.

Oppelland, Torsten / Hendrik Träger (2014), Die Linke. Willensbildung in einer ideologisch zerstrittenen Partei, Baden-Baden.

Pfahl-Traughber, Armin (2013), Die Partei des Demokratischen Sozialismus (PDS) / DIE LINKE, in: Oskar Niedermayer (Hg.), Handbuch Parteienforschung, Wiesbaden, S. 541-562.

Probst, Lothar (2013), Bündnis 90/Die Grünen (GRÜNE), in: Oskar Niedermayer (Hg.), Handbuch Parteienforschung, Wiesbaden, S. 509-540.

Probst, Lothar (2015), Bündnis 90/Die Grünen: Absturz nach dem Höhenflug, in: Oskar Niedermayer (Hg.), Die Parteien nach der Bundestagswahl 2013, S. 135-158.

Raschke, Joachim (1993), Die Grünen. Wie sie wurden, was sie sind, Köln.

Raschke, Joachim (2001), Die Krise der Grünen. „So kann man nicht regieren", Frankfurt a.M.

Resing, Volker (2013), Die Kanzlermaschine. Wie die CDU funktioniert, Freiburg i. Br.

Schäfer, Susanne (2010), Konstanz und Wandel: Die CSU-Programme im dokumentarischen Vergleich, in: Gerhard Hopp / Martin Sebaldt / Benjamin Zeitler (Hg.), Die CSU, Wiesbaden, S. 173-193.

Schmid, Josef (1990), Die CDU. Organisationsstrukturen, Politiken und Funktionsweisen einer Partei im Föderalismus, Opladen.

Schwarz, Hans-Peter, Hg. (2009), Die Fraktion als Machtfaktor. CDU/CSU im Deutschen Bundestag 1949 bis heute, München.

Sebaldt, Martin (2013), Christlich-Soziale Union in Bayern e.V. (CSU), in: Frank Decker / Viola Neu (Hg.), Handbuch der deutschen Parteien, 2. Aufl., Bonn, S. 222-232.

Siebenmorgen, Peter (2015), Franz Josef Strauß. Ein Leben im Übermaß, München.

Spier, Tim / Ulrich von Alemann (2013), Die Sozialdemokratische Partei Deutschlands (SPD), in: Oskar Niedermayer (Hg.), Handbuch Parteienforschung, Wiesbaden, S. 439-467.

Spier, Tim / Ulrich von Alemann (2015), In ruhigerem Fahrwasser, aber ohne Land in Sicht? Die SPD nach der Bundestagswahl 2013, in: Oskar Niedermayer (Hg.), Die Parteien nach der Bundestagswahl 2013, Wiesbaden, S. 49-69.

Spier, Tim u.a., Hg. (2007), Die Linkspartei. Zeitgemäße Idee oder Bündnis ohne Zukunft?, Wiesbaden.

Strauß, Franz Josef (1989), Die Erinnerungen, Berlin.

Sturm, Daniel Friedrich (2009), Wohin geht die SPD?, München.

Switek, Niko (2012), Bündnis 90/Die Grünen: Zur Entscheidungsmacht grüner Bundesparteitage, in: Karl-Rudolf Korte / Jan Treibel (Hg.), Wie entscheiden Parteien? (ZPol-Sonderband), Baden-Baden, S. 121-154.

Vollmer, Andreas M. (2013), Arbeit & soziale Gerechtigkeit – die Wahlalternative (WASG). Entstehung, Geschichte und Bilanz, Baden-Baden.

Walter, Franz (2002), Die SPD. Vom Proletariat zur Neuen Mitte, Berlin.

Walter, Franz (2010), Gelb oder Grün? Kleine Parteiengeschichte der besserverdienenden Mitte in Deutschland, Bielefeld.

Walter, Franz / Stephan Klecha / Alexander Hensel, Hg. (2015), Die Grünen und die Pädosexualität. Eine bundesdeutsche Geschichte, Göttingen.

Walter, Franz / Christian Werwath / Oliver D'Antonio (2014), Die CDU. Entstehung und Verfall christdemokratischer Geschlossenheit, 2. Aufl., Baden-Baden.

Weigl, Michael (2013), Die Christlich-Soziale Union in Bayern e.V. (CSU), in: Oskar Niedermayer (Hg.), Handbuch Parteienforschung, Wiesbaden, S. 469-495.

Wolfrum, Edgar (2013), Rot-Grün an der Macht. Deutschland 1998–2005, München.

Zettl, Christian (2014), Die Wähler der Linkspartei.PDS von 1994 bis 2009, Wiesbaden.

Zolleis, Udo / Josef Schmid (2013), Die Christlich Demokratische Union Deutschlands (CDU), in: Oskar Niedermayer (Hg.), Handbuch Parteienforschung, Wiesbaden, S. 415-437.

# Neuaufstellung im bürgerlichen Lager: FDP und/oder AfD?*

## 1. Die Geschichte der FDP bis 2009

Ähnlich wie im christlich-konservativen Lager standen nach dem Zweiten Weltkrieg im liberalen Lager die Zeichen auf Überwindung der bisherigen Trennlinien. Das Zusammenwachsen gestaltete sich zunächst schwierig: Während die linksliberal ausgerichteten Landesverbände in Baden, Württemberg, Hamburg und Bremen auf dem noch vorhandenen kommunalen Fundament des alten Freisinns gründeten, umwarben die nationalliberalen Kräfte in Nordrhein-Westfalen, Hessen und Niedersachsen die infolge der alliierten Lizenzierungspolitik politisch verwaisten Anhänger des Dritten Reichs (Hein 1985). Hier drohte die FDP zeitweise von nationalsozialistischen Kreisen unterwandert zu werden. Ein liberales Grundsatzprogramm ließ angesichts der offen ausgetragenen Richtungskämpfe bis 1957 auf sich warten, und auch dieses stellte „eher eine Aneinanderreihung bürgerlich-interessenbezogener Forderungen" dar (Mollitor 1985: 83). Die Politik der FDP wurde daher in hohem Maße von ihren Ministern und Fraktionen geprägt, weswegen man sie als „Honoratiorenpartei besonderen Typs" (Lösche / Walter 1996: 127) bezeichnet hat.

Wie ihre Mitbewerber im rechten politischen Spektrum positionierte sich die FDP dezidiert antisozialistisch. Dass sie im Unterschied zur Deutschen Partei und zum Block der Heimatvertriebenen und Entrechteten ihre Existenzberechtigung im bürgerlichen Lager bewahrte und dem Schicksal entging, von CDU und CSU absorbiert zu werden, verdankte sie vor allem ihrer laizistischen Orientierung. Als kirchenferner Gegenpol zur Union konnte die FDP auf eine distinkte, allerdings soziodemographisch im Rückgang begriffene protestantisch-mittelständische Wählerschaft ab-

* mit Volker Best.

zielen. Dennoch lief sie als nationalliberale Lagerpartei Gefahr, zum Satelliten der Union abzugleiten, während gleichzeitig das ständige Damoklesschwert einer Wahlrechtsänderung über ihr schwebte.

Die Wahl des von Adenauer als Justizminister 1953 nicht wiederberufenen Thomas Dehler zum Partei- und Fraktionsvorsitzenden bedeutete vor diesem Hintergrund eine Kampfansage. Dehlers „Fundamentalopposition in der Koalition" (Nickel 2005: 121), die sich insbesondere in der Außen- und Deutschlandpolitik Adenauers Kurs der Westintegration widersetzte, stieß unter Funktionären, Mitgliedern und Wählern auf große Vorbehalte. Nach dem „Jungtürken-Aufstand" des nordrhein-westfälischen Landesverbandes, der die Koalition mit der CDU im größten Bundesland 1956 mutwillig platzen gelassen hatte und an die Seite der Sozialdemokraten gewechselt war, traten ein Drittel der FDP-Abgeordneten und alle vier Minister aus der Bundestagsfraktion aus. Auch die Wähler goutierten die neue Eigenständigkeit nicht, sondern liefen der Partei bei der Bundestagswahl 1957 und der im Jahr darauf folgenden Landtagswahl in NRW scharenweise davon. Die FDP näherte sich deshalb aus der Opposition heraus der Union wieder an, mit der sie nach der Bundestagswahl 1961 aber nur ohne Kanzler Adenauer koalieren wollte. Weil sie dessen Rückzug trotz ihres guten Wahlergebnisses nicht durchsetzen konnte, haftet ihr bis heute das Image einer „Umfallerpartei" an (Søe / Vorländer 1987: 179).

Der Zerfall der Erhard-Regierung und die Bildung der Großen Koalition aus Christ- und Sozialdemokraten erleichterte es der FDP, sich ab 1966 in der Opposition als Reformpartei zu erneuern. In der Außen- und Deutschlandpolitik trat nun sie ähnlich wie die SPD für eine Öffnung gegenüber dem Osten auf der Basis des Status quo ein, in der Innenpolitik entdeckte sie die Bildung als neues Schlüsselthema. Elektoral und organisatorisch schlug sich der Erneuerungsprozess in einem erheblichen Austausch der Mitglieder- und Wählerschaft nieder, der geschätzt zwischen 60 und 70 Prozent betrug (Baring 1984: 99).

Der in den Freiburger Thesen von 1971 ausformulierte Sozialliberalismus wurde in der FDP gleichwohl nie zur Mehrheitsströmung. Seine wichtigsten Funktionen lagen – rückblickend betrachtet – in der endgültigen Überwindung des Nationalliberalismus und Legitimierung der 1969 geschlossenen sozialliberalen Koalition (Decker 2011: 61). Durch die Abwanderung vieler FDP-Wähler zur CDU gelang es dieser, die letzten liberalen Hochburgen in Nordhessen und Württemberg zu schleifen. Wegen der neuen Ostpolitik büßte die FDP bis 1972 zudem rund ein Fünftel ihrer Bundestagsabgeordneten ein. Trotzdem erfuhren die Liberalen zwischen 1972 und 1976 eine Art Renaissance, indem sie sich als Bremser „sozialistischer Experimente" profilierten. Die Korrektivfunktion, die sie gegenüber der Union in den fünfziger und sechziger Jahren mal übertrieben und mal zu zahm ausgespielt hatten, warf nun Früchte ab. Elektoral schlug sich das darin nieder, dass die FDP die Verluste des größeren Regierungspartners bei Wahlen ausglich. Zunehmend auf der Strecke blieben unterdessen die Inhalte. „Was als besitzbürgerliches Korrektiv gegen die Sozialdemokraten in der Koalition nicht taugte, wurde über Bord geworfen: die Bildungspolitik etwa, mit der man sich in den sechziger Jahren noch als Avantgardistin unter den deutschen Parteien auszuzeichnen versucht hatte; die plebiszitären Forderungen, die im Wahlkampfprogramm von 1960 prominent vertreten waren; die bürgerrechtlichen Postulate, die ab 1967 das Bild der FDP zu verändern halfen" (Walter 2010: 29). Auch die Vorreiterrolle, die die FDP programmatisch und in der Ressortzuständigkeit[1] in der Umweltpolitik wahrnahm, blieb Episode. Nicht nur, dass ihnen das Thema später von den anderen Parteien, insbesondere den Grünen, nahezu vollständig entwunden wurde. Indem sie den Umweltschutz primär als wirtschaftlichen Hemmschuh und Wachstumshindernis betrachteten, kultivierten die Liberalen zum Teil sogar lustvoll den Eindruck einer dezidiert anti-ökologischen Partei.

Aus dem Gegenüber von Nationalliberalismus und Sozialliberalismus wurde in der FDP ab Mitte der siebziger Jahre das Nebeneinander von Wirtschafts- und Bürgerrechtsliberalismus. Der pro-

1 Diese lag seit der Einrichtung einer Umweltabteilung im Jahre 1969 im Innenministerium, das zwischen 1969 und 1974 von Hans-Dietrich Genscher geführt wurde.

grammatische Streit entzündete sich hauptsächlich daran, was Priorität haben sollte. Bestand zu Zeiten der sozialliberalen Koalition zwischen Wirtschafts- und Bürgerrechtsliberalen ein annäherndes Patt, sahen sich die letzteren nach der Bonner Wende ab 1982 zunehmend an den Rand gedrängt beziehungsweise drängten selbst aus der Partei. Der FDP ging dadurch nicht nur rund ein Viertel der Mitgliedschaft, sondern auch ein Großteil ihrer Führungsreserve verloren (Walter 2010: 33).

Der durch die Kanzlerkandidatur Franz Josef Strauß‘ bei der Bundestagswahl 1980 nur verzögerte abermalige Partnerwechsel nach der Hälfte der Legislaturperiode entsprang der Sorge der FDP, ansonsten in den Sog der Krise der SPD mit hineingezogen zu werden. Weil sofortige Neuwahlen nicht in ihrem Interesse lagen, war die Durchsetzungsmacht der Liberalen in der neuen Koalition zunächst begrenzt (Dittberner 2010: 54). Immerhin verbürgten sie die Kontinuität in der Außenpolitik. Langfristige Folgen für die Stellung der FDP im Parteiensystem hatte die Etablierung der Grünen. Weil diese koalitionspolitisch einseitig auf die SPD orientiert waren, band sie sich nun im Gegenzug genauso fest an die Union. Damit verlor sie ihre bisherige Rolle eines „Scharniers“ und „Königsmachers“. Als Korrektiv innerhalb der Koalition fungierte die FDP vor allem in der Rechtspolitik. Dort geriet sie allerdings zunehmend in den Geruch einer reinen „Dagegen-Partei“, die vermeintlich notwendige Maßnahmen auf dem Gebiet der Inneren Sicherheit blockierte oder verwässerte, während ihr die Grünen den Rang als Bürgerrechtspartei streitig machten. Dass die Parteiführung die Zustimmung zum „großen Lauschangriff“ (1995) mit dem Plazet eines Mitgliederentscheids gegen den Willen der eigenen Justizministerin durchsetzte, beschädigte das seit der Spiegel-Affäre gehütete Bild der FDP als „Wachhund“ rechtsstaatlicher Prinzipien nachhaltig (Vorländer 1999: 105).

Die deutsche Vereinigung bescherte den Liberalen durch die Vereinigung mit den mitgliederstarken Blockparteien LDPD und NDPD und den Ost-Bonus des gebürtigen Hallensers Hans-Dietrich Genscher ein Zwischenhoch, das aber nur kurze Zeit währte. Ab 1993 geriet die Partei tief in die Krise. Am stärksten war der

Absturz in den neuen Ländern, wo sich ihr selbst gepflegtes Image als „Partei der Besserverdienenden“ nun vehement gegen sie kehrte. Im Bundestagswahlkampf 1994 machte die FDP keinen Hehl daraus, dass sie ihre Funktion vor allem darin sah, der Union und Kanzler Kohl zum Weiterregieren zu verhelfen. Die Selbstverzwergung zur „Partei der zweiten Wahl“ (Dittberner 1987) resultierte in einer Serie von Wahlniederlagen. Bei der Bundestagswahl 1998 fiel die FDP gegenüber ihrem schwachen Ergebnis von 1994 noch einmal um 0,7 Prozentpunkte (auf 6,2 Prozent zurück); bei den Europawahlen 1994 und 1999 und bei 23 der zwischen 1993 und 1999 stattfindenden 28 Landtagswahlen scheiterte sie an der Fünfprozenthürde.

1995 löste Wolfgang Gerhardt den glücklosen Klaus Kinkel an der Parteispitze ab. Zusammen mit seinem alerten Generalsekretär Guido Westerwelle verpflichtete er die FDP auf einen Kurs, der wieder mehr Eigenständigkeit verhieß. Die Rückkehr in die Opposition (ab 1998) kam ihr dabei ebenso zugute wie der Ende 1999 über die CDU hineinbrechende Parteispendenskandal. Mit Forderungen nach Deregulierung und Steuersenkungen, die auf der Linie des „neoliberalen“ Zeitgeistes lagen, versuchte sich die FDP als „einzige nicht sozialdemokratische Partei“ des Landes zu profilieren (Kubat 2007: 40). Beflügelt wurde die neue Linie durch den früheren Bundesminister und NRW-Landesvorsitzenden Jürgen W. Möllemann, der im Mai 2000 in seinem Bundesland mit knapp 10 Prozent der Stimmen einen fulminanten Wahlsieg errungen hatte. Möllemanns populistisch geprägter Medienwahlkampf wurde zur Blaupause eines Strategiewechsels („Projekt18“), mit dem die FDP in neue Wählerschichten vordringen und zu einer „Partei für das ganze Volk“ werden wollte. Solche Überlegungen hatte es bei den Freien Demokraten schon früher gegeben (Walter 2010: 23). Westerwelle, der Gerhardt 2001 vom Parteivorsitz verdrängt hatte, ließ sich bereitwillig in das Projekt einspannen, in dem ihm selbst für 2002 die Rolle eines eigenen Kanzlerkandidatens der FDP zugedacht war. Koalitionspolitisch schlug sich die neue Strategie darin nieder, dass die Liberalen nicht mehr mit einer festen Koalitionsaussage in den Wahlkampf gingen, sondern auf „Äquidistanz" zu den beiden Volksparteien setzten (Michel 2005: 273 f.).

Der auf Jugendlichkeit getrimmte Spaßwahlkampf (mit dem legendären „Guidomobil") blieb in den eigenen Reihen umstritten. Er brachte den Freien Demokraten 2002 zwar einen leichten Stimmenzuwachs ein, der aber weit unter den hoch gesteckten Erwartungen lag. Das „Projekt 18" wurde ruhmlos beerdigt und sein Scheitern ganz auf Möllemann abgeladen. Dabei kam es der Parteispitze gelegen, dass sich dieser durch seine mit antisemitischen Untertönen versetzte Israel-Kritik, die in einer illegal finanzierten Flugblattaktion kurz vor der Bundestagswahl kulminierte, innerparteilich selbst ins Abseits manövriert hatte. An der neuen populistischen Grundphilosophie der Liberalen änderte der Fehlschlag allerdings nichts. Die FDP wollte sich nun nicht mehr in erster Linie als elitärer Verein der Wohlhabenden und Gesetzten verstehen. Sie artikulierte auch den Protest der „kleinen Leute", die sich von Steuerbelastung, bürokratischen Vorschriften und politischen Korrektheitsgeboten gegängelt fühlten. Ein Blick auf die Sozialstruktur ihrer Wähler bei der Bundestagswahl 2009 zeigt, dass sie damit durchaus richtig lag.

Koalitionspolitisch kehrte die FDP nach 2002 an die Seite der Union zurück, die sich mit dem Leipziger Parteitag 2003 ebenfalls einem marktliberalen Reformkurs verschrieben hatte. Ablesbar an der Diskrepanz zwischen Erst- und Zweitstimmenergebnis, verdankte sie ihre kräftigen Zugewinne 2005 nicht zuletzt der hohen Zahl von taktisch motivierten Koalitionswählern. Aus elektoraler Sicht erwies es sich für die Partei als Glücksfall, dass sie die erhoffte gemeinsame Regierungsmehrheit mit der Union verpasste. Weil CDU und CSU in der Großen Koalition mit den Sozialdemokraten von ihren in Leipzig beschlossenen Reformzielen abrückten, konnten sich die Freien Demokraten in der Opposition jetzt als alleiniger Garant marktwirtschaftlicher Positionen darstellen und ihren neoliberalen Populismus so auf die Spitze treiben. Dafür wurden sie 2009 mit einem Rekordwahlergebnis von 14,6 Prozent belohnt.

## 2. Die Krise der Liberalen seit 2009

Dieser Triumph ausgerechnet in einer Phase, in der die von deregulierten Banken in die Krise gestürzte Realwirtschaft die Intervention eines starken Staates notwendig machte, mutet zunächst paradox an. Dennoch fanden die Versprechungen der FDP in der Wählerschaft großen Widerhall. So bezeichneten ein Drittel der 2009 von der Union zur FDP gewechselten Wähler die Steuerpolitik als für sie wahlentscheidend (Merz / Hofrichter 2013: 111 f.). Freilich hätte die FDP spätestens nach der 2008 ausgebrochenen Finanzkrise wissen müssen, dass die vollmundigen „Mehr Netto vom Brutto"-Ankündigungen nicht einzuhalten sein würden. Ihr Absturz war damit vorprogrammiert.

Am Anfang standen die ungünstig verlaufenen Koalitionsverhandlungen, wo die FDP ihre Positionen in den für sie zentralen Politikfeldern (Gesundheit und Steuern) nur dem Anschein nach weitgehend durchsetzen konnte. Weil sie dem von der Union verlangten allgemeinen Finanzierungsvorbehalt zustimmte und sich auch deren Ansinnen fügte, einschneidende Reformen erst nach der nordrhein-westfälischen Landtagswahl in Angriff zu nehmen, musste sie ihre ambitionierten Steuersenkungspläne aufgeben (Sturm 2012: 269). Von den im Rahmen des Wachstumsbeschleunigungsgesetzes bereits vorher beschlossenen Entlastungen im Umfang von 8,5 Milliarden Euro blieb nur die Absenkung des Mehrwertsteuersatzes für das Hotelgewerbe im öffentlichen Gedächtnis haften, die – obwohl sie primär auf eine Forderung der CSU zurückging – das Klischeebild der Liberalen als unverbesserlicher „Klientelpartei" zu bestätigen schien.

Dass die FDP mit ihren Forderungen ins Leere lief, hatte zugleich mit der Arbeit der beiden Vorgängerregierungen zu tun, die – vom Arbeitsmarkt bis zur Rente – die wichtigsten Reformen bereits durchgesetzt hatten (Grunden 2010: 367). Insofern war Schwarz-Gelb eine „historisch verspätete Koalition" (Niedermayer 2015a: 108). Das konnte auch Westerwelles Fabulieren von einer „geistig-politischen Wende" analog zu Kohls – ebenfalls uneingelösten – „geistig-moralischen Wende" nicht verdecken. Der Gedanke, die Koalition könne von einem gemeinsamen politischen Projekt beseelt sein, verging dem Betrachter schon angesichts des rüden verbalen Umgangstons zwischen den Partnern (Becker 2013: 151 f.). Die einzige bedeutsame Kursänderung, bei der zwischen Union und FDP Einvernehmen herrschte, war die Rückgängigmachung des von der rot-grünen Regierung beschlossenen Atomausstiegs. Sie wurde nach dem Reaktorunfall im japanischen Fukushima im März 2011 Makulatur. Der von Kanzlerin Merkel abrupt eingeleiteten 180 Grad-Wende in der Energiepolitik konnte und wollte die FDP – trotz ihrer zum Teil berechtigten Bedenken – keinen Widerstand entgegensetzen.

Schlecht beraten war die FDP auch bei der Ämtervergabe, obwohl sie – wie bei kleinen Koalitionspartnern üblich – arithmetisch in der Regierung überrepräsentiert war. Dass der geborene Innenpolitiker Westerwelle sich für das prestigeträchtige Auswärtige Amt entschied, statt Fraktionsvorsitzender zu bleiben oder das Finanzressort zu übernehmen, sollte sich als Fehler erweisen. Nachdem die FDP in früheren Zeiten unter Walter Scheel und Hans-Dietrich Genscher aus der Zuständigkeit für die Außenpolitik großen Nutzen gezogen hatte, gelang es Westerwelle nie, einen vergleichbaren Bonus zu entwickeln. Überzeugender war die die Besetzung des Wirtschaftsressorts mit Rainer Brüderle – einem gestandenen Fachpolitiker. Das von Philipp Rösler übernommene Gesundheitsministerium entpuppte sich dagegen durch die engen Festlegungen des Koalitionsvertrages ebenso als „vergiftetes Geschenk“[2] wie das Entwicklungshilferessort, dessen Abschaffung im Wahlkampf ausgerechnet der neue Amtsinhaber – Generalsekretär Dirk Niebel – am lautstärksten gefordert hatte (Vorländer 2013: 395 ff.).

Personelle Kontinuität bewies die FDP mit Sabine Leutheusser-Schnarrenberger, deren Rückkehr ins Justizministerium nach 14 Jahren freilich auch eine gewisse Angestaubtheit ihrer bürgerrechtlichen Positionen symbolisierte. Wie wenig die Liberalen hier dem Zeitgeist entsprachen, machten die Entstehung und überraschenden

2 Als einzig nennenswerten Erfolg konnte die FDP hier die auf ihr Betreiben vorgenommene Abschaffung der Praxisgebühr reklamieren.

Wahlerfolge der Piratenpartei deutlich. Obwohl die FDP die Bedeutung des Internets für die Wahlkampfkommunikation früher erkannt hatte als die anderen Parteien (einschließlich der Grünen), beschäftigte sie sich mit dessen gesellschaftspolitischen Implikationen kaum, die ein Freiheitsthema ersten Ranges darstellten. Damit trug sie mit dazu bei, die Nische für den Neuling zu öffnen.

Von den Wählern alleine für das Erscheinungsbild der Koalition verantwortlich gemacht, wurde die FDP in den Umfragen schlechter bewertet als je zuvor eine Regierungspartei (Niedermayer 2015a: 106 f.). In 7 der 14 Landtagswahlen, die während der Legislaturperiode stattfanden, fiel sie unter die Fünfprozentmarke. Von der nach vorne drängenden „Boygroup" aus Christian Lindner, Daniel Bahr und Philipp Rösler unter Druck gesetzt, gab Westerwelle den Parteivorsitz im Mai 2011 an Rösler ab. Westerwelle blieb Außenminister, während Rösler von Brüderle das Wirtschaftsministerium übernahm, der wiederum die überfordert wirkende Fraktionsvorsitzende Birgit Homburger ablöste. Bahr wurde Röslers Nachfolger im Gesundheitsministerium. Der erhoffte Aufbruch ging von der Rochade nicht aus. Röslers großsprecherische Ankündigung, die FDP werde nun endlich „liefern", machte die Partei zusehends zum Gespött. Missgeschick reihte sich an Missgeschick. Im Dezember 2011 trat Lindner als Generalsekretär zurück. Das Dreikönigstreffen im Januar 2012 wurde von der Ankündigung der saarländischen CDU überschattet, die Jamaika-Koalition wegen der Querelen im dortigen FDP-Landesverband zu beenden. Und ihren Erfolg bei der Bundespräsidentenwahl im Mai 2012, als die FDP Joachim Gauck als Kandidaten gegen den Willen der Union durchsetzte, verspielte Rösler, indem er sich mit dem Coup allzu selbstgefällig brüstete.

Die missliche Lage wurde durch die Uneinigkeit beim Thema Eurorettung verschärft. Den ersten Finanzhilfen für Griechenland hatte sich in der FDP-Fraktion einzig der Abgeordnete Frank Schäffler verweigert. Deswegen zum Rücktritt als finanzpolitischer Sprecher und Obmann im Finanzausschuss gedrängt, gründete Schäffler mit drei Kollegen den „Liberalen Aufbruch", zu dem sich über 1.000 Parteimitglieder bekannten. Die Kritiker störten sich auch an den aus ihrer Sicht zu affirmativen Positionen der FDP in anderen Fragen – von der Vertiefung und Erweiterung der EU über das Antidiskriminierungsgesetz bis hin zur Energiewende und Gesundheitspolitik (Treibel 2014: 117 f.). Nachdem außer Schäffler alle FDP-Abgeordneten im Bundestag dem ESM-Rettungsschirm im März 2011 ihre Zustimmung gaben, brachte dieser zusammen mit Burkhard Hirsch auf dem zwei Monate später stattfindenden Bundesparteitag einen Alternativantrag ein („Euro sichern – Verantwortung stärken"), den immerhin ein Drittel der Delegierten unterstützten. Das von Schäffler und Hirsch daraufhin angestrengte Mitgliederbegehren gegen die Einrichtung des ESM und für eine Austrittsmöglichkeit überschuldeter Staaten aus dem Euro-Raum erreichte binnen eines Monats die erforderlichen Unterschriften von fünf Prozent der Parteimitglieder. Der Bundesvorstand stellte dem Begehren einen eigenen Antrag auf der Linie des Parteitagsbeschlusses gegenüber, dem am Ende bei einer (für die Erreichung des Quorums unzureichenden) Beteiligung von 31,6 Prozent eine knappe Mehrheit der Mitglieder (54,4 gegen 44,2 Prozent) zustimmte. Als überzeugendes Bekenntnis der FDP zur europäischen Solidargemeinschaft konnte dies schwerlich interpretiert werden: „Entscheidend für den Ausgang waren die größeren administrativen Ressourcen und informellen Machtmittel der Parteispitze" (Treibel 2014: 228). Zudem hatte Rösler kurz vor der Wahl zum Berliner Abgeordnetenhaus im September 2011 selbst einer geordneten Insolvenz Griechenlands das Wort geredet.

Dessen Autorität als Parteichef war spätestens seit dem Rücktritt Lindners als Generalsekretär irreparabel beschädigt. Daran änderten auch die guten Ergebnisse nichts, die die FDP im Mai 2012 bei den Landtagswahlen in Nordrhein-Westfalen und Schleswig-Holstein und im Januar 2013 in Niedersachsen erzielte, im Gegenteil: In NRW und Schleswig-Holstein war der Erfolg hauptsächlich den beiden Spitzenkandidaten – Christian Lindner und Wolfgang Kubicki – zuzuschreiben, die sich im Wahlkampf von der Bundes-FDP ostentativ absetzten. Und in Niedersachsen – Röslers eigenem Landesverband – verdankte er sich einer in ihrem Ausmaß bis dahin nicht gekannten „Leihstimmenaktion“ von Unionswählern[3], die auf diese Weise hofften, die schwarz-gelbe Regierungsmehrheit im Lande zu retten. Wie wenig die FDP trotz dieses Erfolges noch auf Rösler setzte, zeigte sich daran, dass sie dem Vorsitzenden mit Rainer Brüderle einen eigenen Spitzenkandidaten für die Bundestagswahl zur Seite stellte.

Obwohl die Umfragen den Liberalen seit Mitte 2013 einen relativ sicheren Wiedereinzug in den Bundestag verhießen, flüchtete sich die Parteispitze nach dem schwachem Ergebnis bei der – eine Woche vor der Bundestagswahl stattfindenden – bayerischen Landtagswahl in eine hilflos wirkende Zweitstimmenkampagne. Das Buhlen um die Unionswähler blieb diesmal allerdings erfolglos. Zum einen wussten diese, dass die Alternative zu Schwarz-Gelb im Bund nicht wie in Niedersachsen in einer rot-grünen, sondern in einer Großen oder – allenfalls – schwarz-grünen Koalition bestand, Merkel also in jedem Fall Kanzlerin bleiben würde. Zum anderen war es nach der ernüchternden Erfahrung der zurückliegenden vier Jahre zweifelhaft, ob CDU und CSU tatsächlich so erpicht auf eine Fortsetzung der „erfolgreichsten Regierung seit der Wiedervereinigung“ waren, wie sie öffentlich bekundeten. Ihre Wahlversprechen, insbesondere die Mütterente, konnten sie mit der SPD besser umsetzen als mit der FDP. Auch in der Inneren Sicherheit würden die Sozialdemokraten ein einfacherer Partner sein. Zudem wäre eine schwarz-gelbe Regierung mit einer rot-grünen Mehrheit im Bundesrat konfrontiert gewesen (Schmidt 2014: 571).

Dass sie nach 64 Jahren ununterbrochener Parlamentszugehörigkeit und insgesamt 45 Regierungsjahren aus dem Bundestag herausfielen, war für die Freien Demokraten naturgemäß ein Schock. Da sich bis auf Lindner alle Angehörigen der bisherigen Führungsriege aus ihren Ämtern zurückzogen, konnte man die Nachfolge im Parteivorsitz rasch klären. Als einzig weiteres bekanntes Gesicht neben Lindner blieb der in ihrer Medienpräsenz stark eingeschränkten Partei zunächst nur Wolfgang Kubicki. Später gesellte sich der Europaabgeordnete Alexander Graf Lambs-

3 In Umfragen gaben 80 Prozent der FDP-Wähler an, dass sie eigentlich die CDU als Partei bevorzugten.

dorff dazu – ein Neffe des früheren Parteivorsitzenden und Wirtschaftsministers Otto Graf Lambsdorff. Marie-Agnes Strack-Zimmermann und Nicola Beer, die Lindner als stellvertretende Vorsitzende beziehungsweise Generalsekretärin in die Führung geholt hatte, um der traditionellen Männerdominanz in der FDP entgegenzuwirken (Nentwig / Werwath 2009: 103), traten dagegen bisher kaum in Erscheinung.

In den ersten beiden Jahren seiner Führung konzentrierte sich Lindner weitgehend auf die Verbesserung des äußeren Bildes der Partei. Der Name wurde leicht verändert – statt „FDP – Die Liberalen“ lautet er jetzt „Freie Demokraten – FDP“, die traditionellen Farben Gelb und Blau durch das Modernität ausstrahlende Magenta ergänzt. Anstelle des bisweilen schrillen Populismus der Westerwelle-Ära traten neue Sachlichkeit und ein seriöseres Auftreten. Inhaltlich ist das Profil im Wesentlichen unverändert geblieben, abgesehen von einer wieder stärkeren Betonung der Bildung, wo man dem Bund mehr Gesetzgebungskompetenzen einräumen möchte, und den Bürgerrechten. Die sozialliberalen Neigungen, die Lindner gelegentlich unterstellt werden, finden eher in der koalitionspolitischen Öffnung der Partei Niederschlag als in einer programmatischen Abkehr vom bisher dominanten Marktliberalismus (Glock 2015). Letzteres ist schon deshalb unwahrscheinlich, weil das Gros der heutigen Mitglieder der FDP unter Westerwelle beigetreten ist. Bei einem zu radikalen Kurswechsel würde die Partei Gefahr laufen, dass sich der rapide Mitgliederschwund – von 72.000 am Beginn der schwarz-gelben Regierung auf 53.000 Ende 2015 – weiter beschleunigt. Keinen Zweifel aufkommen ließ Lindner an der strikten Abgrenzung zur 2013 neu entstandenen AfD, die er nicht trotz, sondern gerade wegen des nur knapp ausgefallenen Mitgliederentscheids zugunsten der Euro-Rettungspolitik für geboten hielt.[4]

4 Nach der Abwahl Bernd Luckes und Abspaltung des gemäßigten Flügels der AfD stellte Lindner in einer öffentlichen Erklärung klar, die FDP werde ausgetretene oder austrittswillige Mitglieder der AfD in der Regel nicht aufnehmen.

Der neue Vorsitzende war gut beraten, Hoffnungen auf einen raschen Wiederaufstieg der FDP nach ihrer historischen Wahlniederlage zu dämpfen: Sein Erfolg oder Misserfolg werde sich erst bei der Bundestagswahl im Jahr 2017 erweisen. 2014 gab es für die FDP tatsächlich nichts zu gewinnen. Bei den Europawahlen zog sie mit ihren 3,4 Prozent nur dank der weggefallenen Sperrklausel mit drei Abgeordneten in das Parlament ein, bei den Landtagswahlen in Brandenburg (1,5 Prozent), Thüringen (2,5 Prozent) und Sachsen (3,8 Prozent) scheiterte sie an der Fünfprozenthürde. Die schwachen Ergebnisse rührten auch aus dem Ausbleiben des während einer Legislaturperiode normalerweise auftretenden Zwischenwahleffekts – die Große Koalition erfreute sich ungebrochen hoher Zustimmungswerte. 2015 setzte dann die erhoffte Trendwende ein. Waren die guten Resultate bei den Bürgerschaftswahlen in Hamburg (7,4 Prozent im Februar 2015) und Bremen (6,6 Prozent im Mai 2015) noch weniger auf das inhaltliche Programm als die attraktiven Spitzenkandidatinnen (Katja Suding und Lencke Steiner) zurückzuführen, profitierte die FDP bei den Wahlen in Baden-Württemberg (8,3 Prozent), Rheinland-Pfalz (6,2 Prozent) und Sachsen-Anhalt (4,9 Prozent) im März 2016 auch von der Unzufriedenheit der Wähler mit Merkels Flüchtlingspolitik. In Rheinland-Pfalz war sie erstmals nach über 20 Jahren wieder zur Bildung einer Ampelkoalition mit SPD und Grünen in einem Bundesland bereit, in Baden-Württemberg, wo dieselbe Möglichkeit bestanden hätte, hatte sie dies auch auf Betreiben der Bundespartei schon vorher ausgeschlossen.

## 3. Entstehungsursachen und -hintergründe der AfD

Auf der Landkarte des europäischen Rechtspopulismus war die Bundesrepublik Deutschland lange Zeit ein weißer Fleck. Zwar hat es auch hier seit Mitte der achtziger Jahre gelegentliche Wahlerfolge rechtspopulistischer und rechtsextremer Gruppierungen gegeben – von den Republikanern über die Schill-Partei bis hin zur NPD. Diese blieben aber im Wesentlichen auf die regionale Ebene der Landtagswahlen beschränkt und führten nicht zur dauerhaften

Etablierung einer Rechtsaußenpartei im nationalen Rahmen (Decker 2012). Mit dem Aufkommen der euro(pa)kritischen Alternative für Deutschland (AfD) änderte sich das. Bei der Bundestagswahl 2013 noch knapp an der Fünf-Prozent-Marke gescheitert, gelang dem Neuankömmling ein gutes Jahr nach seiner Gründung bei den Europawahlen Ende Mai 2014 mit 7,1 Prozent der Stimmen ein medienwirksamer Erfolg. Noch bessere Ergebnisse erzielte die AfD bei den im Spätsommer folgenden Landtagswahlen in den ostdeutschen Ländern Sachsen, Brandenburg und Thüringen. Etwas geringer blieb der Zuspruch bei den Bürgerschaftswahlen in Hamburg (6,1 Prozent) und Bremen (5,5 Prozent), was jedoch ausreichte, um erstmals auch im Westen in Landesparlamente einzuziehen.

Stellt die Ankunft des neuen Rechtspopulismus im deutschen Parteiensystem eine Annäherung an den (west)europäischen Normalzustand dar, bleibt die Frage, warum das Phänomen hierzulande erst jetzt auftritt und organisatorische Strukturen ausbildet. Aus der vergleichenden Forschung weiß man, dass es in der Regel einer bestimmten gesellschaftlichen Krisenkonstellation bedarf – der amerikanische Historiker Lawrence Goodwyn (1976) spricht von „populistischen Momenten“ –, um solche Parteien und Bewegungen hervorzubringen. Im Falle der AfD war dies die Finanz- und Eurokrise. Sie öffnete das Gelegenheitsfenster für eine neue EU-kritische Partei, deren programmatische Kernforderungen – kontrollierte Auflösung der Währungsunion und Absage an eine weitere Vertiefung des europäischen Integrationsprozesses – geeignet waren, um daran eine breitere rechtspopulistische Plattform anzudocken.

Betrachtet man die Entstehungsgeschichte der AfD genauer, zeigt sich, dass sie dabei auf ein bereits vorhandenes Netzwerk an gesellschaftlichen und politischen Strukturen zurückgreifen konnte. Die Partei fing also bei ihrer offiziellen Gründung im April 2013 nicht bei Null an (Bebnowski 2015: 19 ff.). Als Vorläufer und Sammlungsbewegungen im Vorfeld sind unter anderem zu nennen: die im Gefolge des Maastricht-Vertrags 1993 entstandene und 2000 wieder aufgelöste europakritische Partei Bund freier

Bürger, die Hayek-Gesellschaft, die Initiative Neue Soziale Marktwirtschaft, das Bündnis Bürgerwille, die Wahlalternative 2013 und das von Beatrix von Storch initiierte fundamental-christliche Kampagnennetzwerk Zivile Koalition. Letzteres weist darauf hin, dass die Verbindung von wirtschaftlich liberalen und gesellschaftlich konservativen beziehungsweise nationalen Positionen in der politischen Stoßrichtung der AfD von Beginn an angelegt war.

Neue Parteien entstehen entweder aus der Gesellschaft heraus oder als Abspaltung von bestehenden Parteien. Auch das letztere trifft auf die AfD mit gewissen Einschränkungen zu. Viele ihrer Führungsfiguren stammten und stammen aus dem bürgerlichen Lager von Union und FDP, hier allerdings nur aus der „zweiten Reihe". So kehrte beispielsweise Bernd Lucke, der bis zu seinem Austritt im Juli 2015 das bekannteste Gesicht der Partei war und neben Alexander Gauland und Konrad Adam zu ihrem Gründungstrio gehörte, der CDU wegen deren Kurs in der Eurokrise den Rücken, während Gauland auf seine negativen Erfahrungen mit dem „Berliner Kreis" verweist – einem Zusammenschluss von Vertretern der Parteirechten innerhalb der CDU, der von der Vorsitzenden Angela Merkel und ihrem damaligen Generalsekretär Hermann Gröhe offen bekämpft wurde. (Gauland war 40 Jahre lang CDU-Mitglied und von 1987 bis 1991 Chef der hessischen Staatskanzlei.) Der frühere Industrieverbandspräsident Hans-Olaf Henkel fand wiederum – nach einem kurzen Umweg über die Freien Wähler – von der FDP zur AfD.

Die Abspaltungstendenzen lassen sich nachvollziehen, wenn man die Entwicklung bedenkt, die CDU und FDP in den letzten eineinhalb Jahrzehnten genommen haben. Die FDP fiel als euroskeptische Stimme aus, nachdem sich die Parteibasis mit knapper Mehrheit für eine Unterstützung der Rettungspolitik ausgesprochen hatte. Auch in anderen Fragen gelang es ihr nicht, in der gemeinsamen Regierung ein Gegengewicht zur Union zu bilden und eigene Positionen (etwa in der Steuerpolitik) durchzusetzen. Die CDU hat sich wiederum unter Merkels Führung einerseits wirtschaftspolitisch „sozialdemokratisiert" und der von Merkel zu Beginn selbst noch favorisierten liberalen Reformagenda abgeschworen. Andererseits ist sie kulturell immer mehr in die Mitte gerückt, indem hergebrachte Positionen in der Familien- und Gesellschaftspolitik reihum aufgegeben wurden – von der Anerkennung gleichgeschlechtlicher Lebenspartnerschaften über die Einführung einer gesetzlichen Frauenquote in Unternehmen bis hin zur Öffnung für ein modernes Einwanderungsrecht liegt die Partei heute ganz auf der Linie des Zeitgeistes. Beide bürgerliche Parteien haben also durch ihren programmatischen Kurs und ihr Regierungshandeln eine Nische im Parteiensystem geöffnet, in die die AfD hineinspringen konnte.

Bei der Suche nach den Ursprüngen und Erfolgsursachen darf schließlich die Sarrazin-Debatte nicht unerwähnt bleiben. Die in Buchform (Sarrazin 2010) veröffentlichen Thesen des SPD-Politikers und früheren Bundesbankvorstands zum angeblichen Scheitern der Einwanderungs- und Integrationspolitik, die die Bundesrepublik im Sommer 2010 für mehrere Monate in Atem hielten, haben dazu beigetragen, den diskursiven Raum für den Rechtspopulismus zu öffnen. Dies gilt zumal, als Sarrazin dessen Programmformel mit Büchern zur Eurokrise und Political Correctness weiter ausbuchstabierte. Insofern könnte man ihn als eine Art *Spiritus rector* der AfD bezeichnen und sich fragen, warum er nicht längst von der SPD zu den Rechtspopulisten übergewechselt ist.

## 4. Ideologische Einordnung und Programmatik

Im Falle der AfD war deren Einordnung als rechtspopulistisch von Beginn an umstritten – auch in der Wissenschaft. Dass die Partei selbst sich gegen das Etikett entschieden verwahrt hat, mag aus ihrer Sicht verständlich sein. So setzte sie z.B. alles daran, nach ihrem Einzug ins Europaparlament von der Fraktion der Konservativen aufgenommen zu werden, die mehrheitlich aus britischen Tory-Abgeordneten und Vertretern der polnischen Partei Recht und Gerechtigkeit besteht – gegen den Widerstand von Angela Merkel, die diesbezüglich sogar beim britischen Premierminister David Cameron intervenierte. Mit Parteien wie UKIP, die einen generell europafeindlichen Kurs vertreten, wollte die AfD keinem Fall in Verbindung gebracht werden – geschweige denn mit dem harten Kern der europäischen Rechtspopulisten (Front National, Lega Nord, FPÖ, Vlaams Belang, Partij voor de Vrijheid)

Das Problem des Rechtspopulismusbegriffs liegt darin, dass er nicht nur eine wissenschaftliche Analysekategorie darstellt, sondern zugleich als wertgeladener Kampfbegriff in der politischen Auseinandersetzung herhalten muss (Decker 2004: 21 ff.). Letzteres kann jedoch kein Grund sein, ihn in der Wissenschaft zu umgehen. Manche Beobachter wollten der Verlegenheit, die AfD als rechtspopulistisch einzustufen, entkommen, indem sie unter Verweis auf die Personalquerelen und Richtungskonflikte in der Partei behauptet haben, diese bestehe aus drei im Grunde unverträglichen Strömungen: einer wirtschaftsliberalen, einer national-konservativen und einer rechtspopulistischen (z.B. Werner 2015: 85 f.). Darin liegt aber ein Missverständnis, denn die Strömungen sind nicht nur miteinander vereinbar, sondern in gewisser Hinsicht sogar aufeinander bezogen. Zusammen bilden sie die programmatische und elektorale „Gewinnerformel" der neuen Rechtsparteien, in die sich auch die euroskeptischen Positionen problemlos einfügen. Der Populismus fungiert dabei als übergreifendes Scharnier. Er steht für die Anti-Establishment-Orientierung der Partei, die bereits im Namen „Alternative" zum Ausdruck kommt, und für ihren Anspruch, das „eigentliche" Volk beziehungsweise dessen schweigende Mehrheit zu vertreten. Dafür lassen sich sowohl in den Wahlkampfäußerungen der AfD als auch in ihren im Mai 2014 verabschiedeten politischen Leitlinien (hier bereits in der Präambel) zahlreiche Belege finden. Des Weiteren teilt die AfD mit dem Mainstream des europäischen Rechtspopulismus die – aus der Systemkritik abgeleitete – Forderung nach mehr direktdemokratischen Beteiligungsrechten, die sich laut Programm am „Schweizer Vorbild" orientieren sollen.

Die wirtschaftsliberalen und konservativen Positionen der Partei stellen ebenfalls keinen Gegensatz dar. Sie werden in einem nationalen „Besitzstands- oder Wettbewerbspopulismus" zusammengeführt, der die Überlegenheit des eigenen Wirtschaftsmodells gegenüber anderen Ländern und Kulturen betont. Die aktuelle Misere der Südländer im Euroraum spielt dieser Argumentation in die Hände, lässt sie sich doch mit der vermeintlichen deutschen Tugendhaftigkeit unmittelbar verknüpfen. Dasselbe gilt für das von der AfD gegen den bestehenden Sozialstaat hochgehaltene Bild einer „Leistungsgesellschaft“, das sich z.B. in der Konzeption einer ausschließlich auf Nützlichkeitsüberlegungen beruhenden Zuwanderungspolitik niederschlägt. Dies schließt sowohl an christlich-konservative als auch ordoliberale Ordnungsvorstellungen an (Bebnowski / Förster 2014). Wirtschaftspolitisch liegt die AfD mit ihren liberalen Positionen in etwa auf derselben Linie wie die FDP, gesellschaftspolitisch rangiert sie deutlich rechts von der CDU und etwas weniger deutlich rechts von der CSU. Die starke Betonung der Marktfreiheit unterscheidet die AfD vom harten Kern des europäischen Rechtspopulismus, der heute eher sozialprotektionistische und somit wirtschaftspolitisch linke Positionen vertritt. Andererseits wirken die konservativ-autoritären Positionen der Rechtspopulisten in der Gesellschaftspolitik auch auf linke Wähler anziehend, da diese in den kulturellen Fragen häufig weiter rechts stehen als die von ihnen eigentlich bevorzugten sozialdemokratischen oder sozialistischen Parteien.

Schwieriger zu beantworten ist die Frage, ob die AfD eher zu den radikalen oder zu den gemäßigten Vertretern des Rechtspopulismus zählt. In Europa kommen beide Spielarten vor, wie die Beispiele des französischen Front National auf der einen und der norwegischen Fortschrittspartei auf der anderen Seite zeigen. In der AfD haben die verschiedenen Ausrichtungen von Beginn an miteinander gerungen. Während der Ökonomenflügel um Bernd Lucke und Hans-Olaf Henkel den Hauptakzent auf das Euro-Thema legte und eine wirtschaftsliberale Ausrichtung der Partei präferierte, setzte der von Frauke Petry und Alexander Gauland angeführte „nationalkonservative“ Flügel stärker auf die „identitätspolitischen“ Themen und eine aggressive populistische Wähleransprache. Neben der Zuwanderung nahmen dabei auch familien- und geschlechterpolitische Fragen relativ prominenten Raum ein, was einen gewissen Unterschied zu den meisten anderen rechtspopulistischen Parteien in Europa markiert (Behrmann 2015).

Weil der wirtschaftsliberale Flügel in der Führung personell dominierte, trug die offizielle Programmatik der AfD, die in ihren politischen Leitlinien und den Programmen zur Bundestags- und Europawahl niedergelegt wurde, zunächst dessen Handschrift (Franzmann 2014). In den Wahlkampagnen waren allerdings von Beginn an andere Töne zu vernehmen. Das galt insbesondere für die neuen Bundesländer, wo das Thema nationale Identität, gepaart mit fremdenfeindlichen Positionen und einem rigorosen Anti-Establishment-Diskurs, mehr Resonanz versprach als im Westen. Weil sich die gemäßigten Vertreter um Bernd Lucke in diesen Sog freiwillig hineinziehen ließen, konnte man ihnen später den Vorwurf machen, zum Erstarken der radikalen Kräfte in der AfD selbst beigetragen zu haben.

Schon bei der Bundestagswahl 2013 zeigte sich, dass die kritische Haltung der Wähler gegenüber der Zuwanderung ein wichtigeres Motiv für die Wahl der AfD abgab als deren euroskeptische Positionen, die im Mittelpunkt des Wahlprogramms standen (Schmitt-Beck 2014). Bei der Europawahl wurde die Einwanderung von den AfD-Wählern genauso häufig als ausschlaggebendes Thema für ihre Wahlentscheidung genannt wie die Stabilität der Währung (40 gegenüber 41 Prozent). In der Gesamtwählerschaft waren es nur 13 gegenüber 29 Prozent. Andere Untersuchungen zeigen, dass die AfD-Wähler stark von Protestmotiven geleitet werden, die sich aus der Unzufriedenheit mit der bestehenden Demokratie speisen. Fast die Hälfte von ihnen stimmt der These zu, dass „Deutschland eine starke Führungspersönlichkeit (braucht), die schnell über alles entscheiden kann" (Berbuir / Lewandowsky / Siri 2015: 168 f.). Das Überwiegen rechter Einstellungsmuster in der AfD-Wählerschaft lässt sich auch an der Unterstützungsbereitschaft der Dresdner Pegida-Bewegung ablesen. Obwohl diese wegen ihrer fremdenfeindlichen und rechtsextremen Tendenzen von den AfD-Offiziellen – allerdings mit erkennbaren Akzentunterschieden (Geiges / Marg / Walter 2015: 151 ff.) – auf Distanz gehalten wurde, äußerten 76 Prozent der AfD-Wähler Verständnis für die Proteste. Von allen Wählern wollten dies nur 22 Prozent so sehen; selbst unter den Nicht-Wählern lag der Wert mit 36 Prozent deutlich darunter (Zahlen von Infratest dimap).

Dass sich die Gewichte vom wirtschaftsliberalen zum nationalkonservativen Flügel allmählich verschoben und die Zeichen nach der Europawahl 2014 auf eine Radikalisierung hindeuteten, lag nicht zuletzt am Wegbrechen des für die AfD bis dahin zentralen Euro-Themas. Die Krise der Währungsunion, aus der man vorher Kapital schlagen konnte, hatte sich inzwischen weitgehend auf das Problem Griechenland reduziert. Dessen Austritt aus dem Euro, der „Grexit", wurde nun als Szenario auch offiziell erwogen, weil man von ihm keine Ansteckungsgefahr mehr für die übrigen Krisenländer und die EU als ganze befürchtete. Die Kernforderung der AfD war damit im Grunde Teil der Regierungspolitik geworden – symbolisiert in der Person des christdemokratischen Finanzministers Wolfgang Schäuble. Selbst in ihrem Hamburger Wahlkampf im Januar / Februar 2015 spielte das Thema Griechenland für die AfD nur noch eine Nebenrolle, obwohl die Diskussion um die Rettungsmaßnahmen nach dem Machtwechsel in Athen zu diesem Zeitpunkt wieder voll entbrannt war. Stattdessen rückte durch die terroristischen Bedrohungen des Islamischen Staates und den starken Zustrom von Asylbewerbern und Flüchtlingen das rechtspopulistische Hauptanliegen der (nationalen) Identität immer mehr in den Vordergrund. Von daher war es absehbar, dass sich die Aufmerksamkeit der Partei eher diesem Komplex zuwenden würde, zumal dieser auch im Zentrum der mittlerweile entstandenen „Pegida"-Bewegung stand.

## 5. Innere Entwicklung und Spaltung der Partei

Dass es innerhalb der AfD unterschiedliche Auffassungen über die Akzentuierung und thematische Aufhängung der rechtspopulistischen Ideologie gegeben hat, ist nichts Ungewöhnliches. Das Ringen verschiedener Strömungen um den richtigen Kurs gehört zum Wesen jeder Partei. Gut fliegen kann nur, wer starke Flügel hat! Das Bild mag zwar etwas abgegriffen sein; es erinnert aber daran, dass Parteien, die eine breite Wählerschaft erreichen wollen, auch programmatisch eine bestimmte Bandbreite benötigen. Dies funktioniert allerdings nur bis zu einer gewissen Grenze. Zum einen gilt es die unterschiedlichen Positionen zu inhaltlich vernünftigen Kompromissen und einem strategischen Gesamtkonzept zusammenzuführen. Zum anderen müssen die darüber entstehenden Konflikte so ausgetragen werden, dass sie nicht in personelle Machtkämpfe ausarten und das im Wählerwettbewerb notwendige geschlossene Auftreten der Partei gefährden. Die Lucke-AfD ist nach verheißungsvollem Beginn an beiden Herausforderungen gescheitert. Zur Entwicklung einer stabilen programmatischen Formel und gemeinsam getragenen Wettbewerbsstrategie war sie nicht in der Lage, weil die von den Vertretern des nationalkonservativen Flügels propagierten Positionen unvermeidlich dazu führen mussten, dass sie ein Problem mit der Abgrenzung zur rechtsextremen Szene bekommen würde. Und zum friedlich-schiedlichen Konfliktaustrag fehlte es ihren Funktionären und Mitgliedern an der nötigen Erfahrung und Professionalität.

Ob es einen anderen Weg gegeben hätte, ist schwer zu sagen. Ein Teil des Problems lag sicher in der Person Luckes begründet, der weder willens noch fähig war, den Zusammenhalt der Partei über die ideologischen Trennlinien hinweg zu gewährleisten. Der Parteigründer hatte sich nicht nur ganz dem gemäßigteren wirtschaftsliberalen Flügel verschrieben; er pflegte zugleich einen autoritären Führungsstil, der auf die Einbindung anderer Positionen wenig Wert legte und deshalb als selbstherrlich kritisiert wurde. Als Kopfmensch fehlte es ihm zudem an persönlicher Ausstrahlung und Charisma. Beides sollte aber in der Bedeutung nicht überbewertet werden. Auch in den anderen europäischen Ländern ist der charismatische Typus unter den Anführern der Rechtspopulismus heute längst nicht mehr so stark verbreitet wie vermutet. Er kennzeichnet vor allem die Entstehungsphase der Parteien. In der nachfolgenden Phase der Verstetigung haben sich diese meistens aus der Abhängigkeit von ihren Gründern (und deren charismatischen Eigenschaften) befreit und ihre Organisation den Mainstream-Parteien angepasst.

In der Bundesrepublik ist die Institutionalisierung durch die starke Verrechtlichung des Parteiwesens ohnehin vorgegeben. Rechtspopulisten hätten hierzulande also gar nicht die Möglichkeit, eine Partei nach dem „Führerprinzip“ zu errichten, da Grund- und Parteiengesetz strenge demokratische Anforderungen an deren „innere Ordnung“ stellen. Dass die so generierten Teilhabeansprüche der Basis einen kontrollierten Aufbau der Parteiorganisation erschweren, lässt sich an der Eskalation der personellen und Machtkonflikte in der AfD ablesen, die der Spaltung vorausgingen. Im Gebot innerparteilicher Demokratie liegt insofern ein größeres Erfolgshemmnis für die Rechtspopulisten als im Wahlrecht oder den Regeln der Parteienfinanzierung. Verschärft wird das Problem durch das von ihnen selbst propagierte plebiszitäre Demokratieverständnis, das sie konsequenterweise auch in der eigenen Organisation gelten lassen müssen. Dies zeigt sich z.B. darin, dass die AfD häufig Mitgliederversammlungen anstelle von Delegierten entscheiden lässt. Mit ihrem Modell einer gleichberechtigten Dreier- beziehungsweise Doppelspitze in der Führung weist sie zudem Organisationselemente auf, die wir in der Bundesrepublik bisher nur von den linken Parteien (Grüne und Die Linke) kannten.

Der Rechtsruck der AfD wurde dadurch begünstigt, dass nach den erfolgreich verlaufenen Bundestags- und Europawahlen im Spätsommer 2014 drei Landtagswahlen in Ostdeutschland anstanden. Die Partei erzielte dort bessere Ergebnisse als im Westen, was die Landesverbände als Bestätigung ihrer Linie auffassten, die bisherige Fixierung der AfD auf das Eurothema zugunsten einen breiteren rechtspopulistischen Plattform zu überwinden. Ehemalige Mitglieder der Republikaner, der Schill-Partei und der Partei „Die Freiheit“ traten der AfD reihenweise bei und drangen nach und nach in ihre Vorstände ein. In fast allen Landesverbänden kam es darüber zu zum Teil heftig ausgetragenen Konflikten. Der Bundesvorstand begegnete dem mit einer Erweiterung seiner eigenen Befugnisse, was aber den Widerstand an der Basis erst recht provozierte (Niedermayer 2015b: 201 ff.).

Spätestens Anfang 2015 zeichnete sich ab, dass die mehrheitlich aus Vertretern der Gemäßigten bestehende Parteiführung den

Rückhalt der Funktionäre und Mitglieder der AfD verloren hatte. Lucke versuchte die Kontrolle über die Partei durch eine Satzungsänderung zurückzugewinnen, laut der die AfD nach einer kurzen Übergangsphase nur noch von einem einzigen Vorsitzenden – ihm selbst – geführt werden sollte. Obwohl ihm der Bremer Parteitag Ende Januar 2015 darin folgte, erwies sich der Beschluss als Pyrrhussieg, da er weder die Zuspitzung des nun immer erbitterter ausgetragenen innerparteilichen Machtkampfes noch Luckes Niederlage gegen Frauke Petry bei der Wahl des/der Vorsitzenden auf dem Essener Parteitag Anfang Juli 2015 verhindern konnte. Lucke stemmte sich gegen die Abwahl, indem er im Vorfeld des Parteitages seine Anhänger in einem eigenen Verein, dem „Weckruf 2015" versammelte. Dieser nahm die Spaltung der AfD vorweg. Bis Ende August verließ rund ein Fünftel der 21.000 Mitglieder die Partei, darunter neben Lucke selbst mit Hans-Olaf Henkel, Ulrike Trebesius, Bernd Kölmel und Joachim Starbatty fast alle Protagonisten des wirtschaftsliberalen Flügels. Die Mitglieder des Weckrufs befürworteten mit großer Mehrheit die Gründung einer neuen europakritischen Partei unter Luckes Führung, die als „Allianz für Fortschritt und Aufbruch" (ALFA) bereits im Juli 2015 an den Start ging.

Die Chancen für die Neugründung waren von Anfang gering. Bei den Landtagswahlen in Baden-Württemberg, Rheinland-Pfalz und Sachsen-Anhalt im Frühjahr 2016 schaffte es die Partei nirgendwo über ein Prozent. Wo hätte ihr Potenzial auch liegen sollen? Als Hauptproblem erwies sich, dass den Ex-AfDlern ihr wichtigstes Thema – die Kritik an der Währungsunion – schon vor der Flüchtlingskrise aus den Händen geronnen war, die ab September 2015 die politische Agenda in der Bundesrepublik beherrschte. Dort konnte sie wiederum trotz ähnlicher Positionen gegen die Konkurrenz der größeren und hier wesentlich schriller auftretenden Rest-AfD nichts ausrichten, zumal die Kritik an Merkels Flüchtlingspolitik gleichzeitig von der FDP intoniert wurde.

## 6. Durch die Flüchtlingskrise zu neuen elektoralen Höhen

Für die AfD bedeutete die Krise ein unverhofftes Geschenk. Waren ihre Zustimmungswerte im ersten Halbjahr 2015 aufgrund der innerparteilichen Querelen rückläufig, wurde sie nun in den Umfragen regelrecht nach oben katapultiert. Die Partei avancierte zum Sprachrohr und Protestanker einer durch den unkontrollierten Flüchtlingsstrom tief verunsicherten Bevölkerung. Der islamistische Terror in Paris und die Übergriffe überwiegend maghrebinischer Migranten auf Frauen am Silvesterabend in Köln spielten ihr dabei ebenso in die Hände wie der Streit innerhalb der Regierung über die „Asylpakete“ und die heftige Kritik von Teilen der Union am Kurs der eigenen Kanzlerin. Bei den Landtagswahlen in Baden-Württemberg und Rheinland-Pfalz im März 2016 lag die AfD mit 15,1 bzw. 12,6 Prozent erstmals auch im Westen zweistellig, in Sachsen-Anhalt erreichte sie mit 24,2 Prozent das bisher beste Ergebnis einer rechtspopulistischen oder -extremistischen Partei bei Landtagswahlen überhaupt.

Wie die Wahlanalysen zeigen, schöpfte die AfD in Baden-Württemberg und Rheinland-Pfalz etwa ein Viertel, in Sachsen-Anhalt sogar fast ein Drittel ihrer Stimmen aus dem Lager der Nichtwähler (Zahlen von Infratest dimap). Damit war sie der Hauptprofiteur der durch das Flüchtlingsthema ausgelösten Politisierung, die die Wahlbeteiligung in allen drei Ländern um gut zehn Prozentpunkte nach oben trieb. Rechnet man die Abwanderungen von den vorhandenen Parteien hinzu, rekrutierte die AfD in Baden-Württemberg und Rheinland-Pfalz fast die Hälfte, in Sachsen-Anhalt sogar mehr als die Hälfte ihrer Stimmen aus dem linken Parteienspektrum. Derselbe Effekt hatte sich bereits bei den vorangegangenen Wahlen in Ostdeutschland gezeigt. Dass die Verortung der AfD im rechten politischen Spektrum ihrer Wählerstruktur nur bedingt entspricht, lässt sich an der überdurchschnittlichen Zustimmung von Arbeitern und Arbeitslosen ablesen. In Baden-Württemberg konnten die Rechtspopulisten in den früheren SPD-Hochburgen Mannheim und Pforzheim das Direktmandat erringen, in Rheinland-Pfalz erreichten sie mit fast 19 Prozent ihr bestes Ergebnis in Ludwigshafen. Unterhalb des Durchschnitts liegen ihre Wähleranteile bei den Beamten und Angestelltenberufen.

Die übrigen Sozialmerkmale entsprechen weitgehend dem auch aus anderen europäischen Ländern geläufigen Muster der rechtspopulistischen Wählerschaft. Männer sind stark, jüngere Wähler leicht überrepräsentiert. Vergleichsweise geringen Zuspruch findet die AfD bei den über 60-Jährigen, die weiterhin die wichtigste Wählerbastion der Noch-Volksparteien darstellen. Nach Bildung und Einkommen gehören die AfD-Wähler eher zu den niedrigeren Statusgruppen, worin sie den Volksparteien wiederum ähneln. Statt der objektiven Schichtzugehörigkeit sind es hier vor allem Einstellungsmerkmale, die die Affinität zum Rechtspopulismus erklären.

Die Motivlagen der AfD-Wähler lassen sich vielleicht mit dem Begriffspaar Unsicherheit und Unbehagen am besten umschreiben. Unsicherheit bezieht sich dabei mehr auf die soziale Situation, also die Sorge vor Wohlstandsverlusten, während Unbehagen auf kulturelle Entfremdungsgefühle abzielt, den Verlust vertrauter Ordnungsvorstellungen und Bindungen (Geiges / Marg / Walter 2015). Beide Motive verbinden sich im Bedürfnis, die staatlichen Leistungen auf die eigene, einheimische Bevölkerung zu konzentrieren – die vermeintlich nicht-zugehörigen Zuwanderer sollen ausgeschlossen bleiben („Wohlfahrtschauvinismus"). Dass die Angst vor dem Fremden nicht dort am größten ist, wo die meisten Fremden leben, ist keine neue Erkenntnis, ebenso wenig die Verbreitung rechtsextremer Einstellungsmuster bis in die Mitte der Gesellschaft (Zick / Klein 2014). Indem sie den Protest gegen die von allen übrigen Parteien (mit Ausnahme der CSU) im Grundsatz mitgetragene Flüchtlingspolitik anfacht, bringt die AfD diese latenten Überzeugungen an die politische Oberfläche. Gleichzeitig profitiert sie von nicht-extremistischen Überzeugungswählern aus dem bürgerlich-konservativen Bereich, die sich von der nach links gerückten CDU nicht mehr vertreten fühlen.

Probleme drohen der AfD hauptsächlich von innen. Sie lassen sich an folgenden Punkten festmachen: *Programmatischer Richtungsstreit.* Die Abspaltung der ALFA hat die Gewichte innerhalb der Partei zwar in Richtung der national-konservativen und dezidiert rechtspopulistisch agierenden Kräfte verschoben. Wirtschaftsliberale Positionen bleiben aber gerade in den westdeutschen Landesverbänden nach wie vor stark präsent. Auf der Bundesebene werden sie vor allem von Petrys Ko-Vorsitzenden Jörg Meuthen vertreten, dessen Einfluss in der Partei durch das gute Abschneiden seines eigenen Landesverbandes bei der Landtagswahl in Baden-Württemberg weiter gestiegen ist. Der Entwurf für das Parteiprogramm, das auf dem Stuttgarter Parteitag Ende April 2016 verabschiedet werden soll, wartet mit einer Reihe von marktliberalen Forderungen auf (Zerschlagung der Bundesagentur für Arbeit, Stufenmodell der Einkommensteuer, Wiederherstellung des Bank- und Steuergeheimnisses), die an die 2013 beschlossenen Leitsätze anschließen. Sie dürften bei den Nationalkonservativen um Petry und Gauland auf Vorbehalte stoßen, die die AfD lieber auf einen sozialpopulistischen Kurs verpflichten und aus ihr die „Partei der kleinen Leute" machen würden, die sie ausweislich ihrer Wählerstruktur heute größtenteils schon ist. Setzt sich diese von den Landesverbänden im Osten favorisierte Linie durch, entspräche das dem inhaltlichen Profil der meisten rechtspopulistischen Parteien in West- und Mittelosteuropa.

*Erosion der Abgrenzung nach ganz rechtsaußen.* Mit der Radikalisierung hat die AfD ihre Sogwirkung im rechtsextremen Lager nochmals erhöht. Das gilt nicht nur, aber besonders für Ostdeutschland, wo Teile der Partei offen rassistische und demokratiefeindliche Positionen vertreten (Häusler / Roeser 2015). Wie schwierig es geworden ist, innerhalb der AfD klare Trennlinien zum Rechtsextremismus zu ziehen, zeigt der Umgang mit dem Thüringer Landesvorsitzenden Björn Höcke, dessen vom Bundesvorstand im Mai 2015 eingeleitetes Ausschlussverfahren nach der Abwahl Bernd Luckes eingestellt wurde. Höcke, der Kontakte zum NPD-Umfeld der Neuen Rechten pflegt, ist mit seinen radikalen Ansichten nicht nur den liberalen Kräften um Meuthen ein Dorn im Auge, sondern auch den national-konservativen Vertretern, die sich um die Reputation der Partei im bürgerlichen Lager sorgen. Bleiben die künftigen Wahlergebnisse der AfD hinter den Erwartungen zurück, was nach einem Abflauen der Proteststimmung gegen die Flüchtlingspolitik leicht der Fall sein kann, dürfte die Auseinandersetzung zwischen den Gemäßigten und Radikalen an Schärfe zunehmen.

*Personelle Konflikte.* Zusätzlich belastet wird das Erscheinungsbild der AfD durch personelle Konflikte und Machtkämpfe. Diese ergeben sich einerseits zwangsläufig aus der Zusammensetzung der Parlamentsfraktionen, deren Mitglieder mangels Erfahrung und Professionalität für die politische Arbeit fast ausnahmslos schlecht gerüstet sind. Aus- und Übertritte von Mandatsträgern und Parteimitgliedern sind damit vorprogrammiert. Andererseits resultieren sie aus dem schwach ausgeprägten Teamgeist an der Parteispitze. Hier steht die als Hoffnungsträgerin gestartete Frauke Petry wegen ihres zu Alleingängen und unabgestimmten, nicht selten auch unbedachten Äußerungen[5] neigenden Führungsstils parteiintern schon länger in der Kritik. Dabei wäre sie, die weder dem gemäßigten noch dem radikalen Flügel angehört, für die Rolle einer Integrationsfigur und Brückenbauerin in der AfD eigentlich prädestiniert.

## 7. Auf dem Weg zum Sechsparteiensystem?

Als Möllemann und Westerwelle Anfang der 2000er Jahre ihr „Projekt 18" starteten, waren sie von der berechtigten Frage ausgegangen, warum die Wahlergebnisse der deutschen FDP hinter denen ihrer Schwesterparteien in den skandinavischen und Benelux-Staaten weit zurückblieben. Ein Teil der Antwort lag im verengten programmatischen Profil. Während die Liberalen in den Nachbarländern gesellschaftspolitisch eher konservative Positionen einnahmen, die die Sicherheitsbedürfnisse und Modernisierungsängste der Bevölkerung reflektierten, hielt die FDP am überkommenen Bürgerrechtsliberalismus fest. Der gegenüber Möllemann erhobene Vorwurf, er habe mit dem Projekt 18 eine Rechtsverschiebung der

5 Heftige öffentliche Empörung löste Petry z.B. mit ihrer Aussage in einem Zeitungsinterview aus, dass auf grenzübertretende Flüchtlinge notfalls zu schießen sei. Dies stieß auch in den eigenen Reihen auf Kritik und musste deshalb von ihr kurz darauf zurückgenommen werden.

FDP im Sinn gehabt, ging an der Sache vorbei (Decker 2004: 156 ff.). Zum einen war der frühere Staatsminister im Auswärtigen Amt in der Nahostfrage ein „Überzeugungstäter", der aus seinem pro-arabischen Standpunkt noch nie einen Hehl gemacht hatte. Zum anderen gab es für eine solche Kursänderung kaum ein ungeeigneteres Thema als „Israel". Eine erfolgversprechende rechtspopulistische Strategie hätte neben einer konsequenten Anti-Establishment-Orientierung vor allem die Thematisierung des Zuwanderungsproblems erfordert. Für beides waren die Chancen in der FDP von Anfang an gering. Als notorische Regierungspartei hätte sie dem Wählerpublikum eine Anti-Establishment-Haltung nicht glaubhaft vermitteln können. Und für eine restriktive Politik in Sachen Einwanderung und Multikulturalismus gab (und gibt) es in der FDP keine ideologische Basis mehr, nachdem die Partei ihre nationalen Wurzeln in den siebziger Jahren vollständig gekappt hat. Der Populismus des „Projekts 18" blieb deshalb ein „ideologisch halbierter", beschränkte sich ganz auf den Wirtschaftsliberalismus und eine Popularisierung der Wähleransprache. Selbst für das letztere ließen sich die Liberalen, die an der Basis zum Teil immer noch Züge einer Honoratiorenpartei tragen, nur begrenzt erwärmen.

Eine bessere Chance, sich nach rechts zu öffnen, bot das Eurothema. Die Liberalen hätten hier darauf verweisen können, dass die Kritik an der Währungsunion bis hin zur Forderung nach deren Auflösung nicht gleichzusetzen ist mit einer anti-europäischen Position. Auch auf der linken Seite findet das Argument, dass die EU durch den Euro auseinandergetrieben werde und eine gemeinsame Wirtschaftspolitik als Antwort auf dieses Problem weder realistisch noch wünschenswert sei, starke Befürworter (z.B. Streeck 2013: 237 ff.). Es ist müßig darüber zu spekulieren, ob sich die Eurokritiker um Frank Schäffler durchgesetzt hätten, wenn die FDP 2009 in der Opposition verblieben wäre. In diesem Falle wäre es zur Entstehung der AfD wahrscheinlich nicht gekommen.

Eine rechtsliberale Kraft, wie sie den Protagonisten des gemäßigten Flügels um Bernd Lucke vorschwebte, hätte für die FDP eine gefährliche, möglicherweise existenzbedrohende Konkurrenz dargestellt. Einerseits wäre dieser dadurch ihr Anspruch streitig gemacht worden, als einzige Partei in der Bundesrepublik entschieden marktwirtschaftliche Positionen zu vertreten, den sie mit Verweis auf die wirtschaftspolitische „Sozialdemokratisierung" der CDU seit 2005 zu Recht erhob. Zum anderen hätte die AfD davon profitiert, dass die von ihr vertretenen euroskeptischen und gesellschaftspolitisch konservativen Positionen unter den Mitgliedern und Wählern der FDP starke Sympathien genießen.

Die Radikalisierung der AfD ist für die FDP so gleich in doppelter Hinsicht eine gute Nachricht. Sie kann nicht nur Alleinstellungsmerkmale in der Marktwirtschaftspolitik verteidigen beziehungsweise zurückgewinnen, sondern auch darauf hoffen, dass der Rechtsruck der AfD auf ihre eigenen Anhänger abschreckend wirkt.

Ob den Rechtspopulisten die dauerhafte Etablierung neben oder anstelle der FDP gelingt, ist trotz ihres mit der Flüchtlingskrise eingetretenen Höhenflugs nicht sicher ausgemacht. Blickt man auf die Angebots- beziehungsweise Akteursseite, haben sich die Chancen der AfD durch ihren Rechtsruck eher eingetrübt. Was die Wählermotive angeht, erscheint der Abgang der gemäßigteren Kräfte zwar verschmerzbar. Dies gilt jedoch nur für die östlichen Landesverbände, die im Unterschied zu den Parteigliederungen im Westen nach der Spaltung kaum Austritte verzeichneten, weil sie sich längst zu einem Sammelbecken des rechten Rands entwickelt haben. Auch hier wird sich aber das Problem der Abgrenzung nach ganz rechtsaußen unweigerlich stellen.

Die bisherige kurze Geschichte der AfD hat gezeigt, warum es den rechten Herausforderern hierzulande nach wie vor schwerer fällt Fuß zu fassen als in anderen europäischen Ländern (Decker 2012). Zum einen ist die Gefahr, am eigenen organisatorischen Unvermögen zu scheitern, ohnehin stets gegeben. Zum anderen wird sie durch die restriktiven Bedingungen befördert, unter denen die Newcomer in der Bundesrepublik agieren müssen. Als „Hauptproblem" erweist sich dabei die Stigmatisierung des Rechtsextremismus infolge des nachwirkenden NS-Erbes. Parteien wie die AfD, die sich einen gemäßigten Anstrich geben, werden von rechtsextremen Kräften als Trittbrett genutzt, um eben diese Stigmatisierung zu überwinden. Damit stehen ihnen unweigerlich interne Konflikte über den Umgang mit den unerwünschten Unterstützern ins Haus, die ihr Ansehen und ihren Zusammenhalt früher oder später zu ruinieren drohen.

Rosiger sind die Aussichten für die AfD, wenn man den Blick auf die Nachfrageseite lenkt. Vergegenwärtigt man sich die immensen Herausforderungen und den Veränderungsdruck, mit denen die deutsche Gesellschaft in den kommenden Jahren und Jahrzehnten durch die Zuwanderer konfrontiert sein wird, wäre es verwunderlich, wenn eine migrationskritische Partei wie die AfD daraus keinen Nutzen ziehen könnte. Auch nach Abebben der Flüchtlingswelle werden ihr also genügend thematische Gelegenheiten verbleiben. Dies gilt zumal, als sie mit ihren konservativen gesellschaftspolitischen Positionen andere Leerstellen im Parteiensystem füllt, die durch die nachlassende Integrationsfähigkeit der Union nach rechts entstanden sind.

Weil auch Wähler linker Parteien für solche Positionen empfänglich sind, tragen die Wahlerfolge der Rechtspopulisten dazu bei, dass sich die Achse des Parteiensystems insgesamt nach rechts verschiebt. Dies ist einerseits eine schlechte Nachricht für die deutsche Sozialdemokratie, deren Chancen auf eine Rückeroberung des Kanzleramtes von der Union damit weiter schwinden. Andererseits schadet es CDU und CSU, die kein Interesse an einer wie immer gearteten Zusammenarbeit mit den Rechtspopulisten haben können, solange diese sich nicht klar vom Rechtsextremismus distanzieren. Die Präsenz der AfD erhöht also sowohl die Polarisierung als auch die Segmentierung des Parteiensystems. Koalitionspolitisch könnte das bedeuteten, dass neben einer Großen Koalition auf der Bundesebene demnächst womöglich nur noch ein schwarz-grün-gelbes Dreierbündnis mehrheitsfähig wäre. Wie realistisch ein solches Szenario ist, hängt auch von der weiteren Entwicklung der FDP ab.

Eine Verdrängung der Liberalen durch die Rechtspopulisten ist nach deren Radikalisierung unwahrscheinlicher geworden. Als einzige Kraft, die den Einzelnen nicht klein, sondern gegenüber dem

Staat groß machen will und eine optimistische Grundhaltung an den Tag legt (was auf dem Berliner Parteitag im Mai 2015 als „German Mut“ propagiert wurde), verfügen die Liberalen über genügend Substanz, um ihren Platz im Parteiensystem zurückzuerobern (Jesse 2014: 568 f., Patton 2015: 190). Für ihren Wiederaufstieg braucht die FDP sich also programmatisch nicht neu zu erfinden. Unter den Bedingungen der Großen Koalition dürfte es schon genügen, innerhalb der alten Positionen eine etwas andere Akzentsetzung vorzunehmen. Ein Beispiel sind die steuerpolitischen Forderungen, die sie im Leitantrag zum Berliner Parteitag im Mai 2015 durch die Befürwortung einer *Flat Tax* weiter zugespitzt hat, aber nicht mehr als vordringliches Projekt betrachtet.

Nach der unpfleglichen Behandlung durch die Union in der gemeinsamen Regierung müsste es sich für die FDP eigentlich von selbst verstehen, ohne Koalitionsaussage zugunsten des einstigen Wunschpartners in die kommende Bundestagswahl zu gehen. Ob sie gegebenenfalls für eine Ampelkoalition zur Verfügung stünde, sollte sie ebenfalls offen lassen, um ihre potenzielle Wählerschaft nicht unnötig zu irritieren. Heikel könnte es für die FDP werden, wenn die Union sie 2017 als Partner für ein mögliches Jamaika-Bündnis umwirbt, um aus der Großen Koalition herauszukommen. Könnte sie sich diesem Werben widersetzen? Die Rückkehr an die Regierung aus der außerparlamentarischen Opposition heraus mit einem weitgehend regierungsunerfahrenen Personal käme fast einem Himmelfahrtskommando gleich. Wer es mit den Liberalen gut meint, sollte hoffen, dass ihnen dieser Kelch erspart bleibt.

## *Literatur*

Baring, Arnulf (1984), Machtwechsel. Die Ära Brandt-Scheel, München.

Bebnowski, David (2015), Die Alternative für Deutschland. Aufstieg und gesellschaftliche Repräsentanz einer rechten populistischen Partei, Wiesbaden.

Bebnowski, David / Lisa Julika Förster (2014), Wettbewerbspopulismus. Die Alternative für Deutschland und die Rolle der Ökonomen. Frankfurt a.M. (Otto-Brenner-Stiftung).

Becker, Manuel (2013), Koalitionen als politisches „Projekt“? Die rot-grüne und die schwarz-gelbe Bundesregierung, in: Frank Decker / Eckhard Jesse (Hg.), Die deutsche Koalitionsdemokratie vor der Bundestagswahl 2013, Baden-Baden 2013, S. 139-157.

Behrmann, Inken (2015), D-Mark, Familie, Vaterland: Die AfD nach Lucke, in: Blätter für deutsche und internationale Politik 60 (8), S. 99-107.

Berbuir, Nicole / Marcel Lewandowsky / Jasmin Siri (2015), The AfD and its Sympathisers: Finally a Right-Wing Populist Movement in Germany?, in: German Politics 24 (2), S. 154-178.

Decker, Frank (2004), Der neue Rechtspopulismus, 2. Aufl., Opladen.

Decker, Frank (2011), Noch eine Chance für die Liberalen?, in: Berliner Republik 13 (5), S. 58-65.

Decker, Frank (2012), Warum der parteiförmige Rechtspopulismus in Deutschland so erfolglos ist, in: Vorgänge 51 (1), S. 21-28.

Dittberner, Jürgen (1987), Die FDP – Partei der zweiten Wahl. Ein Beitrag zur Geschichte der liberalen Partei und ihrer Funktionen im Parteiensystem der Bundesrepublik, Opladen.

Dittberner, Jürgen (2010), Die FDP. Geschichte, Personen, Organisationen, Perspektiven, 2. Aufl., Wiesbaden.

Franzmann, Simon Tobias (2014), Die Wahlprogrammatik der AfD in vergleichender Perspektive, in: Mitteilungen des Instituts für Parteienrecht und Parteienforschung 20, S. 115-124.

Geiges, Lars / Stine Marg / Franz Walter (2015), Pegida. Die schmutzige Seite der Zivilgesellschaft?, Bielefeld.

Glock, Florian (2015), Die politischen Orientierungen von Parteitagsdelegierten. Die Delegierten der FDP-Bundesparteitage 2009, 2010 und 2011, Wiesbaden.

Goodwyn, Lawrence (1976), Democratic Promise. The Populist Moment in America. New York.

Grunden, Timo (2010), Ein schwarz-gelbes Projekt? Programm und Handlungsspielräume der christlich-liberalen Koalition, in: Karl-Rudolf Korte (Hg.), Die Bundestagswahl 2009, Wiesbaden, S. 345-370.

Häusler, Alexander / Rainer Roeser (2015), Zwischen Euro-Kritik und rechtem Populismus: Merkmale und Dynamik des Rechtsrucks in der AfD, in: Andreas Zick / Beate Küpper (Hg.), Wut, Verachtung, Abwertung. Rechtspopulismus in Deutschland, Bonn, S. 124-145.

Hein, Dieter (1985), Zwischen liberaler Milieupartei und nationaler Sammlungsbewegung. Gründung, Entwicklung und Struktur der Freien Demokratischen Partei 1945-1949, Düsseldorf.

Jesse, Eckhard (2014), Wie geht es mit der FDP weiter?, in: Gesellschaft – Wirtschaft – Politik 63 (4), S. 563-569.

Kubat, Stefan (2007), Die (Neu-)Positionierung der FDP in der Opposition 1998-2005. Wie die Liberalen auf den Verlust ihrer Regierungsposition reagierten, Stuttgart.

Lösche, Peter / Franz Walter (1996), Die FDP. Richtungsstreit und Zukunftszweifel, Darmstadt.

Merz, Stefan / Jürgen Hofrichter (2013), Wähler auf der Flucht – die Wählerwanderung zur Bundestagswahl 2009, in: Bernhard Weßels / Harald Schoen / Oscar W. Gabriel (Hg.), Wahlen und Wähler. Analysen aus Anlass der Bundestagswahl 2009, Wiesbaden, S. 97-117.

Michel, Marco (2005), Die Bundestagswahlkämpfe der FDP 1949-2002, Wiesbaden.

Mollitor, Klaus (1985), Politischer Liberalismus in Deutschland. Eigenständige Kraft oder Allgemeingut?, Berlin.

Nentwig, Teresa / Christian Werwath (2009), Die FDP. Totgesagte leben bekanntlich länger, in: Felix Butzlaff / Stine Harm / Franz Walter (Hg.), Patt oder Gezeitenwechsel? Deutschland 2009, S. 95-127.

Nickel, Lutz (2005), Dehler – Maier – Mende. Parteivorsitzende der FDP. Polarisierer – Präsident – Generaldirektor, München.

Niedermayer, Oskar (2015a), Von der dritten Kraft zur marginalen Partei. Die FDP von 2009 bis nach der Bundestagswahl 2013, in: ders. (Hg.), Die Parteien nach der Bundestagswahl 2013, Wiesbaden, S. 103-134.

Niedermayer, Oskar (2015b), Eine neue Konkurrentin im Parteiensystem? Die Alternative für Deutschland, in: ders. (Hg.), Die Parteien nach der Bundestagswahl 2013, Wiesbaden, S. 175-207.

Patton, David F. (2015), The Prospects of the FDP in Comparative Perspective. Rest in Peace or Totgesagte leben länger?, in: German Politics 24 (2), S. 179-194.

Sarrazin, Thilo (2010), Deutschland schafft sich ab. Wie wir unser Land aufs Spiel setzen, München.

Schmidt, Manfred G. (2014), Erfolg der „asymmetrischen Demobilisierung"? Deutschlands Sozialstaat, die schwarz-gelbe Sozialpolitik und die Bundestagswahl 2013, in: Eckhard Jesse / Roland Sturm (Hg.), Bilanz der Bundestagswahl 2013, Baden-Baden, S. 549-572.

Schmitt-Beck, Rüdiger (2014), Euro-Kritik, Wirtschaftspessimismus und Einwanderungsskepsis: Hintergründe des Beinahe-Erfolgs der Alternative für Deutschland (AfD) bei der Bundestagswahl 2013, in: Zeitschrift für Parlamentsfragen 45 (1), S. 94-112.

Søe, Christian / Hans Vorländer (1987), Der Kampf um Überleben und Einfluss. Rolle und Funktion der FDP in der westdeutschen Politik; in: Hans Vorländer (Hg.), Verfall oder Renaissance des Liberalismus?, S. 173-190.

Streeck, Wolfgang (2013), Gekaufte Zeit. Die vertagte Krise des demokratischen Kapitalismus, Berlin.

Sturm, Roland (2012), Eine Renaissance der Kanzlerdemokratie? Die Zwischenbilanz der Politik der christlich-liberalen Koalition, in: Eckhard Jesse / ders. (Hg.), „Superwahljahr" 2011 und die Folgen, Baden-Baden, S. 257-282.

Treibel, Jan (2014) Die FDP. Prozesse innerparteilicher Führung 2000-2012, Baden-Baden.

Vorländer, Hans (1999), Die FDP nach der Bundestagswahl 1998. Koalitionspartei im Wartestand; in: Oskar Niedermayer (Hg.), Die Parteien nach der Bundestagswahl 1998, Opladen, S. 103-118.

Vorländer, Hans (2013), Welche Koalition sichert das Überleben? Bündnisaussichten der FDP, in: Frank Decker / Eckhard Jesse (Hg.), Die deutsche Koalitionsdemokratie vor der Bundestagswahl 2013, Baden-Baden 2013, S. 389-404.

Walter, Franz (2010), Gelb oder Grün? Kleine Parteiengeschichte der besserverdienenden Mitte in Deutschland, Bielefeld.

Werner, Alban (2015), Vor der Zerreißprobe: Wohin treibt die AfD?, in: Blätter für deutsche und internationale Politik 60 (2), S. 83-90.

Zick, Andreas / Anna Klein (2014), Fragile Mitte – Feindselige Zustände. Rechtsextreme Einstellungen in Deutschland 2014, Bonn.

# Reformen der Mitgliederpartei*

## 1. Herausforderungen der Organisationsentwicklung der Parteien

Wenn die Parteien in der Demokratie *das* Bindeglied zwischen Volk und Staat bilden, müssen sie diese Verbindung organisatorisch herstellen. Dies geschieht dadurch, dass sie die Präferenzen derjenigen Bevölkerungsgruppen in Programme und tatsächliches Handeln umsetzen, die sie als Wähler primär erreichen wollen. Die Mobilisierung kann dabei auf zwei Wegen erfolgen. Entweder die Parteien sprechen die Wähler direkt an, oder sie gehen Beziehungen mit anderen intermediären Organisationen ein, die die Mobilisierungsfunktion mit ihnen zusammen übernehmen. Neben Interessenverbänden und sozialen Bewegungen fallen hierunter auch die Mitglieder, die einerseits Teil der gesamten Organisation sind, andererseits innerhalb dieser von den Parteieliten als „Umwelt" betrachtet werden (Poguntke 2000: 26 f.).

Erklärungen für den in nahezu allen demokratischen Parteienstaaten festzustellenden Mitgliederschwund setzen sowohl bei den Bürgern (als Anbietern der Mitgliedschaft) an als auch bei den Parteien (als deren Nachfragern und Adressaten). Mit Blick auf die Bürger wird gefragt, warum diese sich für eine Mitarbeit in den Parteien immer schwerer motivieren lassen. Verwiesen wird dabei auf die Auflösung der parteienbildenden Milieus und Großgruppen sowie die Konkurrenz, die den Parteien als Trägern politischer Willensbildung und Ort der Gemeinschaftserfahrung durch andere gesellschaftliche oder staatliche Institutionen erwachse. Bezogen auf die Parteien wird als Grund angeführt, dass diese auf Mitglieder immer weniger angewiesen seien. So wie die sprunghafter werdenden Wähler heute eher über die Massenmedien statt über die Mitglieder und Sympathisanten der Parteien angesprochen würden, könnten sich die Parteien dank der ihnen zufließenden staatlichen

* mit Anne Küppers.

Mittel auch finanziell von der Notwendigkeit einer ausgebauten Mitgliederorganisation entlasten. Darüber hinaus stehe eine zu starke Beteiligung der Mitglieder an den innerparteilichen Entscheidungsprozessen den Bedürfnissen einer effizienten und flexiblen Führung im Wege. Auch hier ergänzen sich beide Erklärungen. Der Rückgang der Mitgliederzahlen ist danach ein sich selbst verstärkender Prozess. Einerseits lassen sich die Bürger schwerer für eine Mitgliedschaft und aktive Mitarbeit in den Parteien gewinnen. Andererseits erfüllen die Mitglieder für die Parteien weniger Nutzen, sodass diese einen geringeren Anreiz verspüren, neue Mitglieder zu rekrutieren. Was die empirische Evidenz angeht, dürfte der letztgenannte Ansatz, der auf den abnehmenden Nutzen der Parteimitglieder abhebt, auf schwächeren Füßen stehen.

In der Bundesrepublik ist die Zahl der Parteimitglieder seit den achtziger Jahren stark gesunken. Besaßen 1983 fast zwei Millionen Bundesbürger ein Parteibuch (entsprechend einer Quote von 4,1 Prozent der Wahlberechtigten), waren es 2014 noch knapp 1,3 Millionen – die Quote hat sich damit auf 1,8 Prozent mehr als halbiert (Niedermayer 2015). Die von der DDR geerbten Mitgliederbestände der SED/PDS, Ost-CDU und LDPD führten nach der deutschen Einheit zu einem Allzeithoch, das aber nur kurz währte und durch massenhafte Austritte rasch abgebaut wurde. Betrachtet man die Entwicklung der Mitgliederzahlen seit Mitte der neunziger Jahre, sind von den Verlusten am stärksten die beiden großen Parteien betroffen (von der Union aber nur die CDU) – so verlor die SPD allein im Zeitraum zwischen 2001 und 2014 mehr als ein Drittel (minus 35,9 Prozent) ihrer Mitglieder, bei der CDU belief sich der Verlust auf 24,3 Prozent. Unterschiedlich stellt sich die Entwicklung bei den kleinen Parteien dar, die ihre Bestände im selben Zeitraum zusammengenommen in etwa halten konnten. Während die Linke deutliche Verluste hinnehmen musste (minus 22,2 Prozent), hielten sich diese bei der FDP in Grenzen (minus 14,2 Prozent). Die Grünen verzeichneten sogar einen kräftigen Mitgliederzuwachs (plus 36,9 Prozent). Der Organisationsgrad ist in der früheren DDR nicht einmal halb so groß wie in der Altbundesrepublik, was dem Trend zu mitgliederlosen Parteien in den postkommunistischen Staaten Mittelosteuropas entspricht. Besonders eklatant fällt das Defizit bei der SPD aus, deren Mitgliederdichte im Osten – bedingt durch ihren Startnachteil nach der Wende – fast fünf Mal geringer ist als im Westen. Nimmt man die niedrigen Wähleranteile hinzu, die z.B. in Thüringen und Sachsen mittlerweile kontinuierlich unter 20 Prozent liegen, kann hier von einer Volkspartei sinnvoll nicht mehr gesprochen werden.

In der Bundesrepublik ist die Linke mit einem Durchschnittsalter von 60 Jahren ihrer Mitglieder heute die älteste Partei; die Volksparteien SPD und CDU/CSU rangieren mit jeweils 60 Jahren knapp dahinter. Am wenigsten überaltert sind die Grünen mit einem Durchschnitt von 50 Jahren. Rechnet man die Abgänge durch Todesfälle hoch, werden die Volksparteien auf der Basis dieser Altersstruktur einen weiteren Rückgang um 60 Prozent bis zum Jahre 2040 zu verkraften haben. CDU und SPD hätten dann jeweils nur noch knapp 200.000 Mitglieder. Dabei wird unterstellt, dass es keine Ein- und Austritte gibt beziehungsweise diese sich wechselseitig neutralisieren (Dose / Fischer 2013).

Die Auswirkung der Parteigröße auf die Mitwirkungsbereitschaft der Mitglieder ist ambivalent. Auf der einen Seite sinkt der Einfluss des einzelnen Mitglieds, je mehr Mitglieder eine Partei hat, weshalb die Mitglieder der großen Parteien in der Tendenz inaktiver sind. Auf der anderen Seite bieten die großen Parteien durch die Breite und Tiefe ihrer Organisation mehr Gelegenheiten zur innerparteilichen Partizipation als kleine Parteien. Zur organisatorischen Komplexität trägt insbesondere der Föderalismus bei (Weldon 2006: 473). Für die deutschen Parteien bestätigen die Ergebnisse der Düsseldorfer Mitgliederstudie frühere Befunde einer überwiegend passiven Mitgliederschaft (Spier 2011). Allerdings korrespondiert der Mitgliederrückgang mit einem Anstieg des Aktivitätsniveaus insbesondere in den Volksparteien. Jüngere, die aufgrund ihrer besseren Bildungsabschlüsse ressourcenstärker sind, beteiligen sich überdurchschnittlich. Insgesamt spielen Motivationen für die Erklärung der Aktivitätsbereitschaft eine größere Rolle als sozialdemographische Merkmale. Den aktiven Mitgliedern sind vor allem konkrete Vorteile der Parteiarbeit wichtig.

## 2. Wozu brauchen Parteien Mitglieder?

Rückläufige Mitgliederzahlen bergen aus organisatorischer Sicht zunächst ein Problem für die Parteien, dem sie mittels einer Professionalisierung des Parteiapparats oder einer Auslagerung von Tätigkeiten an externe Dienstleister zu begegnen versuchen. Allerdings kommt dem ehrenamtlichen Arbeitseinsatz der Mitglieder vor Ort nach wie vor Bedeutung zu: sie halten die Präsenz vor Ort aufrecht, kleben Plakate oder organisieren Informationsveranstaltungen und Infostände.

Wiesendahl (2006a: 109 ff.) verweist auf Befunde vergleichender Studien, nach denen freiwillige Parteiaktive weiterhin eine Schlüsselrolle in den Wahlkampagnen spielen. Die Botschafter- und Multiplikatorenfunktion, die sie durch ihre soziale Einbettung in die Lebenswelt der Menschen gegenüber den Wählern wahrnähmen, lasse sich durch indirekte Medienkommunikation nicht ersetzen. Auch die Ausweitung der staatlichen Parteienfinanzierung ist in ihrer Bedeutung für die Organisationsentwicklung zu relativieren. Betrachtet man nur die Mittel aus der Wahlkampfkostenerstattung und stellt sie den Mitgliedsbeiträgen gegenüber, machen letztere immer noch einen erheblichen Teil der Einnahmen aus. Als weitere Eigenmittel kommen Spenden und Mandatsträgerabgaben hinzu (Klein / Alemann / Spier 2011: 25).

Wenig Aufmerksamkeit wurde bislang der Frage gewidmet, wie sich der Organisationswandel und die rückläufigen Mitgliederzahlen auf die Rekrutierungsfunktion der Parteien auswirken. Die diesbezüglichen Warnhinweise richten sich zumeist auf die kommunale Ebene, wo es in manchen Regionen schwer falle, genügend Kandidaten für die ehrenamtlich zu besetzenden Mandate und Vorstandsposten zu finden. Im Bereich der Berufspolitik scheint sich dieses Problem nicht zu stellen. Hier gibt es zum einen ein natürliches Interesse der Bewerber um ein Amt, den Kreis möglicher Mitbewerber klein zu halten. Bestrebungen, einen bestehenden Rekrutierungspool zu vergrößern, könnten damit auf den Widerstand derer treffen, die sich in diesem Pool bereits befinden. Zum anderen ist die Rekrutierungsbasis zur Zeit offenbar noch breit genug, um Stellen und Ämter zumindest der Zahl nach reibungslos zu besetzen. Ob das so bleibt, wenn die Parteien in Zukunft mit einer deutlich kleineren Mitgliederorganisation auskommen müssen, hat bislang weder diese selbst noch die Parteienforschung sonderlich interessiert.

Anknüpfend an die von Katz und Mair (1993) vorgeschlagene Dreiteilung[1] der Parteiorganisation lassen sich folgende Bereiche als Rekrutierungsfelder unterscheiden: (1) die Parteibasis / Mitgliederorganisation und davon als Teilmenge (1a) die ehrenamtlich tätigen, gewählten Funktionäre in Kreis- und Ortsvorständen; (2) die zentrale Parteiorganisation / der Parteiapparat und davon als Teilmenge (2a) die gewählten Führungsgremien sowie (3) die Partei in öffentlichen Ämtern und davon als Teilmenge (3a) die ehrenamtlich tätigen kommunalen Mandatsträger.

Es liegt im Wesen der Parteiendemokratien, dass die Bereiche starke Überlappungen aufweisen. Die Führungsgremien, die sich aus den gewählten Vorständen der Landes- und Bundesverbände zusammensetzen, die Angehörigen des Parteiapparats und die öffentlichen Funktionsträger der Partei werden überwiegend aus der Mitgliederorganisation rekrutiert. Daten für die Bundesrepublik weisen in den Parteiapparaten einen Mitgliederanteil unter den dort Beschäftigten von etwa 90 Prozent aus. Mehr als die Hälfte davon engagieren sich zusätzlich, indem sie ehrenamtlich in Kreis- oder Ortsvorständen tätig sind und von dort aus zu Landes- und Bundesparteitagen delegiert werden. Im öffentlichen Bereich resultiert die Überschneidung aus einem Karrieremuster, das man in Deutschland gerne mit dem abschätzig klingenden Begriff der „Ochsentour" belegt. Der typische Weg des Parteipolitikers führt danach von einem ehrenamtlich ausgeübten kommunalen Mandat über die Landes- bis in die Bundes- oder Europapolitik. Mit dem

1 Quer dazu liegt die Unterscheidung zwischen Wahlämtern, durch Ernennung übertragenen Ämtern und beruflich ausgeübten Funktionen, zwischen bezahlter (hauptberuflich) und ehrenamtlich ausgeübter Tätigkeit, zwischen politischen und rein fachlichen (unpolitischen) Funktionen sowie zwischen der kommunalen und staatlichen Ebene. Eine exakte Abgrenzung der drei Bereiche ist deshalb oft nicht möglich.

Übertritt in die staatliche Sphäre wird man zum bezahlten Berufspolitiker.

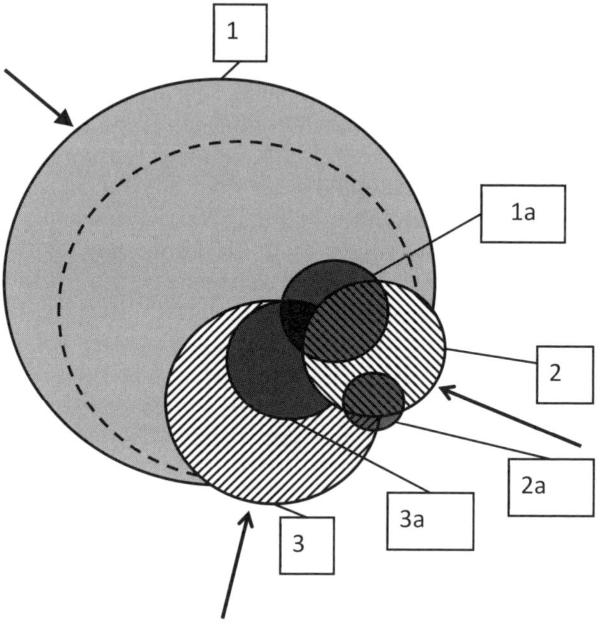


Abb. 1: Felder der Personalrekrutierung in der Parteiendemokratie

Der Personalabbau im Öffentlichen Dienst hat den Bereich der zentralen politischen Führung, also die Ministerialbürokratie in Bund und Ländern, weitgehend verschont, der gegenwärtig rund 70.000 Personen umfasst. Hinzu kommen ca. 3.000 Wahlämter in den Parlamenten. Diese Positionen müssen weiter kontinuierlich besetzt werden. Dasselbe gilt für die gut 1.000 hauptamtlichen Mitarbeiter im Parteiapparat, über die SPD und CDU heute zusammen verfügen. Auch hier wird sich der Personalbedarf aus mehrerlei Gründen nicht vermindern: Erstens sind die Parteien aufgrund ihrer gesicherten staatlichen Finanzierungsmittel von lästigem Spardruck befreit, der sie zwingen könnte, ihre zentrale Organisation zu verschlanken.[2] Zweitens liegt die Stärkung der zentralen Parteiorganisation im Interesse der Parteiführung, die Partei von oben zu steuern und ihr Auftreten zu professionalisieren. Und drittens zwingt der Mitgliederschwund die Parteien, den Rückgang des ehrenamtlichen Engagements durch hauptamtliche Mitarbeiter auszugleichen (Bukow 2010).

## 3. Wie können Mitglieder gewonnen werden?

Vergleichende Untersuchungen belegen einen Rückgang der auf Wahlen ausgerichteten Beteiligung in den seit Ende der siebziger Jahre geborenen Alterskohorten. Deren Angehörige sind politisch und zivilgesellschaftlich nicht weniger engagiert; sie bevorzugen aber direkte und stärker themenbezogene Formen der Partizipation wie Petitionen oder Demonstrationen (Melo / Stockemer 2014). Weil Parteien nur noch eine Möglichkeit unter vielen darstellen, sich politisch zu betätigen, stehen sie in einem Rekrutierungswettbewerb mit sozialen Bewegungen und Nichtregierungsorganisationen, die solchen individualisierten Beteiligungsformen größeren Raum geben. Viele europäische Parteien reagieren bereits seit den achtziger Jahren auf diese Entwicklung mit Versuchen, die Anreizstrukturen für eine Mitgliedschaft zu verbessern.

Prinzipiell lassen sich dabei zwei Ansätze unterscheiden, die sich ergänzen, gleichzeitig aber auch in einem Spannungsverhältnis zueinander stehen. Der erste Ansatz zielt darauf ab, die Partei für neue Unterstützer und Nicht-Mitglieder zu öffnen. Partizipationsangebote von unterschiedlicher Intensität und Dauer jenseits beziehungsweise unterhalb der formalen Mitgliedschaft sollen die Schwelle für eine Mitarbeit absenken. Hierunter fallen z.B. Schnuppermitgliedschaften, Unterstützer-Netzwerke oder vergünstigte Mitgliedsbeiträge. Der zweite Ansatz setzt auf eine Aktivierung der vorhandenen Mitglieder. Statt die Parteibasis durch direk-

2 Kurzfristig kann der Spardruck allerdings erheblich sein, da sich der staatliche Finanzierungsanteil nach den Wahlergebnissen richtet.

te Kommunikation der Führung mit den Wählern zu umgehen, wie es im Konzept der professionellen Wählerpartei angelegt ist, sollen die Beteiligungsrechte der Mitglieder gestärkt werden.

Für Wiesendahl (2013: 113) „verbindet sich Partizipation in Parteien mit einem individuellen Zurechnungs- und Frustrationsproblem, weil Mitglieder (…) in der Regel nur an Debatten (…) partizipieren, ohne nachvollziehen zu können, wohin ihre Inputs mit welchen Transferverlusten die vertikalen und horizontalen Kommunikationskanäle durchwandern und wo sie enden.“ Um dem entgegenzuwirken, könnte man z.B. im Rahmen des bestehenden Delegiertensystems versuchen, die langwierigen Prozesse programmatischer Mitarbeit zu entschlacken, indem man das Territorialprinzip lockert und die Programmentwicklung stärker in die Hand inhaltlicher Arbeitsgruppen legt (deren Stimmgewicht auf den Parteitagen erhöht werden könnte). Oder man lässt das Delegiertensystem ganz hinter sich beziehungsweise ergänzt es so, dass die Mitglieder wichtige personelle und Sachentscheidungen selbst treffen und damit über die inhaltliche Richtung und Strategie der Partei stärker als heute mitentscheiden. Stünden den Mitgliedern solche Rechte zur Verfügung, müsste die Parteispitze sie auf ähnliche Weise ansprechen und zu überzeugen versuchen wie die Wähler. Dies könnte auch unter Wettbewerbsgesichtspunkten von Vorteil sein, weil die Parteien durch die plebiszitären Kampagnen mehr öffentliche Aufmerksamkeit erlangen. Strittig bleibt, ob es sich bei der Erweiterung der Mitgliederrechte tatsächlich um ein basisdemokratisches Instrument handelt oder nicht vielmehr um eine Zentralisierung der Entscheidungsmacht in den Händen der Parteiführung, die auf diese Weise die einflussreiche mittlere Funktionärsebene ausschalten möchte (Michelsen / Walter 2011: 320 ff.).

## 4. Mehr Basisdemokratie – die Reformen im Überblick

Auch die deutschen Parteien haben seit den neunziger Jahren ihre Organisationsstrukturen in mehreren Wellen reformiert. Neben der Ausweitung der Partizipationsmöglichkeiten für die Parteimitglieder und einer Öffnung der Partei für Nicht-Mitglieder ging es ihnen dabei zugleich um eine Professionalisierung der Parteiarbeit. Es ist nicht ohne Ironie, dass die Reformen nur in dem letzten Punkt weitgehend wirksam geworden sind, der sich ganz in die Logik der professionellen Wählerpartei fügt. Die erweiterten Beteiligungsrechte kamen dagegen in der Praxis kaum zum Tragen und die Öffnung für Nicht-Mitglieder wurde nur halbherzig betrieben.

Bei der Ausgestaltung der Partizipationsreformen sind die Parteien an den rechtlichen Rahmen des Parteiengesetzes und der Wahlgesetze in Bund und Ländern gebunden. Gemäß § 9 Abs. 4 PartG ist der Parteitag das oberste Beschlussorgan des jeweiligen Gebietsverbandes einer Partei. Er wählt unter anderem den Parteivorstand. Wollten Parteien eine rechtlich verbindliche Urwahl des Parteivorsitzenden zur Regel machen, müssten sie das Parteiengesetz ändern. Die Bestimmung von Spitzen- oder Kanzlerkandidaten per Urwahl ist nach überwiegender Auffassung rechtlich zulässig, da das Parteiengesetz und die Wahlgesetze nur die Wahl der Vorstände beziehungsweise die Kandidatenaufstellung zum Bundestag und zu den Landtagen regeln (Niclauß 2002: 219).

Für die SPD begann die Ära der Parteireformen mit den Vorschlägen der Blessing-Kommission, die auf dem Wiesbadener Parteitag 1993 debattiert wurden. Die Möglichkeit, Kandidaten für Parlamente auf kommunaler, Landes- und Bundesebene durch eine Mitgliedervollversammlung zu wählen, den Kanzlerkandidaten per Urwahl zu bestimmen und die Mitglieder auch in Sachfragen entscheiden zu lassen, sind seither im Parteistatut verankert. Nicht durchsetzen konnte sich der Parteivorstand mit dem Vorschlag einer konsultativen Mitgliederbefragung in Sachfragen. Die Delegierten befürchteten eine taktische Nutzung durch die Parteiführung, um so die Gremien zu umgehen (Jun 2004: 140 ff.).

Im Jahr 2000 legte Generalsekretär Franz Müntefering Vorschläge für eine Öffnung der Partei und Professionalisierung der Parteiarbeit vor. Diese sahen unter anderem offene Vorwahlen bei der Kandidatenaufstellung, eine Verjüngung der Bundestagsfraktion und die Platzierung von Quereinsteigern auf aussichtsreichen

Listenplätzen vor (Müntefering 2000). Die Idee, Vorwahlen einzuführen, stieß schon im Parteivorstand auf so starke Vorbehalte, dass sie nicht weiter verfolgt wurde (Alemann / Godewerth 2005: 160). Etwa zeitgleich entwickelte Münteferings Mitarbeiter Matthias Machnig das Konzept der „Netzwerkpartei“. Jenseits der formalen Mitgliedschaft sollte die Partei Bindungen zu zivilgesellschaftlichen Akteursgruppen und Dialogpartnern knüpfen, die je nach Bedarf aktiviert werden konnten. Kritiker sahen darin eine Abkehr vom Prinzip der Mitgliederpartei (Dürr 2001).

Der Absturz der SPD bei der Bundestagswahl 2009 leitete eine neue Reformrunde ein (Bukow 2013a). Um die Basis „mitzunehmen“, führte man zunächst eine Befragung sämtlicher Ortsvereine durch. Dabei zeigte sich, dass die Mitglieder einer Abkehr vom Delegiertenprinzip weiterhin skeptisch gegenüberstanden. Bei den Beteiligungsrechten begnügte man sich damit, die bestehenden Instrumente anzupassen oder auszubauen. Der Vorschlag der Parteispitze, die Mitglieder standardmäßig über den/die Vorsitzende/n und die Vorstände entscheiden zu lassen, wurde stark abgeschwächt. Bei der Wahl des/der Vorsitzenden soll das Verfahren nur gelten, wenn mehr als eine Person kandidiert, bei den Vorstandswahlen ist eine Mitgliederbefragung nicht verpflichtend. Die von Parteichef Sigmar Gabriel vorgeschlagene Auswahl der Kanzlerkandidaten mittels offener Vorwahlen fand erneut keine Mehrheit. Um die Partei weiter zu öffnen, wurde die bereits seit 2005 bestehende Regelung zur Gastmitgliedschaft um das Instrument einer Unterstützermitgliedschaft ergänzt. Ohne (Probe-)Mitglied zu werden, können Interessierte in der SPD nun den Status eines Unterstützers erlangen und genießen in Arbeitsgemeinschaften und Themenforen die vollen Mitgliedsrechte. Sowohl Gastmitgliedschaft als auch Unterstützerstatus sind beitragspflichtig (30 Euro im Jahr).

Zurückhaltender als in der SPD gestalteten sich die Reformbemühungen in der CDU. Wegen der stark föderalen Prägung der Partei gingen diese zumeist von einzelnen Landesverbänden aus, die mit ihren Vorstößen aber am Widerstand der Parteitagsdelegierten regelmäßig scheiterten. Erst auf dem Bundesparteitag 1995 nahm die Partei das Instrument der konsultativen Mitgliederbefragung zur Wahl der Parteivorsitzenden in ihre Satzung auf. Darüber hinaus wurde eine Ämterbegrenzung auf maximal drei Vorstandsposten und die Einführung einer Gastmitgliedschaft beschlossen. Der Vorschlag, auch Mitgliederbefragungen zu Sachthemen zuzulassen und eine verbindliche Frauenquote festzuschreiben, scheiterte (Bösch 2002: 146). Ein als Konsequenz aus der Spendenaffäre von Generalsekretär Laurenz Meyer 2001 vorgelegtes Papier, das diese Vorschläge wiederaufnahm und zum Teil noch erweiterte, musste nach hartem innerparteilichen Widerstand zurückgezogen werden. Auf dem Leipziger Parteitag 2003 wurde schließlich das Konzept der „Bürgerpartei" beschlossen, das in seinem Öffnungsziel gegenüber der Gesellschaft starke Ähnlichkeiten mit dem „Netzwerkpartei"-Konzept der SPD aufwies (Wiesendahl 2006b: 167 f.). Gleichzeitig kam es zu einer Stärkung der Mitgliederrechte. Beispielsweise sollten auf Kreisebene Mitglieder- statt Delegiertenparteitage möglich sein. Mitgliederbefragungen wurden nun erstmals auch in Sachfragen zugelassen. Zudem verlor der Bundesvorstand sein alleiniges Initiativrecht. Mitgliederbefragungen auf Bundes-, Landes-, oder Kreisebene können von einem Drittel der nachgeordneten Gebietsverbände beantragt werden, wenn der jeweilige Vorstand mit absoluter Mehrheit zustimmt. Eine Initiierung „von unten" durch die Parteimitglieder war in dem Reformkonzept nicht enthalten und wurde auch später nicht eingeführt.

Nach der Neuauflage der Großen Koalition 2013 rückte das Thema Organisationsreform erneut auf die Tagesordnung. Im Juni 2014 beschloss die CDU die Einsetzung einer Kommission, an deren Arbeit sich über ein Online-Netzwerk auch die Mitglieder beteiligen konnten. Der von Generalsekretär Peter Tauber ein Jahr später vorgelegte Abschlussbericht sieht unter anderem vor, dass künftig – bei einer bestimmten Anzahl von Unterstützungsschriften – auch Mitglieder ein Antragsrecht auf den Parteitagen erhalten. Darüber hinaus sollen die digitalen Beteiligungsmöglichkeiten in den Beratungen der Bundesfachausschüsse gestärkt werden. Das

Konzept wurde nach Billigung durch den Bundesvorstand Ende 2015 vom Parteitag beschlossen.

Einzig die CSU widersetzte sich in den neunziger Jahren dem Trend der Partizipationsreformen (Kießling 2001: 34). Aufgrund ihrer langjährigen Vormachtstellung im bayerischen Parteiensystem war der Reformdruck bei ihr geringer als in den anderen Parteien. Ein umfassendes Reformkonzept wurde erst nach dem schlechten Abschneiden bei der Landtagswahl 2008 erarbeitet. Dazu veranstaltete die CSU einen Online-Dialogprozess sowie ca. 100 Diskussionsveranstaltungen für Mitglieder und Interessierte. 2010 beschloss der Parteitag die Einführung von Mitgliederbefragungen zu Sach- und Personalfragen auf allen Ebenen der Partei. Die Abstimmung kann als Brief- wie auch als Onlineabstimmung stattfinden. Antragsberechtigt sind der Landesvorstand oder ein Drittel der untergeordneten Gebietsverbände, nicht aber die Parteibasis. Ein weiterer Meilenstein war die Verabschiedung der in der Partei lange umstrittenen Frauenquote (Weigl 2015: 80). Um die CSU nach außen zu öffnen, wurde die Möglichkeit geschaffen, Mitglied im virtuellen Verband *CSUnet* zu werden. 2014 führte die CSU ergänzend zur seit dem Jahr 2000 bestehenden Gastmitgliedschaft das Instrument der zweijährigen Probemitgliedschaft ein, die sich explizit an die Mitglieder der Arbeitsgemeinschaften (Frauen Union, Senioren Union und Junge Union) richtet. Ziel ist es, diese leichter für eine Mitgliedschaft in der Mutterpartei zu gewinnen.

Dass Parteien vor allem in Krisenzeiten dazu tendieren, ihre inneren Strukturen zu reformieren, bestätigt die FDP. Die Liberalen beschlossen auf ihrem Bundesparteitag 2013 zum einen, das in ihrer Satzung seit 1997 vorhandene Instrument des Mitgliederentscheids in Sachfragen auszuweiten. Nunmehr ist ein solcher Entscheid auch über den/die Spitzenkandidat/en/in zur Bundestagswahl möglich. Zudem wurde klarer geregelt, was Gegenstand eines Mitgliederentscheids sein kann. Urabstimmungen über innerparteiliche Spitzenämter oder zur Besetzung öffentlicher Wahlämter werden ausdrücklich ausgeschlossen. Neben der Briefwahl sind unter bestimmten Voraussetzungen auch Online-Abstimmungen möglich. Zum anderen erweiterte die FDP das Antragsrecht auf den Parteitagen, das bis dahin ausschließlich den Organen, Gliederungen und Delegierten vorbehalten war, auf die Parteibasis. 250 Mitglieder können nun zusammen einen solchen Antrag stellen.[3] Eine Gastmitgliedschaft ist in der Bundessatzung der Freien Demokraten nicht geregelt, da die FDP-Mitgliedschaft nach den jeweiligen Regelungen in den Satzungen der Landesverbände erworben wird. Eine zeitlich und thematisch begrenzte „Kampagnenmitgliedschaft“ wurde schon 1998 eingeführt (Walter-Rogg 2013: 263).

Bündnis 90/Die Grünen und Die Linke sind die Parteien mit den am weitesten ausgebauten Beteiligungsrechten der Mitglieder. Das erklärt, warum die Reformdiskussionen und -prozesse hier zum Teil unter „umgekehrten Vorzeichen“ abliefen (Kießling 2001: 29). Bei den Grünen gehört die Basisdemokratie zu ihren Gründungsprinzipien. Ein Mitgliederentscheid „zu allen Fragen der Politik“ war bei ihnen von Anfang an vorgesehen. Da sich viele der basisdemokratischen Instrumente in der Praxis als untauglich erwiesen, nahm sie die Partei später zurück. Neben dem Rotationsprinzip betraf das unter anderem die Trennung von Amt und Mandat, die 2003 nach heftigen Diskussionen durch einen Mitgliederentscheid „entschärft“ wurde. Die Mitwirkung von Nicht-Mitgliedern spielte für das Innenleben der Grünen von jeher eine wichtige Rolle, weshalb sie durch eine nachträgliche Öffnung nicht erst ermöglicht werden musste. Dennoch entschloss sich die Partei 2006 zur Einführung einer förmlichen sechs-monatigen, kostenfreien Probemitgliedschaft (Neumann 2013: 244).

In der Partei Die Linke sind Mitgliederentscheide „zu allen politischen Fragen in der Partei“ und seit dem Bundesparteitag 2014 auch über „herausgehobene Personalfragen“ möglich. Das Quorum für die Initiierung eines Mitgliederentscheids wurde auf demselben Parteitag herabgesetzt. Schon die PDS hatte Urabstimmungen in

3 Vergleichbare Regelungen in ihrer Satzung kennen nur Bündnis 90/Die Grünen und Die Linke. Bei den Grünen sind für einen Antrag 20 Mitglieder erforderlich, bei der Linken ist sogar jedes einzelne Mitglied antragsberechtigt.

ihrem ersten Statut von 1991 verankert. Auch was die Rechte der von ihr als „SympathisantInnen" bezeichneten Nicht-Mitglieder angeht, war die ehemalige Linkspartei.PDS den anderen deutschen Parteien voraus. Seit dem Zusammenschluss von Linkspartei.PDS und WASG firmieren die SympathisantInnen unter der Bezeichnung „Gastmitglieder". Die Linke hat die umfangreichen Rechte für Nicht-Mitglieder mittlerweile eingeschränkt (Bukow 2013b: 156).

Zusammengefasst sehen die in den verschiedenen Reformrunden verabschiedeten Regeln und Verfahren der Mitgliederbeteiligung wie folgt aus: In den meisten Parteien hat ein Mitgliederentscheid die Qualität eines Parteitagsbeschlusses, wohingegen Mitgliederbefragungen formal unverbindlich sind und lediglich eine faktische Bindungswirkung für die Partei(führung) erzeugen. Die CDU sieht auf Bundesebene keinerlei verbindliche Mitspracherechte ihrer Mitglieder vor. Gleiches gilt für die CSU. Urwahlen können (außer in den Unionsparteien) sowohl „von oben" durch die Parteispitze als auch in Form eines Mitgliederbegehrens „von unten" durch die Basis ausgelöst werden. Nur in der Linken bleibt dem Bundesvorstand das Recht vorenthalten, einen Mitgliederentscheid zu initiieren. Für den Erfolg eines Mitgliedervotums gibt es entweder keinerlei Hürden, ein Beteiligungsquorum oder – wie in der FDP – ein Zustimmungsquorum. Die Parteien haben bestimmte Schonfristen vereinbart, denen der Beschluss eines Mitgliederentscheids unterliegt; in dieser Zeit darf kein neuer Beschluss in der jeweiligen Sache herbeigeführt werden. Bei Grünen und Linken beträgt die Frist zwei Jahre. Bei den Sozialdemokraten gibt es keine Sperrfrist. Ein Parteitag kann hier den Beschluss einer Urwahl theoretisch unmittelbar wieder aufheben, allerdings in den ersten zwei Jahren nur mit der erhöhten Anforderung einer Zweidrittelmehrheit. Das bedeutet zugleich, dass ein Mitgliederentscheid in der SPD nicht einem Parteitagsbeschluss gleichgestellt ist (Bukow 2013a: 249).

Die nachfolgende Tabelle gibt einen Überblick über die Verfahrensvorschriften der Bundesparteien bei Mitgliedervoten:

| *Partei* | *auslösende Instanz* | *Quorum* | *Zustimmung* |
|---|---|---|---|
| CDU* | auf Antrag von 1/3 der Landesverbände mit Zustimmung des Bundesvorstands (absolute Mehrheit) | kein Quorum | einfache Mehrheit der abgegebenen Stimmen |
| CSU* | Vorstandsbeschluss (absolute Mehrheit)<br>1/3 der nachgeordneten Gebietsverbände | 33% | einfache Mehrheit der abgegebenen Stimmen |
| SPD | Parteivorstandsbeschluss (3/4-Mehrheit)<br>Parteitagsbeschluss<br>2/5 der Bezirksvorstände<br>Begehren von 10% der Mitglieder | 20% | Sachfragen: einfache Mehrheit der abgegebenen Stimmen<br>Urwahl Kanzlerkandidat: 50% der abgegebenen Stimmen; in der Stichwahl genügt die einfache Mehrheit |
| Grüne | Bundesvorstand und Parteirat gemeinsam (2/3-Mehrheit)<br>Bundesversammlung<br>Länderrat<br>Frauenrat<br>3 Landesverbände<br>1/10 der Kreisverbände<br>5% der Mitglieder | kein Quorum | einfache Mehrheit der abgegebenen Stimmen |
| Linke | Landesverbände und Kreisverbände, die zusammen 25% der Mitglieder repräsentieren<br>8 Landesverbände<br>Parteitagsbeschluss<br>Bundesausschuss<br>5% der Mitglieder | 25% | einfache Mehrheit der abgegebenen Stimmen |
| FDP | Vorstandsbeschluss<br>Bundesparteitag<br>5 Landesvorstände oder -parteitage<br>100 Kreisverbände<br>5% der Mitglieder | Zustimmungsquorum: 15% der Mitglieder** | Sachfragen: einfache Mehrheit der abgegebenen Stimmen, 15 % der Mitglieder<br>Urwahl Spitzenkandidat: s. oben. Erfüllt kein Bewerber das Erfordernis, entscheidet der Bundesparteitag |

Tab. 1: Verfahrensvorschriften der Bundesparteien bei Mitgliederbefragungen und -entscheiden

* konsultative Mitgliederbefragung

** Befragung statt Entscheid, wenn Quorum nicht erreicht.

Quelle: eigene Zusammenstellung anhand der Satzungen und Organisationsstatute der Parteien.

## 5. Was haben die erweiterten Partizipationsrechte bewirkt?

Der Überblick zeigt, dass von einem radikalen Umbau der Organisationsstrukturen der Parteien durch die Reformen keine Rede sein kann; die neuen partizipatorischen Instrumente wurden an die bestehenden Strukturen allenfalls „angebaut". Bezieht man die überschaubare Nutzungspraxis der Instrumente mit ein, verwundert es nicht, dass die Reformen unter dem Strich von der Politikwissenschaft nahezu übereinstimmend als wenig erfolgreich bewertet werden (z.B. Jun 2009, Wiesendahl 2006b). Weder konnte die Zahl der Mitglieder insgesamt nennenswert erhöht beziehungsweise der demographisch bedingte Mitgliederschwund verlangsamt werden, noch ist die Mitgliederschaft jünger oder weiblicher geworden. Wenig gebracht hat die Öffnung für Gastmitglieder. Deren Zahl belief sich in der SPD 2014 auf rund 1.400, von denen aber nach Ende der „Schnupperfrist" nur rund 30 Prozent in der Partei verblieben.[4] Das Scheitern wird vor allem damit erklärt, dass die Reformen aus unterschiedlichen Gründen nicht oder nur sehr unvollständig verfolgt und umgesetzt würden. So kritisiert Wiesendahl (2006b: 161) das Fehlen von Nachhaltigkeit, einer systematischen Erfolgskontrolle und gegebenenfalls notwendiger Nachsteuerungen. Die Durchsetzung hänge zu sehr von einzelnen „Reformmotoren" in der Führung ab, sodass Reformprozesse mit Wechseln an der Parteispitze ins Stocken gerieten. Exemplarisch dafür steht die von Björn Engholm 1993 initiierte Parteireform der SPD, die von seinem Nachfolger Rudolf Scharping nicht weiter betrieben wurde. Anders als 1958 fehlte es der SPD-Spitze am Willen und an der Macht, die Vorhaben gegen den Widerstand der Funktionäre durchzusetzen (Walter 1995: 716). Beim Thema „Ämterbegrenzung" machte die CDU ähnliche Erfahrungen. Öffnungsversuche für Nicht-Mitglieder stießen zudem auf den Widerspruch an der Basis, die darin eine Entwertung der eigenen Mitgliederrechte erblickte. Diese Kritik wird im Übrigen von der Bevölkerung mehrheitlich geteilt, die es durchaus richtig findet, wenn Mitglieder

4 Angabe der Parteizentrale. Die CDU-Bundesgeschäftsstelle wollte die entsprechenden Daten auch auf mehrfache Nachfrage nicht herausgeben.

mehr Privilegien genießen als Nicht-Mitglieder (Decker / Lewandowsky / Solar 2013: 106).

Im Unterschied zu anderen europäischen Ländern wie etwa Großbritannien (Cross / Blais 2012) haben die Reformen in der Bundesrepublik keine Abkehr vom Delegiertenprinzip nach sich gezogen; allenfalls auf der Kreisebene kann von einer gewissen Verdrängung die Rede sein (Schroeder / Neumann 2009: 347). Letzteres hat sicher auch damit zu tun, dass die Durchführung von Mitgliederversammlungen leichter wird, wenn es weniger Mitglieder gibt. Auf der Bund- und Landesebene stellen Mitgliederentscheide und -befragungen weiter die Ausnahme dar. Am weitesten klaffen Reformwünsche (der Führung) und Reformergebnis bei der SPD auseinander.

Auf der Bundesebene gab es seit den neunziger Jahren unter allen Parteien zehn[5] Mitgliedervoten, die in der Öffentlichkeit unterschiedliche Aufmerksamkeit erfuhren. CDU und CSU haben von den direktdemokratischen Instrumenten auf Bundesebene bislang noch keinen Gebrauch gemacht, SPD und Grüne je zwei Mal, Linke und FDP je drei Mal. Häufiger kommen Mitgliederbefragungen und -entscheide auf der Landesebene zum Einsatz. In den Landesverbänden von SPD und CDU gab seit den neunziger Jahren allein 24 Mitgliedervoten zu Personalfragen (Detterbeck 2014). Hinzu kommen einzelne Abstimmungen über Sachfragen, insbesondere Koalitionsentscheidungen.

Ähnlich wie auf der staatlichen Ebene kommen plebiszitäre Verfahren in den Parteien vorzugsweise dann zum Einsatz, wenn es klare Entscheidungsalternativen gibt. In Personalfragen heißt das, dass zwei oder mehrere Bewerber um ein Amt konkurrieren (müssen). Weil die in ihrer Außendarstellung auf möglichst große Geschlossenheit programmierten Parteien solche Situationen möglichst umgehen wollen, werden diese im Kontext des Delegiertensystems oft mit dem martialisch klingenden Begriff der „Kampfkandidatur oder -abstimmung“ umschrieben. Reicht die Parteifüh-

5 Nicht mitgerechnet sind die Mitgliederentscheide zum Zusammenschluss von Grünen und Bündnis 90 sowie zum Zusammenschluss von WASG und Linkspartei.PDS.

rung die Entscheidung an die Basis weiter, kann das konfliktentlastend wirken und die Legitimität der Entscheidung selbst erhöhen. Dies gilt auch für Entscheidungen in Sachfragen. Plebiszitäre Verfahren bieten sich vor allem bei programmatischen und strategischen Grundsatzfragen an, über die es in der Führung und unter den Funktionären unterschiedliche Positionen gibt. Ein typischer Anwendungsfall sind z.B. die sich im Zuge der Pluralisierung des Parteiensystems offener gestaltenden Koalitionsentscheidungen.

| *Jahr* | *Partei* | *Gegenstand* | *Ergebnis* |
|---|---|---|---|
| 1991 | PDS | Statut | angenommen |
| 1993 | SPD | Parteivorsitz | Wahl von Rudolf Scharping |
| 1995 | FDP | großer Lauschangriff | angenommen |
| 1997 | FDP | Abschaffung der allgemeinen Wehrpflicht | am Quorum und fehlender Zustimmung gescheitert |
| 2003 | Grüne | Aufhebung der strikten Trennung von Amt und Mandat | angenommen |
| 2010 | Linke | Doppelspitze | angenommen |
| 2011 | Linke | Parteiprogramm | angenommen |
| 2011 | FDP | Ablehnung Euro-Rettungsschirm* | am Quorum und fehlender Zustimmung gescheitert |
| 2012 | Grüne | Spitzenkandidaten zur Bundestagswahl | Wahl von Jürgen Trittin / Katrin Göring-Eckardt |
| 2013 | SPD | Koalitionsvertrag / Große Koalition | angenommen |

Tab. 2: Mitgliederbefragungen und -entscheide der deutschen Parteien auf Bundesebene

* Mitgliederbegehren
Quelle: eigene Zusammenstellung.

Weil die Mitgliederbefragungen und -entscheide – wie die Übersicht zeigt – fast ausnahmslos „von oben", also auf Initiative der Parteiführung ausgelöst wurden, werden sie in der Literatur nicht selten als reine „Legitimationsbeschaffungsverfahren" apostrophiert (Zeschmann 1997, Florack / Grunden / Korte 2005). Diese Einschätzung greift zu kurz. Zwar gibt es eine Reihe von Beispielen für eine machtpolitische Instrumentalisierung. So entsprang etwa die Entscheidung der SPD, den Vorsitzenden 1993 im Rahmen einer Urwahl zu bestimmen, vor allem dem Wunsch der Führung, Gerhard Schröder als Parteichef und potenziellen Kanzlerkandidaten zu verhindern (Seifert 1996: 47).[6] Ähnlich lag der Fall beim FDP-Mitgliederentscheid über den „großen Lauschangriff". Hier war die Partei durch ihren Koalitionspartner CDU/CSU unter starken Druck gesetzt worden, einen ablehnenden Parteitagsbeschluss zu korrigieren. Die Ansetzung des Mitgliederentscheids durch die FDP-Spitze erfolgte dabei gegen den Willen ihrer eigenen Justizministerin Sabine Leutheusser-Schnarrenberger, die nach dem für sie enttäuschendem Votum (die Mitglieder sprachen sich für den „großen Lauschangriff" aus) konsequenterweise zurücktrat (Dittberner 2010: 73). Ein weiteres Beispiel ist die 2003 von den Grünen-Mitgliedern beschlossene Aufhebung der strikten Trennung von Amt und Mandat. Dies entsprach einem lange gehegten Wunsch der Grünen-Parteispitze und war zuvor am Widerstand der Parteitagsdelegierten gescheitert (Walter-Rogg 2013: 266).

Dieser Liste lassen sich aber einige durchaus eindrucksvolle Gegenbeispiele entgegenstellen. So kamen die Mitgliederentscheide der FDP über die Wehrpflicht (1997) und den Euro-Rettungsschirm (2011) beide gegen den Willen der Parteiführung zustande. Im ersten Fall wurde die Abstimmung von mehreren Landesverbänden beantragt, im zweiten Fall ging sie auf ein erfolgreiches Mitgliederbegehren des „Euro-Rebellen" Frank Schäffler zurück.[7] Auch das überzeugende Votum der SPD-Mitglieder für die Große Koalition (2013) – bei einer Beteiligung von 78 Prozent stimmten 76 Prozent dem Koalitionsvertrag zu – darf nicht vergessen machen, dass die Parteiführung mit dem Entscheid ein Risiko einging.

6 Dazu trug auch die Ausgestaltung des Verfahrens bei. Der Vorsitzende wurde in einem Wahlgang unter drei Kandidaten mit einfacher Mehrheit gewählt. Dabei erhielt Rudolf Scharping mit 40,3 Prozent die meisten Stimmen vor Gerhard Schröder (33,2 Prozent) und Heidemarie Wieczorek-Zeul (26,5 Prozent). Aus einer Stichwahl oder einem Verfahren mit Präferenzstimmen wäre Schröder womöglich als Sieger hervorgegangen.

7 Beide Entscheide scheiterten am Quorum und wurden nur als Mitgliederbefragung gewertet. Zudem folgte die Mehrheit der Mitglieder jeweils dem Gegenvorschlag der Parteiführung.

Angesichts der starken Vorbehalte an der Basis im Vorfeld der Koalitionsentscheidung hätte das Ergebnis durchaus anders ausfallen können (Dose 2014: 526). Auch bei den personenbezogenen Voten handelte es sich in der Regel um offene Rennen, bei denen die Mitglieder eine reelle Entscheidungsalternative besaßen. Deren Anwendungsbereich ist aber mit zwei Ausnahmen (SPD 1993 und Grüne 2013) auf die Länderebene begrenzt geblieben. Zumindest bei den Grünen ist dies insofern erstaunlich, als die von ihnen praktizierte Doppelspitze die Wahrscheinlichkeit zusätzlicher Kandidaturen eigentlich erhöhen müsste.

Für die These der „von oben" gesteuerten Verfahren spricht, dass mit dem Rettungsschirm-Entscheid der FDP bisher nur ein erfolgreiches Mitgliederbegehren stattgefunden hat. Zwei Versuche der SPD-Basis, ein Mitgliedervotum zu erzwingen (Agenda 2010 und Vorratsdatenspeicherung), scheiterten. Für ein echtes Mehr an Basisdemokratie müsste hier das Quorum spürbar gesenkt werden. Ein „von unten" ausgelöster Mitgliederentscheid hätte aus Sicht der Basis den Vorteil, dass sie über die Formulierung der Frage und den Zeitpunkt der Abstimmung mitentscheiden könnte. So macht es z.B. eine Unterschied, ob die Mitglieder über einen bereits ausverhandelten Koalitionsvertrag abstimmen oder darüber, mit welcher Partei Koalitionsverhandlungen aufgenommen werden sollen – im letztgenannten Fall ist die Entscheidungsfreiheit der Basis offensichtlich größer. Ob niedrigere Hürden für Mitgliederbegehren und damit mehr Mitgliederentscheide tatsächlich wünschenswert sind, wird in der Politikwissenschaft unterschiedlich bewertet. Während die einen die Basisdemokratie dadurch erst verwirklicht sehen, betonen die anderen, das zu viel direkte Mitsprache der Parteimitglieder in Sachentscheidungen die politische Handlungsfähigkeit der Parteien einschränke und eine inhaltliche Festlegung der Führung (im Sinne eines imperativen Mandats) im politischen Alltagsgeschäft nicht praktikabel sei.

Einen nachhaltig positiven Einfluss auf die Mitgliederentwicklung haben die basisdemokratischen Verfahren bisher nicht ausgeübt. Wo es messbare Effekte gibt, sind sie eher konjunktureller Natur – so konnte etwa die SPD ihren Mitgliederschwund im Zuge des Basisentscheids über die Große Koalition Ende 2013 durch Neueintritte kurzfristig bremsen. Ein positiver Effekt lässt sich dagegen mit Blick auf die innerparteiliche Mobilisierung konstatieren. Durch direkte Partizipationsmöglichkeiten können wesentlich mehr Parteimitglieder erreicht werden als mit herkömmlichen Parteiveranstaltungen. Urwahlen werden von den Parteimitgliedern daher nicht nur gefordert, sondern auch angenommen (Laux 2011: 167). Dass die Beteiligungsraten dabei je nach Interesse und empfundener Wichtigkeit der zur Abstimmung stehenden Frage schwanken, liegt in der Natur der Sache.

Was die künftige Entwicklung angeht, kann man mit der gebotenen Vorsicht folgende Prognosen wagen: Erstens wird der Ausbau der direkten Beteiligungsmöglichkeiten weitergehen. Dabei dürfte sich zugleich der in den jüngsten Reformrunden beobachtbare Trend fortsetzen, die Basis in die Prozesse stärker einzubinden. Zweitens möchten die Parteiführungen die Kontrolle über die Instrumente behalten, das heißt selber entscheiden, ob und wann diese zur Anwendung kommen. Obligatorische Urabstimmungen (etwa bei der Bestimmung von Spitzenkandidaten oder bei Koalitionsentscheidungen) liegen von daher ebenso wenig in ihrem Interesse wie erleichterte Mitgliederbegehren. Die restriktive Ausgestaltung der Beteiligungsrechte führt dazu, dass Mitgliederbefragungen und -entscheide, selbst wenn sie etwas häufiger stattfinden, die Ausnahme bleiben werden. Drittens steht eine Abkehr oder nennenswerte Modifikation des bestehenden Modells der Mitgliederpartei nicht zu erwarten. Hierfür sind neben den Widerständen der Funktionäre auch die Beharrungskräfte an der Basis zu groß. Ein über die bislang wenig erfolgreichen Probe- oder Unterstützermitgliedschaften hinausgehendes Öffnungskonzept müsste darauf hinauslaufen, dass Nicht-Mitglieder und Unterstützer an der Auswahl der Kandidaten für wichtige Staats- und Regierungsämter beteiligt werden. Beim derzeitigen Stand der Organisationsreformen würde das bedeuten, den zweiten Schritt vor dem ersten zu tun. Warum sollten die Mitglieder in eine solche Öffnung einwilligen, solange ihnen selbst die Möglichkeit vorenthalten bleibt, ihre Spitzenkandidaten zu wählen?

## *Literatur*

Alemann, Ulrich von / These Godewerth (2005), Die Parteiorganisation der SPD. Erfolgreiches Scheitern?, in: Josef Schmid / Udo Zolleis (Hg.), Zwischen Anarchie und Strategie, Wiesbaden, S. 158-171.

Bösch, Frank (2002), Macht und Machtverlust. Die Geschichte der CDU, Stuttgart / München.

Bukow, Sebastian (2010), Die professionalisierte Parteiorganisation. Bedeutung und Selbstverständnis der Party Central Office, in: Uwe Jun / Benjamin Höhne (Hg.), Parteien als fragmentierte Organisationen, Opladen / Farmington Hills, S. 257-278.

Bukow, Sebastian (2013a), Die Wiederentdeckung der mitgliedschaftsbasierten Parteiorganisation. Ziele. Prozess und Ergebnisse der SPD-Parteireform 2009-2011, in: Oskar Niedermayer / Benjamin Höhne / Uwe Jun, (Hg.), Abkehr von den Parteien?, Wiesbaden, S. 231-259.

Bukow, Sebastian (2013b), Die professionalisierte Mitgliederpartei. Politische Parteien zwischen institutionellen Erwartungen und organisationaler Wirklichkeit, Wiesbaden.

Cross, William / André Blais (2012), Who Selects the Party Leader?, in: Party Politics 18 (2), S. 127-150.

Decker, Frank / Marcel Lewandowsky / Marcel Solar (2013), Demokratie ohne Wähler? Neue Herausforderungen der politischen Partizipation, Bonn.

Detterbeck, Klaus (2014), Urwahlen in den deutschen Landesparteien, in: Ursula Münch / Uwe Kranenpohl / Henrik Gast (Hg.), Parteien und Demokratie, Baden-Baden, S. 113-132.

Dittberner, Jürgen (2010), Die FDP. Geschichte, Personen, Organisation, Perspektiven. Eine Einführung, 2. Aufl., Wiesbaden.

Dose, Nicolai (2014), Innerparteiliche Demokratie: Der Mitgliederentscheid bei der SPD, in: Gesellschaft – Wirtschaft – Politik 63 (4), S. 519-527.

Dose, Nicolai / Ann-Kathrin Fischer (2013), Mitgliederschwund und Überalterung der Parteien: Prognose der Mitgliederzahlen bis 2040, in: Zeitschrift für Parlamentsfragen 44 (4), S. 892-900.

Dürr, Tobias (2001), Es fährt ein Zug nach nirgendwo, in: Neue Gesellschaft, Frankfurter Hefte 48 (1-2), S. 16-20.

Florack, Martin / Timo Grunden / Karl-Rudolf Korte (2005), Strategien erfolgreicher Mitgliederrekrutierung der politischen Parteien, in: Josef Schmid / Udo Zolleis (Hg.), Zwischen Anarchie und Strategie, Wiesbaden, S. 96-113.

Jun, Uwe (2004), Der Wandel von Parteien in der Mediendemokratie. SPD und Labour Party im Vergleich, Frankfurt / New York.

Jun, Uwe (2009), Organisationsreformen der Mitgliederparteien ohne durchschlagenden Erfolg: Die innerparteilichen Veränderungen von CDU und SPD seit den 1990er Jahren, in: ders. / Oskar Niedermayer / Elmar Wiesendahl (Hg.), Die Zukunft der Mitgliederpartei, Opladen / Farmington Hills, S. 187-210.

Katz, Richard S. / Peter Mair (1993), The Evolution of Party Organization in Europe: The Three Faces of Party Organization, in: The American Review of Politics 14, S. 593–617.

Kießling, Andreas (2001), Politische Kultur und Parteien in Deutschland. Sind Parteien reformierbar?, in: Aus Politik und Zeitgeschichte 51 (10), S. 29-37.

Klein, Markus / Ulrich von Alemann / Tim Spier (2011), Warum brauchen Parteien Mitglieder?, in: Tim Spier u.a. (Hg.), Parteimitglieder in Deutschland, Wiesbaden, S. 19-29.

Laux, Annika (2011), Was wünschen sich die Mitglieder von ihren Parteien?, in: Tim Spier u.a. (Hg.), Parteimitglieder in Deutschland, Wiesbaden, S. 157-176.

Melo, Daniela F. / Daniel Stockemer (2014), Age and Political Participation in Germany, France and the UK: A Comparative Analysis, in: Comparative European Politics 12 (1), S. 33-53.

Michelsen, Danny / Franz Walter (2011), Beyond New Labour? Zur Selbstfindung der britischen Sozialdemokratie, in: Felix Butzlaff / Matthias Micus / Franz Walter (Hg.), Genossen in der Krise?, Göttingen, S. 129-150.

Müntefering, Franz (2000), Demokratie braucht Partei. Die Chance der SPD, in: Zeitschrift für Parlamentsfragen 31 (2), S. 337-342.

Neumann, Arijana (2013), Das „Jahrzehnt der Parteireform" – Ein Überblick über die Entwicklungen, in: Ulrich von Alemann / Martin Morlok / Tim Spier (Hg.), Parteien ohne Mitglieder?, Baden-Baden, S. 239-245.

Niclauß, Karlheinz (2002), Das Parteiensystem der Bundesrepublik Deutschland. Eine Einführung, 2. Aufl., Paderborn u.a.

Niedermayer, Oskar (2015), Parteimitgliedschaften im Jahre 2014, in: Zeitschrift für Parlamentsfragen 46 (2), S. 371-395.

Poguntke, Thomas (2000), Parteiorganisation im Wandel. Gesellschaftliche Verankerung und organisatorische Anpassung im europäischen Vergleich, Wiesbaden.

Schroeder, Wolfgang / Arijana Neumann (2009), Organisationsreformen von SPD und CDU auf Landesebene, in: Fabian Schalt u.a. (Hg.), Neuanfang statt Niedergang – Die Zukunft der Mitgliederparteien, Berlin, S. 333-353.

Seifert, Jürgen (1996), Marktgesetze und innerparteiliche Demokratie, in: Blätter für deutsche und internationale Politik 41 (1), S. 47-51.

Spier, Tim (2011), Wie aktiv sind die Mitglieder der politischen Parteien?, in: ders. u.a. (Hg.), Parteimitglieder in Deutschland, Wiesbaden, S. 97-119.

Walter, Franz (1995), Partei der ewigen 70er: Zur Krise der SPD in der Ära Scharping, in: Politische Vierteljahresschrift 36 (4), S. 706-718.

Walter-Rogg, Melanie (2013), Parteireformen und ihre Wirkung auf die Mitgliederentwicklung, in: Ulrich von Alemann / Martin Morlok / Tim Spier (Hg.), Parteien ohne Mitglieder?, Baden-Baden, S. 247-269.

Weigl, Michael (2015), Etappensieg, nicht Zieleinlauf. Die CSU auf halbem Weg zur Erneuerung, in: Oskar Niedermayer (Hg.), Die Parteien nach der Bundestagswahl 2013, Wiesbaden, S. 71-101.

Weldon, Steven (2006), Downsize my Polity? The Impact of Size on Party Membership and Member Activism, in: Party Politics 12 (4), S. 467-481.

Wiesendahl, Elmar (2006a), Parteien, Frankfurt a.M.

Wiesendahl, Elmar (2006b), Mitgliederparteien am Ende. Eine Kritik der Niedergangsdiskussion, Wiesbaden.

Wiesendahl, Elmar (2013), Kein Frischblut mehr. Anmerkungen zur Erforschung der Nachwuchskrise der Parteien, in: Ulrich von Alemann / Martin Morlok / Tim Spier (Hg.), Parteien ohne Mitglieder ?, Baden-Baden, S. 79-125.

Zeschmann, Philip (1997), Mitgliederbefragungen, Mitgliederbegehren und Mitgliederentscheide: Mittel gegen Politiker- und Parteienverdrossenheit, in: Zeitschrift für Parlamentsfragen 28 (4), S. 698-712.

# Personenregister

# Nachweise

Das Catch-All Party-Konzept von Otto Kirchheimer aus heutiger parteientheoretischer Sicht, in: Robert Chr. van Ooyen / Frank Schale (Hg.), Kritische Verfassungspolitologie. Das Staatsverständnis von Otto Kirchheimer, Baden-Baden 2011, S. 177-195.

Parteien und Verfassungsorgane, in: Oskar Niedermayer (Hg.), Handbuch Parteienforschung, Wiesbaden 2013, S. 295-318.

Das deutsche Parteiensystem vor und nach der Bundestagswahl 2013, in: Zeitschrift für Staats- und Europawissenschaften 11 (2013) H. 3, S. 323-342.